长期以来，国内学者在讨论美国"农业资本主义"发展道路时，大多关注土地制度的演变和农业从业者的阶级分化；本书作者独辟蹊径，从农业的融资方式即借贷制度入手来讨论南部农业的演变，进一步揭示了美国农业发展中存在的地区差异，具有重要的学术价值。

——著名历史学家、复旦大学历史系教授　李剑鸣

乡村借贷：
内战后美国南部农业现代化启动的制度"瓶颈"

Rural Credit System: The Institutional "Bottleneck" of Agricultural Modernization Start-Up in the Postbellum Southern United States

吴浩 著

人民出版社

国家社科基金后期资助项目
出版说明

后期资助项目是国家社科基金项目主要类别之一,旨在鼓励广大人文社会科学工作者潜心治学,扎实研究,多出优秀成果,进一步发挥国家社科基金在繁荣发展哲学社会科学中的示范引导作用。后期资助项目主要资助已基本完成且尚未出版的人文社会科学基础研究的优秀学术成果,以资助学术专著为主,也资助少量学术价值较高的资料汇编和学术含量较高的工具书。为扩大后期资助项目的学术影响,促进成果转化,全国哲学社会科学规划办公室按照"统一设计、统一标识、统一版式、形成系列"的总体要求,组织出版国家社科基金后期资助项目成果。

全国哲学社会科学规划办公室

2014 年 7 月

目　　录

绪　论

一、基本概念的界定

本书所使用的基本概念包括核心概念与地理概念。核心概念主要包括："现代化"、"农业现代化"和"农业现代化启动的困境"、"制度'瓶颈'"。地理概念主要包括：南部(South)、种植园带(Plantation Belt)、内地与山区(Upcountry and Hill Sides)。

(一) 核心概念的界定

1. 现代化。"现代化"是一个世界范畴的、历史的和发展的概念,在不同的时代、国家与地区具有不同的特征与表现形式,因此,直到现在学术界尚没有一个统一的定义。罗荣渠先生对现代化的界定是目前国内学术界比较公认的定义。他认为,"从广义上而言,现代化作为一个世界性的历史过程,是指人类社会从工业革命以来所经历的一场急剧变革,这一变革以工业化为推动力,导致传统的农业社会向现代工业社会的全球性大转变过程,它使工业主义渗透到经济、政治、文化、思想各个领域,引起深刻的变化"。①

本书中使用的"现代化"概念正是这一意义上的"现代化",与此同时又是一个具有特定时空范畴的概念,具体是指 19 世纪 60 年代中期至 20 世纪 20 年代末,美国各区域以工业化为推动力,从传统农业社会向现代工业社会转型的过程,以及由此引发的经济、政治、文化、思想各个领域的深刻变化。

2. 农业现代化。"农业现代化"是"现代化"进程的一个重要组成部分。与"现代化"概念一样,"农业现代化"同样是一个世界范畴的、历史的和发展的概念,不同的时代、国家与地区往往具有不同的特征与表现形式,因此,直至现今,学术界尚没有一个标准与权威的定义。笔者以为,从目前学术界对"农业现代化"概念的界定来看,比较一致的看法是,"农业现代化"的实质内涵是:"农业现代化"是从"传统农业"向"现代农业"的转型过程及其引发的深刻变化。在这个过程中,现代工业、现代科学技术和现代经济管理

---

① 罗荣渠:《现代化新论:世界与中国的现代化进程》(增订本),商务印书馆 2006 年版,第17 页。

方法日益应用于农业生产，从而导致停滞、落后、低效、自给性传统农业被改造成技术先进、社会化、高效与持续发展的现代农业。

根据世界各国农业发展的演进过程，"农业现代化"可以大致分为两个阶段：第一阶段：大致从 18 世纪 60 年代一直延续到 20 世纪 60 年代，是传统农业与现代工业结合意义上的农业现代化，机械化、技术化、专业化、资本化，以及农业人口的非农化是这一阶段农业现代化的主要内容。第二阶段：大致从 20 世纪 60 年代延续至今，是现代农业与知识经济、信息经济相结合意义上的农业现代化，主要内容包括农业的知识化、信息化、生态化、多样化和国际化等。①

本书中的"农业现代化"属于第一阶段的农业现代化，但是同时具有特定时空范畴，具体是指 19 世纪 60 年代中期至 20 世纪 20 年代末，美国农业由传统农业走向现代农业的转型过程，其主要特征包括：农业生产的机械化、技术化、商业化、资本化、专业化，以及农业人口的非农化等。

3. 农业现代化启动的困境。"农业现代化启动的困境"是本书使用的最重要的核心概念。由于它并非一个专业术语，因此，学术界对此并没有定义。笔者以为，根据"农业现代化"的定义，从广义上而言，"农业现代化启动的困境"实际上是指农业发展难以全面、持续、稳定地突破传统农业的均衡状态。著名经济学家舒尔茨认为，这种传统农业的均衡状态本质上是一种生产方式长期没有发生变动和基本维持简单再生产的长期停滞的农业经济形态，其基础建立在三个关键条件上：（1）农业劳动者使用的生产技术长期保持不变；（2）在不变的农业生产技术状况下，形成长期稳定的生产结构，即持有和获得收入来源的偏好与动机保持不变；（3）在稳定的生产结构中形成稳定的要素投入与要素边际生产力，在这种情况下，增加投资并不能增加农业收入。②

本书所讨论的"农业现代化启动的困境"正是从上述意义上而言的，但是与此同时它又具有特定时空范畴。作为美国农业现代化乃至整个现代化进程中的一个特殊现象，本书所讨论的"农业现代化启动的困境"实际上是指 19 世纪 60 年代中期至 20 世纪 20 年代末美国南部农业发展的落后与近乎停滞的状态迟迟难以打破。具体而言，笔者以为，内战后美国南部农业现代化启动的困境主要体现在三个方面：（1）内战后美国南部大多数农业劳

---

① 中国学者何传启将这两个阶段的农业现代化定义为两次农业现代化，进而提出了"两次农业现代化理论"。何传启：《世界农业现代化的发展趋势和基本经验》，中国科学院中国现代化研究中心编：《农业现代化的趋势和路径》，科学出版社 2013 年版，第 6 页。

② ［美］西奥多·W. 舒尔茨：《改造传统农业》，梁小民译，商务印书馆 2003 年版，第 24 页。

动者长期深陷贫困与债务。(2)内战后南部大多数黑人农业劳动者和相当一部分白人农业劳动者长年被锁定在面积狭小的租佃农场,难以实现向收入水平更高的东北部、中西部与西部迁移。(3)内战结束后,在南部农业生产体系中,以棉花生产为主体的畸形单一种植结构长期延续,棉花生产规模与产量不断增加,甚至出现了在棉花价格不断下降,且长期处于低水平的情况下的"反常供给"现象。上述三个方面的困境在很大程度上使得内战后美国南部农业形成了一种类似于舒尔茨提出的传统农业的均衡状态。在内战后的美国南部,这一均衡状态最终表现为:(1)农业生产技术长期极端落后,农业机械化和现代农业生产技术很难在农业中得到应用与推广;(2)以棉花种植为主的畸形生产结构长期稳定存在,并成为多数农业劳动者的主要收入来源;(3)大部分农业人口长期被锁定在缺乏效率的农业生产,难以实现剩余农业人口向收入水平更高的东北部、中西部与西部工业部门转移。

　　4.制度"瓶颈"。"瓶颈"一般指整体中的关键限制性因素,在不同的领域往往具有不同的含义。经济学意义上的"瓶颈"是"指经济活动中某一个或几个因素对经济活动主体整体结构功能增进及其发挥进一步效益产生的关键性制约关系与作用。指经济主体(国家、集体、个人)活动遇到的某一个或某几个'最大限制因素'"。[①] 从人类社会经济发展史来看,经济的发展实际上是通过不断地打破制约发展的"瓶颈"来实现的。作为制约经济发展的"限制性因素",这种"瓶颈"往往是多样的,既有可能是纯经济的,也可能是社会经济制度方面的。从这方面而言,制度"瓶颈"实际上就是指制约经济发展的某一个或某几个关键性的制度因素。

　　本书所讨论的制度"瓶颈"——乡村借贷制度,是一种经济制度的限制因素,但同时具有特定的时空范畴。它形成于内战后初期的美国南部种植园带,并在19世纪70年代初开始扩展到白人约曼自耕农聚居的内地与山区。这种乡村借贷制度具有特殊的表现形式,是内战后美国南部大部分农业劳动者生产融资的主要方式。种植园主与乡村商人利用这种借贷制度控制了南部大部分农业劳动者的作物生产,并将其常年锁定在面积狭小的租佃农场,与此同时榨取了大部分剩余产品。这在很大程度上导致了内战后美国南部农业发展长期处于落后与停滞的状态,农业现代化迟迟难以启动。从这个意义上来说,乡村借贷制度实际上是制约内战后美国南部农业现代化启动的制度"瓶颈"。

---

　　①　李绪蔼、徐东林主编:《简明经济学百科辞典》,中国青年出版社1991年版,第198页。

（二）地域概念的界定

1.南部。根据美国人口普查局的划分标准,广义上的美国南部主要包括:特拉华州、马里兰州、华盛顿哥伦比亚特区、弗吉尼亚州、西弗吉尼亚州、北卡罗来纳州、南卡罗来纳州、佐治亚州、佛罗里达州、肯塔基州、田纳西州、密西西比州、亚拉巴马州、俄克拉何马州、得克萨斯州、阿肯色州、路易斯安那州。

除了特殊予以说明以外,本书中所指的南部是狭义的南部,主要指内战期间脱离联邦,宣布独立的 11 个州,包括南卡罗来纳、佐治亚、阿拉巴马、密西西比、路易斯安那、阿肯色、弗吉尼亚、北卡罗来纳、田纳西、佛罗里达、得克萨斯。然而,由于资料和篇幅的局限,本书不可能对南部 11 个州一一做出详细考察,因此,本书研究的重点和使用的资料集中于南卡罗来纳、佐治亚、阿拉巴马、密西西比、路易斯安那、阿肯色 6 个深南部(Deep South)州。之所以选择这 6 个州,是因为它们在南部经济中具有代表性。首先,这 6 个州是内战前后南部种植园最为集中的地区,覆盖了种植园带绝大部分地区,因此又被称为种植园州。根据人口普查局的统计,1910 年南部 16 个州共有 39,073 个种植园,其中 28,290 个种植园位于深南部 6 个州。这 6 个州种植园的土地面积占南部所有种植园土地面积的 82.1%。其次,这 6 个州还是内战前后黑人人口最为集中的地方。1870—1910 年南部黑人人口占美国黑人总人口的比重为 89%—91%,其中上述 6 个州则集中了美国黑人人口的一半。[1] 第三,这 6 个州还是内战后南部最主要的棉花生产州。[2] 第四,本书要考察的南部白人小农场主集中的内地与山区主要分布在上述 6 个州。

2.种植园带。种植园带主要指棉花种植园集中的地带,在地域上和黑人带(Black Belt)、棉花带(Cotton Belt)基本上是重合的。种植园带的地域范围从南卡罗来纳州开始,通过佐治亚州中部和阿拉巴马州中部,横穿密西西比河流域中北部,向西远及阿肯色州、路易斯安那和得克萨斯州东南。[3]

---

[1]　Jay R.Mandle, "Continuity and Change:The Use of Black Labor after the Civil War", *Journal of Black Studies*, Vol.21, No.4(Jun 1991), pp.415-416.1910 年这 6 个州的黑人人口占整个美国黑人人口的 51.8%。Jay R.Mandle, "The Plantation States as Sub-Region of the Post-Bellum South", *The Journal of Economic History*, Vol.34, No.3 (Sep 1974), p.733. Note.3.

[2]　1880 年上述 6 州种植了南部棉花总面积的 71.2%,1890 年为 69.3%,1900 年为 62%。根据 U.S. Department of Agriculture, Agricultural Marketing Service, *Cotton and Cottonseed: Acreage, Yield, Production, Disposition, Price, Value, by States, 1866-1952*, USDA Bulletin No.164, Washington, D.C.:Government Printing Office, 1955, pp.7-33.提供的南部各州棉花种植规模的数据计算而成。

[3]　Gilbert Courtland Fite, *Cotton Fields No More:Southern Agriculture, 1865-1980*, Lexington:Kentucky University Press, 1984, p.6.

3. 内地与山区。内地与山区主要包括阿拉巴马州和密西西比州的北部,阿肯色州的山地,以及南卡罗来纳州和北卡罗来纳州的西部,佐治亚州的北部,田纳西州中部的地区。内战前南部白人约曼自耕农大多居住在内地与山区。[①] 本书主要选取佐治亚州内地与山区作为研究重点,而内战后南部白人农场主的相关数据则主要来自深南部 6 个州。

二、美国现代化进程中的特殊现象

1865 年 4 月,持续了 4 年的美国内战最终以北方共和党政府的胜利而告终。内战结束后,美国南部的黑人获得人身自由,奴隶种植园经济随之解体,但是在随后近 70 年中,南部的经济发展却始终未能融入整个国家的现代化进程之中。特别是作为南部经济支柱的农业,[②]其发展长期呈现出与整个美国农业现代化完全不同的特性。19 世纪 70 年代至 20 世纪 20 年代末,美国东北部、中西部与西部地区[③]的农业现代化一路“高歌猛进”,主要表现在三个方面:

首先,农业机械化得到迅速推广。从马匹作为动力的钢犁、脱粒机、收割机、播种机、割草机、谷物割捆机到蒸汽机与内燃机作为动力的拖拉机、联合收割机、播种机、割草机、谷物割捆机、玉米摘穗机,农业机械在中西部、西部与东北部农业中得到广泛应用和不断升级。[④]

其次,农业生产的商品化与专业化发展迅速。内战结束后,中西部的小

---

① Gilbert Courtland Fite, *Cotton Fields No More*: *Southern Agriculture*, *1865–1980*, p.5.

② 20 世纪 40 年代以前,农业一直是南部经济的支柱产业。农业不仅创造了南部产值的大部分,而且吸纳了大部分劳动人口。例如,1880 年南部农业收入占总收入的比重是76%,1900 年这一比重虽然有所下降,但依然高达 63%。Gavin Wright, *Old South*, *New South*: *Revolutions in the Southern Economy since the Civil War*, New York: Basic Books, 1986, p.59.1890 年在阿拉巴马、佐治亚、南卡罗来纳、密西西比、路易斯安那 5 个州有 69.1% 的男性和 58.8% 的女性从事农业生产活动。Roger L.Ransom and Richard Sutch, *One Kind of Freedom*: *the Economic Consequences of Emancipation*, New York: Cambridge University Press, 2001, p.226.

③ 根据美国人口普查局的划分标准,美国的东北部主要包括新英格兰地区的缅因州、新罕布什尔州、佛蒙特州、马萨诸塞州、罗得岛州、康涅狄格州和中大西洋地区的纽约州、宾夕法尼亚州、新泽西州;中西部(Midwest):包括中央东北部(East North Central,历史上称为老西北部或大湖区)的俄亥俄、印第安纳、伊利诺伊、密执安、威斯康新和中央西北部(West North Central)的明尼苏达、衣阿华、密苏里、北达科他、南达科他、内布拉斯加、堪萨斯等 12 个州。西部(West):包括落基山区(Mountain)的怀俄明、蒙大拿、爱达荷、科罗拉多、犹他、亚利桑那、内华达、新墨西哥和太平洋沿岸的加利福尼亚、华盛顿、俄勒冈以及夏威夷和阿拉斯加等 13 个州(历史上称为远西部)。

④ 关于 19 世纪 70 年代至 20 世纪 40 年代,美国(南部以外)农业机械化的迅速推进,详见王思明:《美国农业机械化进程及其面临的问题》,《农业考古》1994 年第 1 期。

麦、玉米生产和西部的牲畜饲养业日益商品化与专业化,其规模日益扩大,很快形成了"小麦带"、"玉米带"和"畜牧带"专业化生产区域。① 与此同时,由于得天独厚的地理气候优势、大规模的专业化种植模式,以及铁路交通运输业的发展,中西部的小麦、玉米和西部的畜牧产品生产与运输成本更低,可以以相对较低的价格运往东北部,因此东北部失去了种植两种作物与发展畜牧业的比较优势。在这种情况下,19世纪中后期,东北部开始利用自身城市化水平高、更加接近市场的比较优势,逐渐转向致力于满足本地市场需求的水果、蔬菜、园艺、乳制品的专业化生产。②

再次,随着农业机械化的推进,东北部、中西部和西部农业劳动力的生产率大大提高,农业生产对劳动力的需求有所减少,从而推动了大批农村剩余劳动力脱离农业转向其他行业。与此同时,工业化、城市化进程的高速推进,以及19世纪后半期西部采矿业的迅速发展,也吸引了大批农业劳动力前往本地的城市(城镇)寻求工作机会。在这一背景下,美国的农业人口比重不断下降。③ 1870—1920年美国农业人口的比重从74.3%下降到48.8%,其中,东北部地区的农业人口非农化进程最为迅速,从55.7%下降到24.5%。中西部从74.2%下降到47.7%,西部从74.2%下降到48.2%。④

与此同时,在1865—1930年,南部的农业发展却一直处于落后和近乎停滞的状态,农业现代化的启动由此深陷困境。这种状况甚至一直延续到20世纪30年代罗斯福政府对南部农业实施大规模干预与改造才被打破。科尔比(J.T.Kirby)曾经深刻地指出,农业的长期落后使得南部成为美国最

---

① 关于内战结束后,美国中西部玉米带、小麦带的形成与扩展,以及西部牲畜饲养业的大规模发展,详见[美]杰拉尔德·冈德森:《美国经济史新编》,杨宇光等译,商务印书馆1994年版,第496—539页。

② 丁见民等:《世界现代化历程:北美卷》,江苏人民出版社2010年版,第184—185页。

③ 需要指出的是,虽然农业机械化与城市化使得大批的农业人口离开乡村进入城市,由于外来移民的迁入和人口的高生育率,农业人口的比重在不断下降的同时,绝对数量仍在增长。然而,内战后美国农业人口绝对数量增长的速度不仅远远落后于城市人口增长速度,而且呈现出持续下降的趋势。据统计,1860年以前,美国农业人口增长率平均为31%,1870年为13.6%,1900年为12.5%,1920年则猛跌到3.2%。与此同时,1870年城市人口增长率为59.3%,1890年为56.5%,1920年则为29% Glenn Fuguitt, et al, *Rural and Small Town America*, New York: Rusell Sage Foundation, 1989, p.16.转引自梁茂信:《人口迁徙与美国城市社会的形成》,载梁茂信主编:《探究美国——纪念丁则民先生论文集》,东北师范大学出版社2002年版,第223页。

④ David Ward, *Cities and Immigrants, A Geography of Change in the Nineteenth Century*, New York: Oxford University Press, 1979, p.6.转引自梁茂信:《人口迁徙与美国城市社会的形成》,第219页。

晚走上现代化的地区。① 与同一时期东北部、中西部和西部农业发展相比，内战后南部农业现代化启动的困境主要表现在三个方面：

第一，内战后南部大多数农业劳动者长期深陷贫困。美国紧急事务委员会的调查显示，直到 1929 年南部农业人均年收入只有 186 美元，其中棉花种植园的租佃农与分成农年均收入分别只有 73 美元和 38—87 美元。② 由于农业是南部经济的支柱产业，1870—1920 年集中了将近 72.9%—87.8% 的人口，③因此农业人口长期陷入贫困，在很大程度上造成南部的人均收入与东北部和中西部、西部，以及整个美国的人均收入相比始终存在较大的差距。

表1　1860-1950 年美国各地区人均收入比较(%)

年份 地区	1860	1880	1900	1920	1930	1940	1950
美 国	100	100	100	100	100	100	100
东北部	139	141	137	132	138	124	115
中西部	68	98	103	100	101	103	106
西 部	——	190	163	122	115	125	114
南 部	72	51	51	62	55	65	73

资料来源：William J. Cooper, Jr., and Thomas E. Terrill, *The American South: A History*, *Volume II*, New York: Mcgraw-Hill, Inc, 1991, p.436.

从人均持有财产水平来看，内战后南部农业劳动者，特别是黑人农业劳动者的贫困更为明显。这一点我们可以从以下各州的相关统计数据中看出。1880—1910 年佐治亚州黑人自由民人均财产从 8 美元增长到 26.59 美元，其中 1880 年黑人自由民人均拥有的农场地产(farm real estate)、牲畜、农业工具、家具的价值分别为 1.5 美元、2.1 美元、0.2 美元、0.5 美元，1910 年则分别增长至 9.9 美元、7.7 美元、1.6 美元、3.2 美元。④ 1895—1910 年阿肯色州黑人自由民人均个人财产从 29.96 美元增长到 49.14 美元，

① J.T.Kirby, *Rural Worlds Lost: The American South, 1920-1960*, Baton Rouge: Louisiana State University Press, 1986, p.1.

② United States Emergency Council, *Report on Economic Conditions of the South*, New York: DA CAPO Press, 1972, pp.20-21.

③ 转引自梁茂信：《人口迁徙与美国城市社会的形成》，第 219 页。

④ Robert Higgs, "Accumulation of Property by Southern Blacks before World War I", *The American Economic Review*, Vol.72, No.4(Sep 1982), p.730.

肯塔基州 1870—1885 年黑人自由民人均个人财产从 7.38 美元增长到 16.07 美元。路易斯安那州 1890 年与 1910 年黑人自由民人均个人财产分别为 16.46 美元与 16.31 美元。北卡罗来纳州 1890—1910 年黑人自由民人均个人财产从 14.07 美元增长到 33.12 美元。① 除此之外，根据兰瑟姆与萨奇的统计，在阿拉巴马、佐治亚、南卡罗来纳、密西西比、路易斯安那 5 个州，1869—1873 年农业人口人均农产品收入只有 39 美元，1889—1893 年增长至 52 美元，1902—1906 年增长至 57 美元。②

　　除了长期处于贫困状态以外，内战后南部大批的农业劳动者甚至长期深陷债务或处于债务的边缘。例如，根据施瓦茨的研究，1896 年南部 80% 的经济独立的小农场主种植棉花都是赔钱的，而其中至少 65% 的人入不敷出。1889 年阿肯色州的平民党领导人摩根指出，阿肯色州有将近 75% 的农场主无力偿还债务。1889 年《国民经济学家》(National Economist) 估计，路易斯安那州有将近 70% 的山区农场主 (hill farmers) 处于负债状态。1892 年佐治亚州对 207 个县的一项调查显示，将近 60% 的棉花生产者处于负债状态，30% 的棉花生产者处于濒临负债的状态。③

　　第二，内战后南部的绝大多数人口长期集中于缺乏效率的农业生产，农业人口的非农化速度远远落后于其他地区。这一点具体表现为，南部大多数黑人农业劳动者和相当一部分白人农业劳动者长期被锁定在面积狭小的租佃农场，难以实现向收入水平更高的东北部、中西部与西部的城市与工业部门转移。

表 2　1860-1920 年美国各地区农业人口比重的变化(%)

地区＼年份	1860	1870	1880	1890	1900	1910	1920
美　国	80.2	74.3	71.8	64.9	60.3	54.3	48.8
东北部	65.5	55.7	49.2	41	38.9	28.2	24.5
中西部	66.1	79.2	75.8	66.9	61.4	54.9	47.7

① Robert A.Margo, "Accumulation of Property by Southern Blacks before World War I: Comment and Further Evidence", *The American Economic Review*, Vol.74, No.4(Sep 1984), p.770.

② Roger L.Ransom and Richard Sutch, *One Kind of Freedom: the Economic Consequences of Emancipation*, p.194.

③ Michael Schwartz, *Radical Protest and Social Structure: The Southern Farmers' Alliance and Cotton Tenancy, 1880-1890*, Chicago: University of Chicago Press, 1988, pp.75, 77.

续表

年份 地区	1860	1870	1880	1890	1900	1910	1920
西　部	84	74.2	69.8	63	60.1	52.1	48.2
南　部	90.4	87.8	87.8	83.7	82	77.5	72.9

资料来源：David Ward, *Cities and Immigrants: A Geography of Change in the Nineteenth Century*, New York: Oxford University Press, 1979, p.6. 转引自梁茂信：《人口迁徙与美国城市社会的形成》,第219页。

内战结束后,南部的奴隶种植园最终解体,在经过起初的工资合同制试验后,南部种植园最终形成了以分成制为主体(同时也包括分成租佃制、固定租金制、现金租佃制在内)的农地制度。然而,在随后的近70年,除了少数人以外,南部的大多数黑人农业劳动者依然长期被锁定于分成农或租佃农的地位,难以通过财产积累获得土地或实现摆脱农业向收入更高的东北部、中西部与西部工业部门转移。根据人口普查局与经济史学家阿尔斯通等人的统计,1900年南部77.6%的黑人农场属于租佃农场(包括分成制、分成租佃制、现金租佃制或固定租金制)。1930年这一比重增长到83.3%,其中分成制农场比重为46.8%。① 与此同时,在内战后的南部,相当一部分白人约曼自耕农也经历了丧失土地,转变为租佃农与分成农的命运。根据人口普查局的统计,1900年南部36.1%的白人农场属于租佃农场,另外还有5.6%的白人农场属于部分所有农场(农场劳动者除了经营自有农场外,还会租用其他的土地),1930年白人租佃农场的比重增长至46.6%(其中分成制农场比重为16.4%),另外还有7.8%的白人农场属于兼营租佃农场的部分所有农场。②

与中西部和西部相比,内战后的南部农场面积更为狭小(见表3)。这一点在区分黑人农场与白人农场,以及比较农场耕地面积的情况下表现得更为明显。例如,1900年南部黑人农场平均面积只有52.1英亩,其中平均耕地面积只有31.3英亩,黑人租佃农场平均面积44.9英亩,平均耕地面积

① Lee J. Alston and Kyle D. Kauffman, "Up, Down, and Off the Agricultural Ladder: New Evidence and Implications of Agricultural Mobility for Blacks in the Postbellum South", *Agricultural History*, Vol. 72, No. 2 (Spring 1998), p.272. U.S. Bureau of the Census, *Historical Statistics of the United States: Colonial Times to 1970*, Washington D.C.: Government Printing Office, 1975, p.465. http://www2.census.gov/prod2/statcomp/documents/CT1970p1-01.pdf 01/03/2009(以下网址省略)

② U.S. Bureau of the Census, *Historical Statistics of the United States: Colonial Times to 1970*, p.465.

30.9 英亩。南部白人农场平均面积 172.1 英亩,其中平均耕地面积 54.7 英亩,白人租佃农场平均面积 92.5 英亩,其中平均耕地面积 44.1 英亩。[1] 与此同时,中西部的衣阿华州和堪萨斯州每个农场平均面积分别为 151 英亩和 124 英亩,平均耕地面积分别为 96.2 英亩和 104.4 英亩,远远高于南部的平均水平。[2]

表3　1880~1930 年南部与中西部每个农场的平均面积

单位:英亩

地区＼年份	1880	1890	1900	1910	1920	1930
南　部*	149	128	98	84	77	70
中西部	122	133	145	158	172	181

* 这里的南部是指除得克萨斯州以外的 10 个州。
资料来源:Gavin Wright,*Old South*,*New South*:*Revolutions in the Southern Economy since the Civil War*,p. 54.Table 3.2.

　　第三,内战结束后,在南部农业生产体系中,以棉花生产为主体的畸形单一种植结构长期延续,棉花生产规模与产量持续扩大,甚至在棉花价格不断下降,并且长期处于低水平的情况下依然如此。

　　从作为独立统计单位的个体农场来看,内战后南部的棉花生产扩张是以牺牲粮食作物生产的自给自足和多样化为代价的。内战前南部的粮食生产基本上是自给自足的。一方面,内地与山区的白人小农农场大多以自给自足的粮食作物生产为主,另一方面南部的种植园除了从事棉花生产之外,也大多能生产足够的粮食和肉类满足奴隶的消费需求。[3] 内战结束后,由于棉花生产的不断扩张,大部分农田被用于棉花生产。以南部的阿拉巴马州、佐治亚州、南卡罗来纳州、密西西比州、路易斯安那州、阿肯色州 6 个州为例,1880 年、1900 年、1910 年、1920 年、1930 年,平均每个农场棉花种植面积占农场耕地面积的比重分别高达 49.1%、53%、

[1]　U.S.Bureau of Census,*Thirteenth Census of United States*,*1910*,Vol.5,Washington,D.C.:Government Printing Office, 191 p.196. http://www2. census. gov/prod2/decennial/documents/41033898v5ch03.pdf　11/04/2008(以下网址省略)

[2]　Gilbert Courtland Fite,*Cotton Fields No More*:*Southern Agriculture*,*1865-1980*,p.235.Gavin Wright,*Old South*,*New South*:*Revolutions in the Southern Economy since the Civil War*,p.54. Table 3.2

[3]　Robert E.Gallman,"Self-Sufficiency in the Cotton Economy of the Antebellum South",*Agricultural History*,Vol.44,No.1(Jan 1970),pp.5-23.

46%、41.9%、50.6%。①

　　从南部棉花种植规模和产量的历年统计数据来看,内战后南部棉花生产扩张的趋势更为明显。1860 年是内战前南部棉花种植规模与产量最高的年份,棉花种植面积在 1200—1300 万英亩左右,产量高达 22.47 亿磅。由于内战的破坏,1866 年棉花种植规模下降到 730.9 万英亩,产量则只有 142.4 万包(7.12 亿磅)。② 内战结束后,南部的棉花生产开始迅速恢复。1876 年种植面积恢复到 866.6 万英亩,产量 19.24 亿磅。1895 年棉花产量则猛增至 40.79 亿磅,种植面积在 2300 万英亩左右。③ 1920 年棉花种植规模达到 3196.3 万英亩,产量 1183.2 万包(59.16 亿磅)。1929 年经济危机来临前种植规模扩大到 3912.9 万英亩,产量达到 1294.6 万包(64.73 亿磅)。④ 1866—1929 年的 63 年中,南部的棉花种植规模增长了 4.35 倍,棉花产量则增长了 8.09 倍。

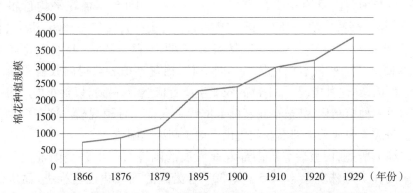

图 1　1866-1929 年美国南部棉花种植规模　单位:万英亩

资料来源:Matthew B.Hammond, "The Cotton Industry:An Essay in American Economic History:Part I. The Cotton Culture and the Cotton Trade", p.134,166.U.S.Department of Agriculture, Agricultural Marketing Service, *Cotton and Cottonseed:Acreage, Yield, Production, Disposition, Price, Value, by States*,1866-1952,pp.19-32.

① Gilbert Courtland Fite, *Cotton Fields No More:Southern Agriculture, 1865-1980*, p.235.U.S.Department of Agriculture, Agricultural Marketing Service, *Cotton and Cottonseed:Acreage, Yield, Production, Disposition, Price, Value, by States, 1866-1952*, pp.19-33.

② U.S.Department of Agriculture, Agricultural Marketing Service, *Cotton and Cottonseed:Acreage, Yield, Production, Disposition, Price, Value, by States, 1866-1952*, pp.7-18.

③ Matthew B.Hammond, "The Cotton Industry.An Essay in American Economic History:Part I.The Cotton Culture and the Cotton Trade", *Publications of the American Economic Association*, New Series,No.1(Dec 1897), pp.134,166.

④ U.S.Department of Agriculture, Agricultural Marketing Service, *Cotton and Cottonseed:Acreage, Yield, Production, Disposition, Price, Value, by States, 1866-1952*, pp.19-32.

需要指出的是，内战后南部的棉花生产扩张在很大程度上是发生在美国国内市场和世界市场棉花价格不断下降，并且长期处于低水平的不利市场条件下的一种"反常供给"现象。其中，1865—1900 年美国国内市场棉花价格与世界市场棉花价格总体上处于不断下降的状态。从美国国内棉花市场来看，由于内战带来的需求刺激，1864 年美国国内市场棉花价格达到101.5 美分/磅，1865 年棉花价格虽然有所下降，但是仍然高达 83.38 美分/磅。1865 年后美国国内市场棉花价格开始不断下降。1872 年棉花价格是 20.48 美分/磅，[①]1876 年下降到 9.71 美分/磅。1880—1899 年棉花平均价格跌落到 10 美分/磅以下。1880—1889 年平均价格只有 8.998 美分/磅。1890—1899 年平均价格只有 8.24 美分/磅，其中 1894 年与 1898 年的价格甚至曾经跌落到 4.59 美分/磅与 5.73 美分/磅。[②] 与此同时，世界市场的棉花价格变动也呈现出相同的态势。以世界主要棉花实物交易市场——英国利物浦棉花交易市场为例，1864—1865 年棉花平均价格为19.11 便士/磅，1870—1871 年下降到 8.55 便士/磅，1875—1876 年则只有6.67 便士/磅，1885—1886 年下降到 5.14 便士/磅，1898—1899 年下降到3.28 便士/磅。[③] 随着棉花价格不断下降，棉花种植者获得的收益不断减少。然而，在这种情况下，南部的农业生产者依然继续维持以棉花生产为主体的单一种植结构，甚至在此基础上继续扩大棉花种植规模。这在很大程度上造成了内战后南部农业现代化启动长期深陷困境。

综上所述，内战后美国南部农业发展的困境实际上是美国现代化进程中的一个特殊现象。1865—1930 年，美国的现代化迅速推进，而南部却长期处于落后与近乎停滞的状态。就农业而言，内战后南部农业发展并没有走上类似于东北部、中西部和西部的农业现代化道路，反而长期深陷困境。由于南部农业劳动者大多长期深陷贫困与债务，长期被锁定在面积狭小的租佃农场，以及长期维系畸形的单一棉花生产模式，这在很大程度上造成了现代科学技术（如农业机械化、农业生物技术等）、现代经济管理方法（如农业产业化经营）很难在内战后的南部农业中得到应用与推广，农业人口的非农化难以实现，南部农业现代化的启动由此长期深陷困境。

① James L.Watkins, *King Cotton: A Historical and Statistical Review 1790 to 1908*, New York: Negro Universities Press, 1969, p.30.

② U.S.Bureau of the Census, *Historical Statistics of the United States: Colonial Times to 1970*, pp.517-518.

③ James L.Watkins, *King Cotton: A Historical and Statistical Review 1790 to 1908*, pp.30-31.

内战后南部农业发展的落后与停滞直到20世纪30年代经济危机后由于罗斯福政府对南部农业实施大规模改造与干预才得以被打破。由于1929年的经济危机,南部农业发展已经处于崩溃的边缘,甚至成为危及美国经济安全的"国家头号经济问题"(the Nation's No.1 economic problem)。[①]正是在这一背景下,罗斯福政府对南部农业实施了一系列大规模改造与干预政策。通过实行控制棉花生产规模和棉花减产补贴、价格保护的政策,南部畸形的单一棉花种植结构最终被打破,棉花生产持续扩张的趋势被彻底扭转。[②]与此同时,由于受到棉花种植面积的大规模削减,以及为了单独获取联邦政府的棉花减产补贴等因素的刺激,许多种植园主主动减少了种植园黑人分成农与租佃农的数量,由此大批黑人农业劳动者被迫离开种植园前往中西部、西部或东北部城市寻找新的工作机会。[③]最后,联邦政府给予的大量农业减产补贴,以及分成农和租佃农的数量不断减少,又极大地刺激了种植园主和大土地所有者购入新的农业机械取代原有的分成农与租佃农。这在很大程度上促进了南部农业机械化的推进。[④]正是在这种情况下,内战后南部农业发展长达将近70年的落后与停滞状态最终被打破,南部的农业现代化由此开始启动。第二次世界大战时期国内外市场对农产品的旺盛需求与高额的农产品价格,大批的美国青壮年参军入伍造成劳动力短缺,以及二战后联邦政府继续奉行限制农业生产规模、农业补贴和实行价格保护为核心的农业干预政策,再加上东北部、中西部与西部城市相对较高的就业机会与工资水平的吸引,战后南部城市化、工业化高速推进带来的拉动效应,使得南部农业机械化与农业人口转移的趋势得以延续并加速。[⑤]

---

① Franklin D.Roosevelt, "Address at Barnesville, Georgia", August 11,1938, in Gerhard Peters and John T.Woolley, The American Presidency Project.http://www.presidency.ucsb.edu/ws/? pid = 15520. 05/01/2012

② 例如,由于《农业调整法》(Agricultural Adjustment Act,简称 AAA)与《班克黑德棉花控制法》(Bankhead Cotton Control Act)的干预,1939年南部的棉花种植面积仅为2000万英亩,较之1929年下降幅度高达53%。Gilbert Courtland Fite, Cotton Fields No More: Southern Agriculture, 1865-1980, p.158.

③ 根据人口普查局的统计,1930—1940年,仅南部黑人农场的数量就减少了201,421个,下降幅度为23%。U.S.Bureau of the Census, Historical Statistics of the United States: Colonial Times to 1970, p.465.

④ 关于20世纪30年代南部农业劳动力的减少,以及农业机械的推广,详见 Gilbert Courtland Fite, Cotton Fields No More: Southern Agriculture, 1865-1980, pp.139-162.

⑤ 关于第二次世界大战,以及战后经济繁荣和联邦政府农业政策对南部农业现代化的积极作用,详见 Gilbert Courtland Fite, Cotton Fields No More: Southern Agriculture, 1865-1980, pp.163-207.当然,不可否认的是,除了经济因素之外,黑人人口向东北部、中西部和西部城市的大规模迁移还存在其他因素的作用,如南部严重的种族隔离制度、司法不公正,东北部、

20 世纪 60 年代，南部农业最终实现了现代化。

那么，为什么南部农业劳动者会在长达将近 70 年的时间里始终维持以棉花生产为主体的畸形单一棉花种植结构，甚至在棉花价格不断下降，棉花收益不断减少的情况下依然继续扩大棉花种植规模呢？为什么南部的大多数农业劳动者会长期深陷贫困？为什么南部大多数黑人农业劳动者不能通过自己的劳动积累财富进而转变为拥有土地的约曼自耕农呢？为什么他们会长期被锁定在面积狭小的租佃农场，却不能迁移到收入水平更高的东北部或中西部与西部呢？这些问题值得我们深入探讨。通过将上述南部农业发展的问题置于同时期整个美国现代化的大背景下来思考，并与东北部和中西部、西部农业现代化的进程相比较，我们不禁产生更加深刻的疑问：为什么在奴隶种植园经济解体，黑人奴隶获得人身自由和财产权利的情况下，内战后南部农业发展并没有像美国其他地区一样走上农业现代化道路呢？在美国现代化"高歌猛进"的时代，为什么会存在着一个旷日持久的南部农业现代化启动的困境问题呢？造成这一困境的内在深层次原因何在？是历史的延续性？还是历史的断裂？是市场的决定作用？还是不同阶级和种族力量对比和斗争的结果？究竟南部农业发展如何摆脱这些桎梏，从而走上了农业现代化道路呢？这些问题具有非常重要的理论与现实意义，特别是尚处在转型阶段的中国及第三世界农业发展需要借鉴内战后美国南部农业现代化的经验教训，因此值得我们深入思考和研究。

本书的主旨，就是希望通过对所能发现的文献资料的考察与梳理，以期对回答上述问题做出一点绵薄的贡献。本书认为，乡村借贷制度是内战后美国南部种植园主和乡村商人控制与剥削农业劳动者的重要机制。这种借贷制度的形成与发展对内战后美国南部农业（包括黑人种植园经济和白人约曼自耕农经济）的发展造成了深刻的影响。本书试图以乡村借贷制度为中心，通过对内战后美国南部黑人种植园经济和白人约曼自耕农经济发展与演变的具体研究，揭示内战后美国南部农业现代化启动长期深陷困境的深层次原因。

三、相关研究回顾与述评

国内外历史学者对内战后美国南部农业发展的研究主要集中于具体问题的探讨，较少有人从宏观和整体的层面思考内战后南部农业现代化启动

中西部与西部相对自由的政治环境，支持黑人的媒体的宣传作用，联邦政府颁布的公平就业政策。参见谢国荣：《1910 年至 1960 年间美国黑人人口再分布及其影响》，《历史教学问题》2007 年第 4 期。

的困境问题。虽然如此，很多学者对内战后南部农业发展具体问题的探讨都从不同层面涉及南部农业现代化启动困境的问题。这些探讨为本书进一步深入的研究打下了坚实的基础。

从国内外学者的研究来看，以下四个问题的研究与本书的主题关系比较密切。

（一）内战后美国南部分成制问题的研究

内战结束后，共和党人控制下的国会曾经通过了《自由民局法案》和《南部宅地法》，试图在南部建立黑人自由农场制度。然而，这两个土地分配方案都没有成功。南部的黑人农业劳动者不得不继续依附于拥有土地的种植园主。为了改造奴隶种植园经济，重新整合南部的农业资本与劳动力，联邦政府在南部种植园推广工资合同制（wage contract system）。在各地自由民局的倡导与监督下，1865—1867年南部各州的种植园纷纷实行了工资合同制。然而，工资合同制只实行了短短几年，其主导地位就被分成制（sharecropping）所取代。历史资料显示，分成制的大规模发展是内战后初期南部农地制度演变的最显著特色。那么，分成制产生的原因又是什么呢？美国学者在这一问题上展开了激烈的争论。

美国学术界对内战后分成制起源的研究主要分为两个学派：阶级分析学派与新经济史学派。

阶级分析学派重视非经济因素与社会历史因素在分成制产生中的作用。对于分成制的起源，又有三种观点：

1. 强调内战后南部分成制起源于种植园主与黑人自由民之间的斗争与妥协。韦纳指出，分成制是内战后种植园主和黑人农业劳动者两大阶级对立与斗争的产物，而并非自由市场发展的最终结果。他认为，内战后初期，随着黑人奴隶的解放，南部出现了农业劳动力的短缺。在这一背景下，种植园主为了维持种植园的生产，纷纷通过联合压低工资，借助"黑人法典"（Black Codes），甚至直接使用暴力（如组织三K党）的方式，极力剥削、压迫黑人农业劳动者，阻止他们的地域流动。黑人农业劳动者并没有屈从于种植园主的剥削与压迫，他们纷纷通过逃跑或迁移的方式来反抗种植园主，维护刚刚获得的自由。韦纳认为，在这种情况下，种植园主选择放弃工资合同制下的群体劳动制（gang labor system），而采用分成制，是对黑人农业劳动者做出的让步。[①] 伍德曼也认为，内战后南部的分成制是种植园主与黑人

①　Jonathan M. Wiener, "Class Structure and Economic Development in the American South, 1865-1955", *The American Historical Review*, Vol.84, No.4(Oct 1979), p.975.

农业劳动者共同妥协的结果。内战后初期南部实行的工资合同制存在种种问题:种植园主希望使用群体劳动进行生产,黑人农业劳动者则试图尽可能摆脱受奴役的地位;种植园主希望对黑人农业劳动者的生产进行管理与监督,而黑人农业劳动者则希望获得更多的自由与独立,希望自己管理生产,做出经营决策。伍德曼认为,这些表面的分歧背后掩藏着种植园主和黑人之间尖锐的阶级利益和目标冲突。正是在这样的背景下,分成制和租佃制作为阶级斗争的产物可以说是黑人与种植园主共同妥协的结果。①

2.强调种植园主在分成制的起源过程中发挥了绝对主导作用。曼德尔认为,由于种植园主占有土地,黑人自由民一无所有,因而,内战结束后,黑人自由民除了继续为种植园主劳动之外,别无其他选择。在这一背景下,种植园主充分利用了黑人自由民在合同谈判中的不利地位,成功地迫使他们同意接受分成制。②

3.强调黑人自由民在南部分成制起源过程中发挥的绝对主导作用。戴维斯认为,内战后南部分成制的出现源于黑人自由民强大的力量,是黑人自由民对种植园主的斗争胜利,因而更多体现了黑人自由民的意志与利益。种植园主接受分成制完全是由于黑人自由民的强加造成的,"是因为他们在这一问题上没有选择的余地"。③ 里德尔也指出,由于分成制具有相对的自由,因而黑人自由民更加偏爱分成制。内战后南部的黑人自由民拥有足够的力量,完全能够将他们的选择强加给种植园主。④

新经济史学派的学者不同意阶级分析学派学者的观点。与阶级分析学派重视非经济因素与社会历史因素不同,他们把目光更多转向了劳动者在自由市场中的理性行为选择。里德指出,内战后由于实行工资合同制的种植园主在生产季节内需要为吸引农业劳动力展开竞争,从而不得不提高工资水平,而内战后棉花价格不断下降,以及1866—1867年的自然灾害,使得种植园主与黑人农业劳动者最终的收入大大减少。在这种情况下,双方都对工资合同制产生了不满。分成制合同对于地主和佃农双方而言,存在相互的利益。一方面,它便于合同双方就生产进行重新谈判,从而减少了地主

---

① Harold D.Woodman,"Post-Civil War Southern Agriculture and the Law",*Agricultural History*, Vol.53,No.1(Jan 1979),p.324.

② Jay R.Mandle,*The Roots of Black Poverty:the Southern Plantation Economy after the Civil War*, Durham,N.C.:Duke University Press,1978,pp.25-26.

③ Ronald L. F. Davis,*Good and Faithful Labor:From Slavery to Sharecropping in the Natchez District*,*1860-1890*,Westport,Conn.:Greenwood Press,1982,p.190.

④ Wesley Allen.Riddle,"The Origins of Black Sharecropping",The Mississippi Quarterly,Vol.49, No.1(Winter 1995),p.53.http://find.galegroup.com/itx/start.do? prodId=EAIM 02/01/2009

的管理成本,另一方面,它也有利于激励分成租佃农进行生产,从而使得生产要素在分成租佃农中间达到最优配置。此外,分成制合同确立了风险分担机制,有利于在地主和佃农之间分散风险。正是由于这些优点,分成制取代了工资合同制,成为南部农业的主要生产方式。① 施洛默维茨的观点与里德比较接近。他认为,分成制是种植园主与黑人自由民在自由劳动市场中利益趋同的产物。一方面,接受分成制,种植园主可以摆脱工资合同制下为获得劳动力而提高工资的负担,另一方面,黑人自由民也可以利用分成制来改善工作条件,因此,分成制的实行并不是强迫性的,而是合约双方在南部自由市场条件下共同的理性选择。然而,与里德不同的是,施洛默维茨认为,分成制并不是种植园主与黑人一开始就建立的,而是经历了一个较长的试验期。从工资合同制到分成制中间经历了“班组制”(squad system)的过渡阶段。② 兰瑟姆与萨奇认为,内战后南部工资合同制衰落的原因在于,内战后初期实行工资合同制的种植园对于劳动力的需求较高,而南部却出现了劳动力短缺,再加上来自自由民局的压力,从而使得 1866—1867 年农业工资水平上升。与此同时,棉花价格却迅速下降。南部又经历了干旱,农作物普遍歉收。在这种情况下,种植园主大多没有能力支付农业工人的工资,从而使得工资合同制无法继续维持。另一方面,由于工资合同制依然实行群体劳动、监工监督等类似于奴隶制种植园的劳动方式与管理方式,再加上种植园主经常违反合同规定等原因,黑人自由民也对工资合同制极为不满。他们大多通过在作物收获前离开种植园,造成生产季节劳动力短缺的方式对抗种植园主。在这种情况下,种植园主曾经试图通过联合制定协议,以及利用“黑人法典”的方式压低黑人工资、限制黑人流动。这些举措并没有取得多大成效,反而更加剧了黑人农业劳动者对工资合同制的厌恶。③ 兰瑟姆与萨奇认为,在这种情况下,“实行分成制是寻求独立与高收入的(黑人)劳动者和渴望保持控制力以及最大程度上减少风险的地主(种植园主)之间妥协的结果”。④

　　美国学者的上述讨论在中国已经有所反应。霍震、杨慧萍先生认为,内

① Joseph D.Reid, Jr., "Sharecropping As an Understandable Market Response:The Post-Bellum South", *The Journal of Economic History*, Vol.33,No.1(Mar 1973),pp.109–110.

② Ralph Shlomowitz, "'Bound' or 'Free'? Black Labor in Cotton and Sugarcane Farming, 1865–1880", *The Journal of Southern History*, Vol.50,No.4(Nov1984),p.596.

③ Roger L.Ransom and Richard Sutch, *One Kind of Freedom:the Economic Consequences of Emancipation*, pp.65–67.

④ Roger L.Ransom and Richard Sutch, *One Kind of Freedom:the Economic Consequences of Emancipation*, p.94.

战后劳动力不足和资金困难是南部种植园主放弃工资合同制,实行分成制的主要原因。① 田锡国先生认为,内战后"种植园主,虽然保留着大地产,但失去了作为劳动力的奴隶,同时由于战争对南部经济的破坏,又缺乏资金雇佣劳动力;而'解放了'的奴隶在获得人身自由后,没有得到土地,也无力购买生产资料,无法成为独立小农或雇佣工人。于是土地所有者把土地分成小块,出租给黑人或贫困白人,租佃制成为南部农业经济的主要生产方式"。② 孟海泉也提出,内战后南部工资合同制的失败,以及租佃制形成的根本原因在于南部资本匮乏。种植园主缺乏足够的现金用于支付工资,而只能以类似实物工资制的劳动方式即租佃制取而代之。③

上述学者对内战后南部分成制起源问题的研究都极为深入且具有启迪性,然而,不可忽视的是,内战后美国南部分成制的产生有着较为复杂的社会历史背景,不能在种植园主和黑人农业劳动者的阶级斗争、自由市场上的理性行为选择等因素中,单纯强调某一种因素而忽视或者贬低其他因素的作用。内战后南部种植园农地制度的变化并非仅仅是"奴隶制→工资合同制→分成制"的简单转变过程,而是一个复杂的历史过程。从工资合同制到分成制的转变过程中,种植园主与黑人自由民在相互斗争与相互妥协的过程中尝试了各种不同的替代方案。正是由于这些替代方案都归于失败,最后才确立了分成制。正如罗伊斯指出的,内战后南部分成制的出现并非简单地源于南部的客观环境或市场机制,也并不能简单地归因于种植园主与黑人自由民的偏爱和渴望。实际上,种植园主与黑人自由民对分成制都不满意。他们之所以选择分成制,是因为他们都没有能力实现对自己更为有利的替代方案。④ 考察内战后南部分成制的起源问题,应该深入到内战后初期南部具体的社会历史背景中,从历史的视角加以研究,而不是从先入为主的理论范式入手,然后结合相关史料进行论证。

通过考察内战后南部黑人分成制出现的历史背景,我们发现,分成制的出现并非是一蹴而就的。具体说来,内战后初期,由于自由民局的干预,南部种植园开始实行工资合同制。然而,由于种植园主试图在工资合同制的名义下,通过继续使用群体劳动和监工监督的方式,达到控制黑人

---

① 霍震、杨慧萍:《美国内战至二十世纪初期的种植园制度》,《世界历史》1982年第4期。

② 丁则民等主编:《美国内战与镀金时代(1861—19世纪末)》,人民出版社1990年版,第63页。

③ 孟海泉:《内战以后美国南部租佃制的形成》,《世界历史》2009年第1期。

④ Edward Royce, *The Origins of Southern Sharecropping*, Philadelphia: Temple University Press, 1993, pp.21-24.

自由民、恢复种植园生产体制的目的传统。这种类似于奴隶制种植园的
生产组织方式自然遭到黑人自由民强烈反对，最终归于失败。另一方面，
由于黑人自由民频繁利用地域迁移对抗种植园主的控制，许多种植园主
为了获得稳定的黑人劳动力而不得不相互展开竞争，从而抬高了农业工
资水平。这使得种植园主也逐渐对工资合同制产生了不满。为了摆脱对
黑人劳动者的依赖，南部种植园主曾经试图引入华人与欧洲移民取代黑
人自由民。然而，这一方案很快便失败了。与此同时，黑人自由民也曾有
机会摆脱工资合同制，实现获得"四十英亩土地和一头骡子"（forty acres
plus a mule）的梦想。内战后初期的《自由民局法案》，特别是 1866 年的
《南部宅地法》为他们实现这一梦想提供了机遇。但是，这一土地再分配
方案并没有取得成功。① 正是在这一背景下，工资合同制最终被放弃，种
植园主与黑人自由民开始尝试新的替代方案。对于黑人自由民而言，最
理想的选择当然是获得土地所有权，成为独立小农场主。次优选择就是
成为租佃农。这是因为，根据南部的习惯法，租佃农在生产过程中享有一
定的自由与权利，不必受种植园主的监督。此外，除了支付给种植园主固
定数额的租金之外，租佃农可以获得其余的所有作物。内战结束后初期，
由于绝大多数黑人自由民并没有足够的个人财产，无力购置生产工具与
牲畜，而且种植园主也不愿意实行租佃制，黑人自由民转变为租佃农的可
能性微乎其微。在这种情况下，介于工资制与租佃制之间的分成制成为
最务实的选择。一方面，较之工资制，分成制赋予黑人农业劳动者更多的
自由与独立性（他们以家庭作为生产单位，劳动时间的安排更加自主），
另一方面，较之租佃制，种植园主依然在一定程度上控制了分成农的作物
生产，并获取了更高的租金。然而，从工资合同制向分成制的转变同样不
是一蹴而就的，而是经历了"班组制"的过渡阶段。这个过程同样贯穿着
种植园主与黑人的相互斗争与相互妥协。

　　此外，不能将内战后南部的农地制度等同于种植园的分成制，从而忽视
了南部内地与山区白人约曼自耕农（yeomen）农地制度的变化。实际上，白
人约曼自耕农经济与黑人种植园经济都是南部农业经济的重要组成部分。
内战后南部白人约曼自耕农的农地制度也经历了深刻的变化：大批的白人
约曼自耕农丧失土地转变为租佃农和分成农。据统计，1890 年整个南部大
约有 38% 的白人农场主是租佃农（包括分成农），较之 1880 年增长了大约

---

① 关于《自由民局法案》和《南部宅地法》土地分配方案失败的原因，详见吴浩、马泽民：
《1866 年〈南部宅地法〉土地分配方案及其失败原因》，《世界历史》2010 年第 4 期。

三分之一。① 1900 年南部白人租佃农的数量超过黑人租佃农，达到
678,743 人，与此同时，黑人租佃农的数量则只有 552,401 人，②白人成为南
部租佃农的主体。另一方面，内战后南部的农地制度并不是静止不变的，
而是经历了不同的发展阶段。就黑人农地制度而言，虽然 19 世纪 70 年
代初确立了分成制的主导地位，但是租佃制在 19 世纪 70 年代后半期开
始迅速发展，并最终在 19 世纪末 20 世纪初超过分成制，成为黑人农业劳
动者的最主要农地制度。③ 1900—1930 年黑人分成制农场再次获得迅速
发展，黑人租佃制农场的数量与比重则不断下降。到 1930 年罗斯福政府对
南部农业实施大规模干预与改造之前，黑人分成制农场的数量与比重再次
超过黑人租佃制农场的数量与比重，成为黑人农业劳动者的最主要农地
制度。

　　由此看来，内战后南部农地制度的变化是一个相当复杂的历史过程，需
要进一步深入研究。

　　(二) 内战后美国南部"农业阶梯"问题

　　美国学者经常使用"农业阶梯"(Agricultural Ladder)来描述美国农场
主的社会与经济流动。就内战后的南部而言，从"农业工人→分成农→租
佃农→小土地所有者"，代表了南部农业劳动者由低到高的分层。农业工
人处在"农业阶梯"的底层。他们没有任何生产资料，需要在监工监督下从
事集体劳动以获得工资。在生产过程中，他们必须遵守严格的生产纪律与
工作日程安排，疾病、旷工都要受到克扣工资的惩罚。分成农在"农业阶
梯"的位置处于农业工人之上。虽然分成农与农业工人一样都没有任何生
产资料，其生产过程同样受到种植园主的监督，并对作物收成没有任何所有
权与处置权，但是由于分成农的劳动方式以家庭劳动为主，因而较之农业工
人，可以相对自主地安排生产时间，具有更多的自由和生产独立性，而且种
植园主对生产过程的监督程度要远远小于农业工人。位于分成农之上的是
租佃农。与分成农相比，租佃农通常拥有自己的生产资料与个人财产，需要
自备农具、牲畜、种子和化肥等生产资料。作物收获后，租佃农只需要付给
种植园主固定的作物收成或现金作为土地的租金。租佃农的生产不受种植
园主的监督与干预，他们在作物选择、生产决策和产品销售方面拥有更多自
主权，并对作物收成拥有所有权与处置权。处在"农业阶梯"顶层的是拥有

　　① Ted Ownby, "The Defeated Generation at Work: White Farmers in the Deep South, 1865–1890",
　　　　Southern Studies, Vol.23, No.4(Winter 1984), pp.334–335.

　　② U.S.Bureau of the Census, *Historical Statistics of the United States: Colonial Times to 1970*, p.465.

　　③ 关于内战后美国南部黑人农地制度的变化见本书第一章第一节。

土地的约曼自耕农。租佃农在积累了足够的财富之后,有机会通过购置土地与其他生产资料,转变为约曼自耕农。内战结束后,对于南部的黑人自由民而言,获得"四十英亩土地和一头骡子",成为约曼自耕农,一直是他们最大的梦想。

那么,内战后南部的农业劳动者是否经历了"农业阶梯"的向上流动呢? 国内外学者对于内战后南部"农业阶梯"问题的研究主要集中于南部种植园的黑人农业劳动者。在国内史学界,孟海泉第一个对内战后美国南部"农业阶梯"问题进行了专门研究。他认为,内战后的南部不存在"农业阶梯"的向上流动,反之,存在一种"反阶梯"趋势,即自耕农沦为租金农,租金农沦为分成农;从长远来看,它们三者又都沦为农业工人。[①] 这一论断颇有见地,但是很难解释 1880—1900 年南部黑人分成农比重大规模下降,租佃农比重大规模增长,以及 1900—1930 年南部黑人租佃农比重大规模下降,分成农比重大规模增长的复杂现象。从内战后南部农业发展的历史来看,孟海泉提出的"反阶梯"趋势的论断只适用于内战后地位下降的南部白人农场主。

美国经济史学家欧文与奥布赖恩对内战后南部"农业阶梯"问题进行了深入研究。他们通过研究内战后南卡罗来纳、佐治亚、密西西比、阿拉巴马、路易斯安那 5 个州农村家庭男性主人(rural household heads)的职业,发现南部农业劳动者在一定程度上确实实现了"农业阶梯"的向上流动。他们的研究表明,南部 5 个州黑人"农业劳动者"(agricultural labor)与农场主(farmers)在所有农村家庭男性主人中所占比重,1880 年分别为 28% 与 38%,1890 年分别为 17% 与 57%。[②] 然而,由于欧文与奥布赖恩将"农场劳动者"界定为拿工资的农业工人,"农场主"则涵盖了分成农、租佃农、农场管理人和监工,因而,从他们的研究中,我们不能清晰地看出农业工人、分成农、租佃农、土地所有者各自的变化。奥尔斯通与考夫曼的研究在很大程度上解决了这一问题。他们认为,由于人口普查局直到 1920 年才对分成农与租佃农做出区分,并分别单独立项,因此,很难考察 1920 年以前分成农与租佃农的变化。奥尔斯通与考夫曼根据人口普查局其他统计资料大致推算出1900—1910 年南部黑人分成农与租佃农的数量,结合 1920—1960 年人口普查局的相关数据,他们完整地展现出 1900—1960 年南部黑人的农地制度

① 孟海泉:《内战以后美国南部的"农业阶梯"问题》,《世界历史》2003 年第 1 期。

② James R.Irwine and Anthony Patrick O'Brien, "Where Have All the Sharecroppers Gone? Black Occupations in Postbellum Mississippi", *Agricultural History*, Vol.72, No.2(Spring 1998), p.282.

变化。从奥尔斯通与考夫曼的研究来看,1900—1930年除少数人上升为土地所有者以外,南部绝大部分黑人农业劳动者都以租佃形式(分成制与租佃制)从事农业生产,这一时期南部黑人农地制度最大变化在于分成制与租佃制的变动。1900年南部黑人租佃制农场取代了黑人分成制的主导地位,然而1900—1930年租佃农的比重与数量又迅速下降,分成农的比重与数量再次上升,最终分成制再次取代租佃制成为南部黑人的主要农地制度。① 从这一结果来看,如果考虑到内战结束后初期,黑人农业劳动者大多数为分成农的情况,那么,根据"农业阶梯"理论,内战后(1865—1900年)黑人租佃农与黑人土地所有者数量的增长,以及黑人分成农的减少确实表明南部种植园的黑人农业劳动者实现了"农业阶梯"的向上流动,而1900—1930年黑人分成农比重大规模增长,黑人租佃农比重大规模下降则显然表明南部种植园的黑人农业劳动者经历了"农业阶梯"的向下流动。奥尔斯通与考夫曼的研究确实颇有见地,但是为什么内战后(1880—1930年)南部黑人的农地制度会从最初的分成制为主转变为租佃制为主,又从租佃制为主转变为分成制为主? 这一变化内在的动力是什么? 对这一问题,奥尔斯通与考夫曼并没有给出解释。此外,更加令人疑惑的是,内战后南部黑人分成农向租佃农的大规模转变,竟然是在黑人劳动者极其贫困的情况下实现的。② 那么,在极端的贫困水平下,南部的黑人农业劳动者究竟如何购置牲畜、生产工具、肥料,从而实现从分成农向租佃农的大规模转变呢? 这是一个被很多学者忽视的重要问题,值得我们继续深入研究。

从内战后南部黑人人均财产与人均农产品收入的统计数据来看,对内战后美国南部大多数黑人农业劳动者而言,从分成农到租佃农的转变并没有伴随着经济收入与经济地位的改善。笔者认为,内战后南部黑人分成农向租佃农的大规模转变并不是他们实现财产积累的结果,而是种植园主在棉花价格长期处于低水平的情况下为减少经营风险采取的一种经营策略。通过对内战后南部棉花价格的考察,我们发现,1880—1900年世界棉花价格持续下降,棉花价格一直维持在10美分/磅以下的水平(1881年除外),1891—1899年的棉花价格通常只有7美分/磅左右,1894年甚至下降至4.59美分/磅的低水平。③ 由于实行分成制的种植园主需要向分成农提

① Lee J.Alston and Kyle D.Kauffman, "Up, Down, and Off the Agricultural Ladder: New Evidence and Implications of Agricultural Mobility for Blacks in the Postbellum South", p.273.

② 关于内战后南部黑人劳动者的极端贫困,参见本书第7—8页所引希格斯、马戈与兰瑟姆·萨奇关于内战后南部各州黑人人均财产与人均农产品收入的各项数据。

③ 关于1880—1929年棉花价格统计见本书第三章第二节图8与图9。

供牲畜、化肥、农具等几乎所有的生产资料,因而棉花价格不断下降且长期维持在10美分/磅以下的水平使得种植园主的生产投入承受了较大的风险。在这种情况下,种植园主不得不考虑采取减少生产投入风险,确保收入稳定的经营策略。租佃制对于种植园主而言是一个规避风险的选择。虽然租佃制的租金与利润水平低于分成制,但是由于租金较为固定,种植园主的投入减少,因而,在棉花价格下降且长期维持在低水平的过程中,种植园主承担的风险自然小于分成农。此外,由于贫困,黑人农业劳动者通常并不能自备所有的生产资料,因此,实行租佃制后,种植园主依然不得不向他们提供一定数量的生产资料(如肥料、骡子等)。在这种情况下,南部种植园主通常通过借贷的方式向这些黑人租佃农提供生产资料。这使得种植园主的生产投入能够获得较为固定的借贷收益,从而进一步降低了风险。正是在这样的背景下,越来越多的种植园主开始采用租佃制取代原有的分成制,最终在20世纪初南部黑人租佃农的数量远远超过了分成农。

1900—1930年黑人分成农的大规模增长与租佃农的大规模减少同样与棉花价格的变化息息相关。1900—1930年美国的棉花价格虽然有所波动,但是从总体上来看保持了持续增长的趋势,而且第一次世界大战爆发后棉花价格几乎大部分时间都维持在15美分/磅以上的水平。在这种情况下,种植园主生产投入的风险大大减少,因此,许多经济实力雄厚的种植园主选择恢复利润水平更高、自己更加偏爱的分成制。

笔者认为,内战后南部种植园主之所以能够根据棉花价格的变动对自己带来的风险大小来改变租佃形式而并不影响自己对黑人农业劳动者的控制与剥削,关键在于借贷制度的运用。① 借贷制度是内战后南部种植园主控制与剥削黑人农业劳动者的重要机制与手段。通过借贷制度,无论是在分成制还是租佃制的基础上,无论是在棉花经济萧条,棉花价格下降或剧烈波动,还是在棉花经济繁荣,棉花价格高涨或保持稳定增长的时候,种植园主都能实现对种植园黑人农业劳动者的有效控制与剥削。通过借贷制度,种植园主剥夺了黑人农业劳动者大多数剩余产品,从而使得他们长期陷入债务之中。为了偿还债务,这些黑人农业劳动者不得不长期依附于种植园主,从而陷入了兰瑟姆与萨奇所说的"劳役偿债"(debt

---

① 孟海泉的文章同样强调借贷制度的作用,但是他的研究主要限于探讨借贷制度对种植园黑人农业劳动者的影响,尚未对借贷制度对南部白人农场主的影响进行深入研究。此外,孟文没有对内战后黑人分成农大规模转变为租佃农的"农业阶梯"现象作出分析。详见孟海泉:《内战以后美国南部的"农业阶梯"问题》。

peonage)之中。[①] 正是在这种情况下，这些陷入"恶性债务循环"与"劳役偿债"的黑人农业劳动者与种植园主签订租佃合同的时候，对于究竟采用分成制还是租佃制，实际上并没有发言权，而只能被动地接受种植园主的安排。

除此之外，借贷制度也使得南部的黑人农业劳动者虽然获得了租佃农的身份，却没有真正获得南部习惯法赋予租佃农的权利，从而与分成农并没有什么实质的区别。这一点主要表现在以下几个方面：(1)由于借贷制度，特别是作物留置制度，黑人租佃农丧失了自主选择种植作物的权利，而是被迫接受种植园主的安排将大部分耕地用于种植棉花；(2)由于借贷制度，黑人租佃农丧失了对作物收成的所有权与处置权；(3)由于借贷制度，黑人租佃农丧失了自主安排生产过程的权利。与分成农一样，他们同样受到种植园主的严密监督。(4)由于借贷制度，南部种植园主剥夺了黑人农业劳动者的大部分剩余产品，这使得黑人租佃农与分成农一样陷入沉重的债务。黑人农业劳动者的经济收入与财产积累水平并没有因为他们的身份从分成农转变为租佃农而发生实质的变化。

从上面的分析来看，1880—1900 年南部黑人分成农向租佃农的大规模转变所体现出的只是一种虚假的"农业阶梯"向上流动的现象，而 1900—1930 年黑人租佃农向分成农的大规模转变也并非"农业阶梯"的向下流动。实际上，内战结束后，除了少数黑人农业劳动者实现了向上的社会流动，从而成为土地所有者之外，南部绝大多数黑人农业劳动者的经济状况与经济地位长期以来都处于"停滞"状态，并没有实现"农业阶梯"的实质性向上流动。

另一方面，同样不可忽视的是，借贷制度的发展造成了内战后美国南部白人约曼自耕农在"农业阶梯"位置的下降。内战前南部绝大多数白人农场主都是拥有小块土地与少量个人财产的约曼自耕农。19 世纪 70 年代后半期以后，这些白人约曼自耕农在"农业阶梯"的位置上经历了不同于黑人农业劳动者的变动轨迹——从完全意义上的土地所有者(full owner)下降为部分土地所有者(part owner)，再下降为租佃农和分成农。以深南部的 6 个州为例，1900 年白人租佃农与分成农分别增长到 25.6% 和 11.1%，而白人土地所有者的比重则下降到 57.7%。[②]

---

①　Roger L.Ransom and Richard Sutch,"Debt Peonage in the Cotton South After the Civil War", *The Journal of Economic History*,Vol.32,No.3(Sep 1972),p.641.

②　根据 Lee J.Alston and Kyle D.Kauffman,"Up,Down,and Off the Agricultural Ladder:New Evidence and Implications of Agricultural Mobility for Blacks in the Postbellum South",p.272.U.S. Bureau of Census,*Thirteenth Census of United States*,1910,Vol.5,pp.212–213.提供的各项数据计算而成。

　　总之,研究内战后南部农业现代化启动的困境问题,必须认识到内战后南部"农业阶梯"问题的复杂性,以及黑人分成制与租佃制的特殊性,棉花价格变动与黑人分成制和租佃制(特别是现金租佃制)发展的关系,白人约曼农场的租佃化等问题。最后,特别要注意到借贷制度对内战后南部"农业阶梯"的深刻影响。

　　(三) 内战后美国南部棉花生产扩张问题

　　内战结束后,南部的棉花种植规模与产量在经历了大约15年的增长后,恢复到内战前的最高水平。此后,南部的棉花生产规模与产量继续高速增长,与此同时,粮食生产的相对规模则不断下降。最终棉花生产在南部占据了绝对主导地位。美国学者对这一问题展开了深入研究。

　　早期学者霍姆斯与哈蒙德分别在1893年与1897年发表的文章中指出,内战后乡村商人的崛起与作物留置权体制(crop-lien system)的出现在很大程度上造成了棉花过量生产,以及棉花价格的下降。他们认为,商人之所以选择棉花作为借贷的抵押,一方面是因为棉花最容易销售,另一方面是因为南部的黑人没有能力种植其他作物。[1] 20世纪30年代香农继承了霍姆斯与哈蒙德的观点,也将内战后南部棉花过量生产的原因归结为乡村商人与作物留置权体制的作用。[2] 兰瑟姆和萨奇依据连锁要素市场(interlocking factor markets)理论提出了同样的观点。他们认为,内战后南部乡村商人向棉花生产者提供借贷时往往要求后者种植棉花用于抵押和偿还债务,这是内战后南部棉花生产大规模扩张的根本原因。[3] 他们指出,内战后南部农场的棉花过量生产大多发生在小农场(特别是租佃农场),大农场除了生产棉花以外,也从事粮食生产,并能够满足家庭对粮食的消费需求。南部的小农场主将大部分精力与资源集中于棉花生产,主要是因为乡村商人提供借贷时要求用棉花作物收成作为借贷抵押。这种体制又被称为作物留置权体制。由于内战后南部乡村的借贷商人垄断了地方借贷市场,因此,南部的小农场主为了获得借贷(包括粮食,以及各种生产与生活必需品)只能大量生产棉花,而不能从事对自己更为有利

① George K.Holmes,"The Peons of the South",*Annals of the American Academy of Political and Social Science*,Vol.4,(Sep 1893),pp.265-274.Matthew B.Hammond,"The Southern Farmer and the Cotton Question",*Political Science Quarterly*,Vol.12,No.3(Sep 1897),pp.273-277.

② Fred A.Shannon,*The Farmer's Last Frontier：Agriculture,1860-1897*,New York：M.E.Sharpe,pp.91-93.

③ Roger L.Ransom and Richard Sutch,"The 'Lock-in' Mechanism and Overproduction of Cotton in the Postbellum South",*Agricultural History*,Vol.49,No.2(April 1975),p.405.

的粮食作物生产。另一方面，乡村商人通过将食物与肥料等生活与生产必需品以借贷的方式卖给小农场主，榨取了他们的剩余产品。[①] 兰瑟姆与萨奇认为，正是通过这种机制，南部的小农场主被"锁入"棉花生产之中，最终造成了南部的棉花过量生产。[②] 布朗和雷诺兹的观点与兰瑟姆、萨奇不同。他们认为，内战后南部农场主大规模种植棉花并不是乡村商人强迫的结果，而是南部经济的比较优势决定的。内战结束后，随着运输成本的下降，南部可以用较低的成本从其他地方输入粮食，因此，在这种情况下，如果南部农场主为了家庭的粮食生产而做出牺牲棉花生产的选择，则是很愚蠢的行为。[③] 迪卡尼奥同样认为，南部农场主选择生产棉花是比较优势使然。一方面，南部的地理与气候条件适于棉花种植，另一方面，虽然内战后棉花价格不断下降，但是与其他作物比较，棉花的相对价格不仅没有下降，反而在增长，因此，内战后南部农场主选择大量种植棉花，是对棉花相对价格变化做出的合理反应。[④] 赖特从宏观与微观两个层面思考这一问题。一方面，赖特认为，内战后世界市场对棉花的需求持续下降是美国南部棉花过量生产的主要原因。[⑤] 另一方面，与兰瑟姆与萨奇一样，赖特与孔鲁瑟也认识到内战后南部的棉花过量生产大多发生在小农场，但是他们将这种现象归因于小农场主（特别是租佃农场主）面对风险时的"投机"心理。他们认为，由于内战后南部的农场规模很小（特别是租佃制农场），这些小农场主面对市场的不确定性与风险时，大多决心通过"赌博式的投机"（gambling speculation），即更大规模地增加棉花生产来实现积累财产，购买土地，进而实现成为约曼自耕农的梦想。赖特与孔鲁瑟将这些小农场主称为"'赌徒'农场主"（"gambler" farmer）。[⑥] 1986年赖特在他的《旧南部 新南部》一书中又提出了新的观点。他认为，虽然内战

---

① Roger L.Ransom and Richard Sutch，"The 'Lock-in' Mechanism and Overproduction of Cotton in the Postbellum South"，p.405.Roger L.Ransom and Richard Sutch，"Debt Peonage in the Cotton South after the Civil War"，pp.655-657.

② Roger L.Ransom and Richard Sutch，"The 'Lock-in' Mechanism and Overproduction of Cotton in the Postbellum South"，pp.405,425.

③ William W.Brown and Morgan O.Reynolds，"Debt Peonage Re-examined"，*The Journal of Economic History*，Vol.33，No.4(Dec 1973)，pp.868-869.

④ Stephen J.DeCanio，"Cotton 'Overproduction' in Late Nineteenth-Century Southern Agriculture"，*The Journal of Economic History*，Vol.33，No.3(Sep 1973)，pp.631-633.

⑤ Gavin Wright，"Cotton Competition and the Post-Bellum Recovery of the American South"，*The Journal of Economic History*，Vol.34，No.3(Sep 1974)，pp.634-635.

⑥ Gavin Wright and Howard Kunreuther，"Cotton,Corn and Risk in the Nineteenth Century"，*The Journal of Economic History*，Vol.35，No.3(Sep 1975)，pp.540-541,528.

后南部棉花生产专业化的动因多种多样,但是根本原因在于平均每英亩棉花的价值要远远高于其他粮食作物。赖特根据美国农业部的相关数据计算出南部各州平均每英亩棉花与玉米的价值,他发现即使每英亩棉花产量的价值减去非劳动成本后,仍然大大高于每英亩玉米产量的价值。① 特明则认为,内战后南部棉花经济的扩张只限于佐治亚州与南卡罗来纳州的皮特蒙特地区,不是整个南部,因此,它只是一种地方现象。这种地方现象并不是由农场规模与农地制度的因素造成的,而是在很大程度上由地方居民的种族结构造成的。特明认为,由于皮特蒙特地区的居民主要为白人,所以内战后棉花经济的扩张实际上主要发生在白人农场主当中,而并不是黑人农业劳动者造成的。②

从上述学者的研究来看,其中存在诸多问题。首先,从研究方法来看,兰瑟姆、萨奇、布朗、雷诺兹、迪卡尼奥、赖特与孔鲁瑟大多是根据相关经济学理论提出假设,然后通过采用构建经济模型的方法来论证其假设的合理性。这样的研究方法在经济学领域是适用的,但在历史学领域由于缺乏具体史料支撑,很难具有说服力。其次,上述学者在提出假设时大多没有注意到内战后南部农业发展的复杂性,特别是南部特殊的农地制度和种族结构。例如,布朗、雷诺兹、迪卡尼奥、赖特的研究并没有注意到内战后南部的棉花生产扩张与种植园内部以分成制和租佃制为主体的农地制度之间的关系。在他们的研究中,只是笼统地强调南部农场主对于有利的市场信号做出的反应,而没有具体阐明这些南部农场主究竟是种植园主,还是黑人分成农与租佃农。赖特虽然将棉花生产扩张与南部的小型租佃农场联系在一起,但是并没有明确这些租佃农场主究竟是黑人还是白人。考虑到内战前南部大约有 800 万白人,数量庞大的白人小农场主与内战后南部棉花生产扩张之间的关系如何,这一重要问题显然不在他的考虑之中。

笔者认为,内战后南部的棉花生产扩张确实存在多种因素共同的作用,然而,这其中深层次的原因是南部的乡村借贷制度。内战后,南部的种植园作为一个独立的生产单位已经不存在,而是分化为许多以家庭劳动为主的小型分成制或租佃制农场。在这种情况下,依照常理,在作物选择方面,黑人小农场主自然应该倾向于"安全第一"的原则,即首先生产满足家庭需求

① Gavin Wright, *Old South*, *New South*: *Revolutions in the Southern Economy since the Civil War*, p.36.
② Peter Temin,"Patterns of Cotton Agriculture in Post-Bellum Georgia", *The Journal of Economic History*, Vol.43, No.3(Sep 1983), pp.661,674.

的粮食作物，在此基础上，再从事面向市场的经济作物生产以改善家庭的经济条件。① 然而，对于内战后的南部种植园主而言，由于南部缺乏完善的粮食作物外销市场，并且与中西部和西部相比，粮食作物种植在南部并不具备比较优势，因此，种植粮食作物并不能为种植园主带来多少利润。在这种情况下，由于棉花是内战后南部唯一具有比较优势，也是唯一能够带来大量现金收入的经济作物，而且内战前南部的棉花已经形成了较为固定的销售市场，因而，内战后南部的种植园主大多倾向于继续以棉花作为主要的种植作物。笔者以为，正是通过借贷制度，种植园主将自己的意志强加给种植园的黑人分成农与租佃农，从而造成他们被迫放弃自给自足的粮食生产，转向单一的棉花作物生产。从这方面而言，笔者认同兰瑟姆与萨奇的观点。然而，笔者以为，兰瑟姆与萨奇的研究也存在较大的疑点。首先，在他们看来，内战后南部借贷体制的主体是乡村商人。乡村商人通过作物留置权体制控制了种植园黑人分成农与租佃农的作物选择，并获得了大量的剥削利润。那么，种植园主和乡村商人之间的关系究竟如何？种植园主怎么会对乡村商人剥削种植园的黑人分成农与租佃农，并攫取自己利润的行为"无动于衷"呢？这是兰瑟姆等人的研究所忽视的重要问题。其次，人数庞大的白人约曼自耕农与南部棉花生产扩张之间的关系问题也被兰瑟姆与萨奇所忽视。

实际上，内战后南部的借贷制度是一个极其复杂的历史问题。南部重建时期，乡村商人与种植园主围绕"作物留置权"问题展开了一系列激烈的斗争。重建结束后，随着民主党人在南部各州上台，种植园主凭借立法，最终成功控制或垄断了种植园带的借贷业务，乡村商人则被排挤到南部的内地与山区。由此，借贷制度成为种植园主榨取种植园黑人农业劳动者剩余产品和控制作物选择的有力手段。此外，通过对南部历史资料的考察，我们发现，在作物留置权体制下，种植园主并没有完全放弃粮食生产，他们大多在种植园的自留地雇用工资劳动者从事粮食作物生产，然后再把收获的粮食以借贷的方式出售给种植园的分成农与租佃农来赚取高额借贷利润。从

---

① "安全第一"的风险规避原则，最早由美国社会学家斯科特教授提出。斯科特认为，传统社会的农民在选择作物和耕作技术时，往往宁愿减少灾害的可能性也不去尽量增加平均利润。"安全第一"的风险规避原则使得农民往往更加偏爱维持生存的农作物（如粮食作物）而不是市场销售的商品作物。这是因为种植维持生存的农作物或多或少保证了家庭的食物供应，而种植商品作物使得家庭的生计取决于农产品价格和消费品市场，由此深受市场波动的影响。此外，除了种植粮食作物之外，农民也会倾向于选择一种自给自足的生活方式。他们还会尽量利用家庭手工业满足家庭的生产与消费，尽可能避免市场波动带来的影响。［美］詹姆斯·C.斯科特：《农民的道义经济学》，程立显等译，译林出版社 2004年版，第 19,67,23 页。

这方面而言,上述学者关于棉花生产主要集中于小农场,大农场除了生产棉花作物以外,也从事粮食作物生产的论断是合理的。关于赖特等人提出的"赌徒农场主"的观点,笔者以为,这更多是一种假设,不仅不合常理,而且缺乏实际证据。难道这些小农场主真的一方面甘心花费很高的零售价格购买粮食,另一方面在棉花价格不断下降的情况下依然孤注一掷地投入棉花生产?为什么他们不能在解决家庭粮食消费的基础上从事面向市场的棉花生产呢?同样,虽然赖特关于单位面积的棉花产量相对价值高于玉米的观点具有一定的合理性。然而,这也不能说明为什么南部的小农场主会不顾及"安全第一"的原则,放弃自给自足的粮食作物生产(他们以高额的零售价格购买粮食,甚至以陷入沉重的债务为代价)、维持棉花生产的主体地位,甚至在此基础上继续增加棉花种植规模。此外,关于布朗和雷诺兹、迪卡尼奥提出粮食作物相对价格低于棉花作物,南部可以用较低的运输成本输入粮食而专门致力于棉花生产的观点,显然忽视了一个重要事实,即内战后虽然南部可以利用便宜的批发价格购进中西部的粮食,但是南部农业劳动者购买粮食的零售价格却远远高于这些批发价格。这一点可以从内战后南部乡村主要食物零售价格的统计数据看出。[①]

　　另一方面,笔者以为,虽然内战后南部种植园的黑人农业劳动者继续以棉花生产为主,但是这并不能完全解释整个南部棉花生产如此大规模的"扩张"。内战结束后,南部棉花生产的"扩张"在更大程度上是由于内战后南部内地与山区的白人约曼自耕农放弃多样化(diversified)与相对自给自足(self-sufficient)的粮食作物生产,转向相对单一的棉花作物生产造成的。从这一点来说,笔者同意特明的观点。然而,特明的解释并没有阐明内战后南部的白人小农场主是如何从自给自足的多样化作物生产转向相对单一的棉花作物生产,他的观点同样缺乏实证研究的支撑。笔者以为,内战后南部白人约曼自耕农转向相对单一的棉花作物生产的推动力量同样来自借贷制度。正是借贷制度,特别是作物留置权体制,使得南部的白人约曼自耕农被迫放弃了相对自给自足的粮食作物生产,转向以棉花生产为主的生产方式。

　　(四)　关于内战后南部农业发展道路的讨论

　　关于内战后美国南部农业发展道路问题的讨论主要出现在 20 世纪 80年代的国内学术界。对这一问题的讨论,最早源于列宁关于农业资本主义发展两条道路的著名论断。列宁在《社会民主党在 1905—1907 年俄国第

──────────

① 　参见本书第三章第二节表格 11、表格 12、表格 13 提供的内战后南部主要食物玉米与熏猪肉零售价格的数据。

一次革命中的土地纲领》中，提出了农业资本主义演进的两条道路——"普鲁士道路"与"美国式道路"，以后又曾反复论及。列宁所概括的"普鲁士道路"是指"农奴制地主经济缓慢地转化为资产阶级的容克经济，同时分化出为数很少的'大农'，使农民遭受几十年最痛苦的剥夺和盘剥。"①"美国式道路"，则是指"地主经济已不再存在，或者已被没收和粉碎封建领地的革命所捣毁了。农民在这种情况下占优势，成为农业中独一无二的代表，逐渐演变为资本主义的农场主。"②"美国式道路"的基础是"自由的农场主在自由土地上的自由经济"。③ 列宁认为，美国拥有广阔的土地，以此为条件而发展出跟德国以及英、法等中、西欧国家形态不同的资本主义农业，从而形成了农业发展的"美国式道路"。内战后美国南部农业发展也走上了"美国式道路"。这是因为"国内战争彻底摧毁了奴隶制农庄"。④ "这种改造是通过对南部各州奴隶制农庄施行暴力的方式进行的。在那里，暴力是用来对付农奴主—地主的。他们的土地被分掉了，封建的大地产变成了资产阶级的小地产"。⑤ "那里用革命手段粉碎了奴隶主大地产，创造了资本主义最迅速最自由发展的条件"。⑥

　　20 世纪 80 年代，国内学术界对于这一问题展开了一场热烈讨论。1981 年，潘润涵先生与何顺果先生发表了《近代农业资本主义发展的美国式道路》一文。文章提出，内战结束后，随着奴隶种植园的解体，以及《南部宅地法》的颁布，南部开始形成一个独立的小农场主阶级。这样，南部的农业发展同西部一样转向了列宁所概括的农业资本主义发展的"美国式道路"。⑦ 1983 年，张友伦先生在《美国农业革命（独立战争—十九世纪末）》一书中提出不同的观点。他认为，"'美国式道路'这个概念对南部的农业发展是不适用的。南部的农业在奴隶制摧毁以后还保留了某些封建残余，而且无偿分配土地的问题也没有得到解决，因此所经历的发展道路是完全不同的。南部农业的发展道路是改良的道路，'普鲁士的道路'"。⑧ 此后，陆续有学者提出了与张友伦先生类似的观点。例如，1983 年冯承柏先生发表了《关于内战后美国南部农业发展道路问题》一文。在这篇文章中，他认

　　① 《列宁全集》第 16 卷，人民出版社 1988 年版，第 205—206 页。
　　② 《列宁全集》第 16 卷，第 205—206 页。
　　③ 《列宁全集》第 17 卷，第 113 页。
　　④ 《列宁全集》第 17 卷，第 113 页。
　　⑤ 《列宁全集》第 16 卷，第 241 页。
　　⑥ 《列宁全集》第 16 卷，第 255 页。
　　⑦ 潘润涵、何顺果：《近代农业资本主义发展的美国式道路》，《世界历史》1981 年第 1 期。
　　⑧ 张友伦：《美国农业革命（独立战争—十九世纪末）》，天津人民出版社 1983 年版。

为,"南北战争后的美国南部走的是一条保存大土地所有制,推行带有浓厚封建色彩的谷物分成制,痛苦地、缓慢地转变为资本主义农场的道路。"①1990 年丁则民先生主编的《美国内战与镀金时代(1861—19 世纪末)》一书也强调,"南部农业发展不同于典型的'美国式道路',那里的小农基本上没有获得自由土地,因而不具备发展'美国式道路'的基本条件。内战后在原来的奴隶制种植园经济基础上发展起来的谷物分成制,是北方的高利贷资本、南方的种植园土地所有者和缺乏生产资料的小农三者的畸形结合。这种半资本主义性质的农业生产方式在美国南部存在近一个世纪,使南部资本主义农业走上一条缓慢、痛苦的'普鲁士发展道路'。"②

由于学术界所处背景和讨论的语境不同,研究内战后南部农业问题的大多数美国学者探索和争论的焦点不在"道路"问题,但还是有个别学者对内战后美国南部农业发展道路问题进行了正面论述。例如,研究内战后南部农业史的著名学者韦纳在 1976 年《美国历史评论》发表的《阶级结构与美国南部经济发展,1865—1955》一文中就认为:内战后南部农业发展走上了一条与北方不同的"普鲁士道路"。这条道路的特点是"依靠强迫性的劳动,通过对劳动者的挤压,而不是提高生产率榨取更多的剩余产品"。③

从上述研究来看,国内学术界关于内战后美国南部农业资本主义发展道路的讨论主要受到列宁相关界说与所处时代背景的影响。值得肯定的是,虽然这一时期国内可使用的研究资料有限,但老一辈史学家们并没有局限于列宁的相关界说,而是凭借敏锐的洞察力揭示出内战后美国南部农业发展道路的特殊性,从而为后人的研究打下坚实的基础。他们的论断无疑具有重要学术价值,已经从一个侧面表明,内战后美国南部农业现代化启动长期深陷困境是美国现代化进程中的一个特殊现象。这为本书的最初选题提供了思想的火花,并为我们后续开展相关研究奠定了坚实的基础。

四、本书的主要观点、思路与基本内容

本书试图从一个新的视角——内战后南部乡村借贷制度切入,深入探讨乡村借贷制度的形成与发展对内战后南部黑人种植园经济和白人约曼自耕农经济发展的深刻影响,进而在此基础上从制度"瓶颈"的层面揭示内战后美国南部农业发展长期处于落后与停滞状态,农业现代化启动长期陷入

---

① 冯承柏:《关于内战后美国南部农业发展道路问题》,《南开史学》1983 年第 1 期。

② 丁则民主编:《美国内战与镀金时代(1861—19 世纪末)》,第 104—105 页。

③ Jonathan M. Wiener, "Class Structure and Economic Development in the American South, 1865–1955", p.985.

困境的深层次原因。

在对各种史料深入分析的基础上,本书力图论证的观点是:乡村借贷制度是内战后美国南部种植园主和乡村商人控制与剥削黑人分成农或租佃农,以及白人约曼自耕农的重要机制。正是由于借贷制度的剥削与控制,内战后美国南部大多数黑人与大批白人农业劳动者长期深陷贫困与债务、长期作为分成农或租佃农被锁定在面积狭小的租佃农场,以及长期维系以棉花生产为主体的畸形单一种植结构。由此,他们最终陷入了"棉花→债务→更多棉花→更多债务⋯⋯"的恶性循环。种植园主和乡村商人则凭借借贷制度的剥削使得他们即使在棉花价格不断下降,且长期维系在低水平的情况下,依然能够榨取高额利润。这在很大程度上造成了现代科学技术(如农业机械化、农业生物技术等)和现代经济管理方法(如农业产业化)很难在内战后的南部农业中得到应用与推广,以及大部分农业人口被锁定在缺乏效率的农业生产,难以实现农业人口向非农业部门转移,由此南部农业发展一直处于落后与停滞状态,农业现代化的启动长期深陷困境。

具体说来,本书认为,借贷制度对内战后南部农业发展的影响主要体现在三个方面:

第一,通过借贷制度的借贷价格体制,种植园主榨取了种植园黑人农业劳动者的大部分剩余产品,从而使得他们长期深陷贫困与债务,并由此陷入"劳役偿债"的陷阱。在这种情况下,南部的黑人农业劳动者长期被束缚在种植园主的土地上,实际上失去了"自由迁移"的权利。同样,借贷制度在南部内地与山区的发展也使得大批白人约曼自耕农陷入长期的贫困与债务,只不过他们遭受控制与剥削的程度要小于种植园的黑人农业劳动者。

第二,种植园主利用借贷制度控制了黑人农业劳动者在"农业阶梯"位置上的流动,从而将南部大部分黑人农业劳动者长期束缚在面积狭小的分成制农场与租佃制农场,使得他们难以实现财富的积累,进而获得土地所有权,成为小土地所有者。虽然19世纪70年代末以后,由于棉花价格的下降与波动,南部种植园主开始越来越多地采用租佃制取代内战后初期实行的分成制,但是由于借贷制度的存在,黑人自由民并没有因此获得南部习惯法赋予租佃农的权利,也没有由此积累起足够的个人财产,进而转变为独立的小土地所有者。对于大多数黑人农业劳动者而言,由于借贷制度的存在,成为分成农或租佃农并没有本质的区别。从分成制向租佃制的转变实际上是种植园主为了规避棉花价格不断下降产生的经营风险而采取的对策。正是通过借贷制度,种植园主使得黑人农业劳动者长期陷入贫困,从而不得不被动地接受种植园主的租佃形式安排。同样,内地与山区的商人也通过借贷制度剥夺了大批白人约曼自耕农的土地,从而使得他们陷入了失去土地,转变为租佃农与分成农的命运。

第三,南部的种植园主利用借贷制度,特别是作物留置权体制,控制了黑人农业劳动者的作物选择,而借贷制度造成的长期债务,又使得黑人农业劳动者只能按照种植园主的要求通过种植更多棉花的方式偿还债务和获取新的借贷。这样,南部种植园的黑人农业劳动者最终陷入了"恶性的债务循环"。这使得他们在棉花价格不断下降,并长期处于低水平,以及粮食零售价格很高的不利情况下,始终坚持棉花生产的主体地位,并在此基础上继续不断扩大棉花生产规模,而不能转向对自己更为有利的多样化粮食作物生产。同样,内地与山区的商人也利用借贷制度迫使南部的白人约曼自耕农放弃了以满足家庭消费为主的自给自足和多样化的粮食作物生产模式,从而转向对自己极为不利,却对乡村商人更为有利的单一的棉花作物生产。

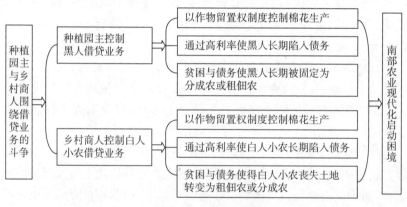

图2　本书的研究思路

本书所要解决的主要问题有三个:第一,借贷制度在内战后美国南部的形成与发展历程。第二,种植园主如何利用借贷制度控制黑人农业劳动者的作物生产、榨取剩余产品,并将他们长期作为分成农与租佃农束缚在面积狭小的租佃农场。第三,南部的乡村商人如何利用借贷制度控制白人约曼自耕农的作物生产、榨取剩余产品,并使他们逐渐丧失土地,转变为租佃农或分成农。为此目的,本书分以下章节进行论证。

第一章主要介绍内战后南部乡村借贷制度产生与长期存在和发展的重要前提——内战后南部种植园黑人农地制度的演变。主要讨论两个问题:1.内战后南部种植园农地制度的发展与演变,特别是种植园黑人分成制和租佃制的发展与演变;2.内战后联邦政府通过《南部宅地法》解决黑人土地问题的失败。

内战结束后,由于种植园主与黑人自由民的相互斗争与相互妥协,南部种植园的农地制度发生了深刻的变化。在经历了联邦政府推行工资合同制的短暂"试验期"后,南部的种植园最终形成了以分成制为主(同时也包括租佃制在内)的农地制度。这是内战后南部乡村借贷制度形成与发展的重要前提条件。1880—1930年,南部黑人农地制度再次发生重大变化,经历了从分成制为主体到租佃制为主体,再到分成制为主体的转变。这是南部黑人借贷制度得以长期存在与发展的重要前提条件。除此之外,1866年北方共和党人控制下的国会通过了《南部宅地法》,试图通过分配联邦政府在南部各州持有的4600万英亩公地的方式解决黑人自由民的土地问题。这使得南部黑人自由民在1866—1876年的10年中有可能利用这一机会获得免费土地,进而转变为约曼自耕农。然而,由于黑人自由民长期深陷贫困,难以利用《南部宅地法》制定的有利条件,这一土地分配方案最终并没有获得成功。内战后南部种植园农地制度的变化是乡村借贷制度得以产生并长期存在与发展的重要前提。

第二章主要分析内战后南部乡村借贷制度形成与发展的过程,主要讨论以下几个问题:1.乡村商人开展针对黑人分成农和租佃农借贷业务的背景。2.乡村商人与种植园主在借贷问题上的矛盾,以及双方为控制借贷业务展开的斗争及结果。3.南部乡村借贷业务地域格局形成。

内战结束后,随着分成制与租佃制的发展,黑人分成农与租佃农的借贷问题开始变得愈发突出。由于内战后初期大多数种植园主陷入严重的经济困难,因而难以向他们提供借贷。在这一背景下,南部种植园地区出现了一个专门从事向黑人自由民提供小额短期借贷业务的乡村商人群体。乡村商人通过借贷制度榨取了黑人借债者的大部分剩余产品,他们的崛起对种植园主造成了严重的挑战。随着种植园主经济实力的逐渐恢复,他们越来越渴望垄断针对黑人的借贷业务。在这一背景下,围绕着"借贷业务的垄断权"问题,种植园主与乡村商人展开了激烈争夺。19世纪70年代后,随着支持种植园主利益的民主党人在南部各州相继上台,各州立法机构先后通过了赋予种植园主借贷业务垄断权的作物留置权法(crop-lien law)。在这一背景下,大批乡村商人开始退出种植园地区,前往白人约曼自耕农聚居的内地与山区寻找新的商业机会。19世纪80年代初,南部最终形成了种植园主控制种植园地区的黑人借贷业务,乡村商人控制内地与山区的白人约曼自耕农借贷业务的格局。

第三章主要探讨借贷制度与内战后南部黑人种植园经济发展之间的内

在联系,主要分析以下几个问题:1.种植园主如何通过借贷制度榨取黑人的剩余产品使得他们长期深陷贫困与债务。2.种植园主如何利用借贷制度将种植园的黑人分成农与租佃农长期锁定在面积狭小的租佃农场。3.种植园主如何利用借贷制度迫使种植园的黑人农业劳动者从事棉花生产为主体的畸形单一作物生产。

首先,种植园主在实物借贷中设置现金价格(cash price,以现金购买商品可以享受的零售价格)与借贷价格(credit price,以赊购的方式购买商品需要支付的零售价格)两种价格,通过两种价格之间的高额差价榨取黑人分成农与租佃农的大部分剩余产品,从而使得他们长期深陷贫困和债务,并由此落入"劳役偿债"的陷阱。

其次,通过借贷制度造成的贫困与债务,南部的种植园主阻遏了黑人农业劳动者向上流动的通道,从而使得南部种植园黑人农业劳动者长期被束缚在面积狭小的租佃农场,一方面难以实现财富的积累,进而转变为拥有小块土地的约曼自耕农,另一方面也使得家庭剩余人口长期被锁定在缺乏效率的农业,难以实现向收入水平更高的东北部、中西部与西部工业部门转移。

再次,通过借贷制度,特别是作物留置权体制(提供实物借贷的同时要求以棉花作为抵押),南部的种植园主控制了黑人农业劳动者的作物选择,而借贷制度造成的长期债务,又使得黑人农业劳动者只能按照种植园主的要求通过种植更多棉花来偿还债务。由此,循环往复,这使得他们始终不能摆脱以棉花生产为主体的畸形单一种植结构,转向对自己更为有利的多样化农作物生产。

除此之外,由于借贷制度的存在,南部的租佃农丧失了习惯法赋予的作物选择权、作物收成的所有权、留置权与处置权等各项自主权利,从而变得与分成农并无实质的差异,因此,内战后南部黑人农业劳动者从分成农向租佃农的大规模转变并没有体现出"农业阶梯"地位的上升。

第四章主要探讨借贷制度与内战后南部内地和山区白人约曼自耕农经济发展之间的内在联系,主要分析以下几个问题:1.借贷制度与南部白人约曼自耕农深陷贫困与债务之间的内在联系。2.借贷制度如何使白人约曼自耕农逐步丧失土地,甚至由此转变为租佃农,甚至分成农。3.乡村商人如何利用借贷制度迫使白人约曼自耕农放弃自给自足与多样化的粮食作物生产,转向"单一的棉花生产"。

首先,通过借贷业务中现金价格与借贷价格的高额差价,乡村商人榨取了白人约曼自耕农的大部分剩余产品,从而使得他们也长期陷入贫困与债务。

　　其次，由于深陷债务，大批白人约曼自耕农不得不采用变卖土地的方式偿还债务。这使得他们逐渐丧失土地，甚至由此转变为租佃农或分成农。而内地与山区的乡村商人则由于不断从白人约曼自耕农手中获得土地，因而开始转变为一个新的商人—地主群体。

　　再次，通过借贷制度的作物留置权体制，内地与山区的乡村商人控制了约曼自耕农的作物选择，从而迫使他们放弃了相对自给自足与多样化的粮食作物生产模式。白人约曼自耕农由于深陷"恶性的债务循环"不得不按照乡村商人的要求种植更多的棉花偿还债务，从而使得他们越来越深入地转向对乡村商人更为有利的单一的棉花生产模式。

　　除此之外，本章还讨论了借贷制度与内战后南部白人约曼自耕农丧失内战前享有的维系和保护自给自足的生产与生活方式的公共权利之间的内在联系。

　　最后是总结。借贷制度实际上是内战后美国南部种植园主与乡村商人控制农业劳动者的作物生产与榨取剩余产品的重要机制。通过借贷制度，他们迫使南部的黑人与白人农业劳动者长期深陷贫困与债务、长期作为分成农与租佃农被锁定在面积狭小的租佃农场，长期维系以棉花生产为主体的畸形单一种植结构，由此，陷入了"棉花→债务→更多棉花→更多债务……"的恶性循环。这在很大程度上造成南部农业发展长期处于落后与停滞状态，农业机械化、农业产业化、农村人口的转移，以及农村的城镇化很难在内战后的南部得到推进，农业现代化的启动由此长期深陷困境。从这个意义上来说，乡村借贷制度实际上是长期制约内战后南部农业现代化启动的制度"瓶颈"。

　　当然，这里有必要指出的是，本书所讨论的 1865—1930 年南部农业现代化启动的困境，特别是南部农业发展的停滞实际上并非绝对的停滞。在这段将近 70 年的漫长时间内，南部农业确实经历了缓慢、微弱的发展，只是这一发展始终不足以突破农业占据主导地位的状况。例如，虽然 1870—1910 年迁出南部的黑人移民与白人移民人口净额（迁出人口减去迁入人口）分别为 359,000 人与 279,000 人，[①]但是反映到农业人口的变化上，1870—1910 年南部农业人口的比重只是从 87.8% 下降到 77.5%，下降幅度只有 10.3%。[②] 即便第一次世界大战爆发后，南部出现了黑人与白人人口

---

①　Gavin Wright, *Old South*, *New South*: *Revolutions in the Southern Economy Since the Civil War*, p. 201. Table 7.1

②　转引自梁茂信：《人口迁徙与美国城市社会的形成》，第 219 页。

向东北部与中西部、西部的大迁移,南部农业人口依然大多集中于农业,其比重变化并不大。例如,1910—1920年迁出南部的黑人移民与白人移民人口净额分别为555,000人与663,000人,①但是反映到农业人口的变化上,1910—1920年南部农业人口的比重只是从77.5%下降到72.9%,下降幅度只有4.6%。② 1920—1930年迁出南部的黑人移民人口净额为903,000人③,但是黑人农业人口只减少了285,688人,下降幅度只有4.5%。④

从南部的人均收入来看,相对于美国其他区域,1865—1910年南部人均收入也经历了缓慢的增长。其中,相对于美国人均收入,1880—1900年南部人均收入处于停滞状态,只有51%。⑤ 1910年后,特别是从第一次世界大战爆发到1929年经济危机的15年中,由于南部的棉花价格基本上维持在较高的水平,长期稳定、较高的棉花价格在一定程度上提高了南部棉花生产者的收入水平,并在一定程度上改善了南部的贫困状况,缩小了南部与整个国家平均收入水平的差距。其中1920年南部人均收入一度上升到美国平均水平的62%。只是由于1929年经济危机的影响,1930年这一比重又下降到55%。⑥ 然而,这一数据实际上是黑人与白人劳动者的平均数据,如果单单考察黑人农业劳动者,其收入水平实际上要更低。

从上述情况来看,内战后南部农业的这些发展实际上并没有改变以棉花生产为主体的畸形单一种植结构,大多数南部农业劳动者长期被锁定在缺乏效率的农业生产,以及长期处于贫困的状态。因此,南部农业现代化的启动依然深陷困境。

除此之外,还有一点需要指出的是,虽然本书致力于分析乡村借贷制度对于内战后美国南部农业现代化启动困境的深刻影响,但是这并不等于说本书将借贷制度视为造成内战后美国南部农业现代化启动困境的唯一因素,而忽视了其他经济、社会与政治因素的影响。这些因素主要包括:(1)内战对南部农业的破坏;(2)南部工业化与城市化发展滞后不能为南部乡村的黑人农业劳动者提供更多的就业机会;(3)美国东北部与中西部、西部

---

① Gavin Wright, *Old South, New South: Revolutions in the Southern Economy Since the Civil War*, p. 201. Table 7.1

② 转引自梁茂信:《人口迁徙与美国城市社会的形成》,第219页。

③ Gavin Wright, *Old South, New South: Revolutions in the Southern Economy Since the Civil War*, p. 201. Table 7.1

④ T. Lynn. Smith, "The Redistribution of the Negro Population of the United States, 1910-1960", *Journal of Negro History*, Vol.51, No.3(Jul 1966), p.163. Table I, Table II

⑤ William J. Cooper, Jr, and Thomas E. Terrill, *The American South: A History*, Volume II, p.436.

⑥ William J. Cooper, Jr, and Thomas E. Terrill, *The American South: A History*, Volume II, p.436.

的工业企业家大多更加偏爱来自国外、文化与技术水平相对较高的白人移民而不喜欢雇用来自南部、文化水平较低的黑人劳动力；（4）南部种族歧视与隔离制度剥夺了黑人农业劳动者接受高水平教育和进入南部城市从事与白人同工同酬职业的权利；（5）内战后执政的南部民主党人维护白人种植园主的利益，支持种族歧视与隔离制度，制订了有助于白人种植园主控制黑人农业劳动者的各项法律；（6）世界棉花市场的需求与棉花价格的波动对南部农业劳动者收入的长期影响。

　　内战后南部农业发展长期处于落后与停滞状态，农业现代化迟迟难以启动，乃至整个南部的长期落后，实际上是南部经济、政治与社会结构相互作用，以及世界棉花市场波动、北方资本控制与剥削等因素共同作用的结果。限于篇幅与选题，本书不可能对上述问题一一作出探讨。本书主要从一个新的视角——乡村借贷制度入手，分析这一制度对内战后南部农业发展的深刻影响，以此揭示内战后长期深刻制约南部农业现代化启动的制度"瓶颈"。

第一章　内战后南部乡村借贷制度
形成与发展的前提

内战结束后,随着黑人获得人身自由,奴隶制种植园作为一个完整的生产单位与劳动组织单位已经无法继续维系。黑人自由民与种植园土地的关系成为联邦政府考虑的主要问题以及种植园主与黑人自由民斗争的焦点。正是在这一背景下,南部种植园内部先后出现了工资合同制、班组制、分成制与分成租佃制(share tenancy)、固定租金制(standing rent system)、现金租佃制(cash tenancy)等几种农地制度。最终,在19世纪70年代初,南部的种植园形成了以分成制为主,包括分成租佃制、雇佣工资制、固定租金制(包括现金租佃制)在内的混合农地制度。

与此同时,1865—1876年,南部的黑人自由民依然有其他机会无偿获得土地,进而转变为拥有土地的约曼自耕农。这是因为1865年3月和1866年6月共和党人控制下的国会先后通过了《自由民局法案》和《南部宅地法》,前者试图通过分配内战期间自由民局没收的叛乱分子的土地,后者试图通过分配联邦政府在南部持有的4600万英亩公地的方式,解决黑人自由民的土地问题,从而将南部黑人自由民培育成独立自主的约曼自耕农。然而,这两个土地分配方案并没有获得预想的成功。绝大多数黑人自由民并没有充分利用《南部宅地法》赋予的有利条件申请并获得免费土地;而是不得不继续作为分成农或租佃农依附于种植园主。对于他们而言,《南部宅地法》显然成为一个"失去的机会"。

内战后南部种植园黑人农地制度的变化是种植园带的乡村借贷制度兴起与发展的重要前提条件与背景。借贷制度与分成制、租佃制紧密地结合在一起体现了内战后美国南部农业发展的特殊性。

第一节　内战后南部种植园黑人农地制度的演变

内战结束后,南部种植园的黑人农地制度发生了深刻的变化。由于种植园主与黑人自由民的相互斗争与相互妥协,种植园内先后出现了工资合同制、班组制、分成制、分成租佃制、固定租金制、现金租佃制等几种农地制度,19世纪70年代初,南部的种植园最终形成了以分成制为主,包括分成租佃制、雇佣工资制、固定租金制、现金租佃制在内的混合农地制度。19 世纪 80 年代后,由于棉花价格的剧烈波动,种植园主出于将经营风险转移给黑人租佃农的考虑,大力推动租佃制取代分成制,这使得这一时期黑人租佃制获得较大发展。

一、1865—1867 年工资合同制的试验

内战结束后,随着黑人获得人身解放,如何改造南部的奴隶种植园经济成为北方共和党人控制的联邦政府面临的首要问题。由于 19 世纪 50 年代以来,共和党一直奉行"自由土地、自由劳动"(free soil free labor)的理念,[①]因此,对南部经济的改造也基本上是围绕着这一原则展开的。[②] 在黑人自由民没有其他途径获得土地的情况下,北方共和党人控制下的联邦政府首先决定根据"自由劳动"的原则改造南部的种植园经济,即决定仿照北方资本主义企业的模式,通过推行工资合同制来改造南部的奴隶种植园经济。北方共和党人与自由民局希望通过这一制度,向南部的种植园主与黑人自由民灌输自由竞争、自由劳动与自由市场的观念,从而将双方的关系由过去的奴隶主—奴隶的关系,改造成资本主义企业的雇主—雇佣工人的关系。

由于内战期间世界市场对南部棉花的高需求,以及内战造成棉花价格不断升高,南部的种植园主也大多希望尽快恢复种植园的棉花生产。在这一背景下,由于联邦政府与自由民局提倡的工资合同制在很大程度上保留了种植园制度的基本特征——监工的监督与大规模集体劳动,南部的种植园主很快接受了这种新的农地制度。

然而,内战结束后南部种植园主恢复生产所面临的最大障碍是黑人劳动力的供给问题。内战期间,随着黑人奴隶的解放,南部的黑人自由民出现了大规模的地域迁移。这些黑人自由民的地域迁移大多是由于害怕失去刚刚获得的自由或是为了寻找内战前被种植园主转卖到其他地方的失散家人造成的。[③] 生活在同时代的学者布鲁斯形象地描绘了这一场景。"一种恐

---

① 关于这一理念在共和党意识形态中的形成与发展,详见 Eric Foner, *Free Soil*, *Free Labor*, *Free Men*: *The Ideology of the Republican Party before the Civil War*, New York: Oxford University Press, 1970.

② 根据埃里克·方纳的研究,19 世纪 50 年代后,"自由劳动"理念已经成为共和党意识形态的核心思想,并一直延续到内战后。"自由劳动"的理念核心强调每个人都拥有通过自己的劳动改变自身社会地位的权利。Eric Foner, *Free Soil*, *Free Labor*, *Free Men*: *The Ideology of the Republican Party before the Civil War*, pp.9, 304, 310-317.

③ C. Vann Woodward, *Origins of the New South*, *1877 - 1913*, Baton Rouge: Louisiana State University Press, 1966, p.207.

惧的情感促使他们离开。虽然忠诚、谨慎、合理的判断使得少数几个黑人自由民长久地留在他们一直生活的地方,但是绝大多数黑人要么在获得解放之后立刻改变了住处,要么是在一年后变更了住处。许多大规模的种植园几乎不再拥有以前的劳动力,他们所留下的空间要么被由其他地方迁移来的人所填补,要么就是由来自同一个乡村的人入驻"。① 此外,由于内战期间联邦军队在一些地方实行了没收叛乱分子的土地与财产并分配给黑人自由民的试验,以及 1865 年 3 月通过的《自由民局法案》确定了没收参加叛乱的种植园主的土地,并分配给自由民的土地分配原则,南部的黑人自由民大多认为,联邦政府会没收种植园主的土地,并分配给他们。在这种情况下,内战结束后,许多黑人并不愿过早地与种植园主签订工资合同,而是采取了观望与等待的态度。格兰特将军在 1865 年 12 月也指出,黑人们相信,"种植园主的土地会在黑人自由民中间分配……这一观念严重阻碍了黑人自由民与种植园主订立来年的合同的意愿……"②

在这一背景下,为了获得稳定与充足的劳动力供给,南部的种植园主纷纷求助于各州根据约翰逊总统的南部重建方案选举产生的立法机构。③ 1865—1866 年,在种植园主的强烈要求与压力下,刚刚建立的南部各州议

① Philip Alexander Bruce, *The Plantation Negro As a Freeman*; *Observations on his Character*, *Condition*, *and Prospects in Virginia*, New York: G.P.Putnam's sons, 1889, p.176.

② Oscar Zeicher, "The Transition from Slave to Free Agricultural Labor in the Southern States", *Agricultural History*, Vol.13, No.1(Jan 1939), p.25.

③ 1865 年 4 月 15 日,林肯遇刺后,副总统约翰逊就任美国总统。约翰逊就任后,利用国会休会的间歇期,很快制定并实施了对南部重建的政策。首先,1865 年 5 月 29 日,约翰逊公开发表了《大赦宣言》,宣布赦免大部分参加叛乱的叛乱者并归还其被没收的财产。其次,在此后的一个多月时间里,他又先后发表了有关南卡罗来纳、北卡罗来纳、佐治亚、密西西比、得克萨斯、阿拉巴马和佛罗里达 7 个州的重建宣言,并任命了各州的临时州长。随后,各州州长负责召集本州的制宪会议,修改或制定新的州宪法。然后,在新宪法的基础上,选举了州议会,建立新的州政府。在各州新的议会废除了退出联邦的决议、批准了第十三条宪法修正案和取消战争债务后,这些新组建的州被重新吸收进联邦。根据约翰逊重建纲领的精神,到 1865 年末,南部各州并没有赋予黑人选举权,在广大黑人没有参加选举的情况下,由白人选民选举了制宪会议和州议会,制定了新的州宪法,成立了州政府,并同时选举了准备参加 1865 年 12 月 4 日召开的第 39 届国会的参众两院的议员。在这一背景下,许多参加叛乱的南部官员摇身一变,纷纷成为内战后南部各州的官员、议员,甚至国会议员。约翰逊的重建纲领在南部各州造成的另一严重后果是,一度造成南部政治出现倒退和反动。南部各州在批准第十三条宪法修正案的同时,也纷纷制定了以战前奴隶法典为蓝本的"黑人法典"。美国学术界将 1865—1877 年称为"南部重建"时期。约翰逊的重建方案遭到共和党激进派的激烈反对,1866—1868 年在共和党激进派的推动下,国会先后制定并通过一系列重建法案及其他有关补充法案,全面确定了激进派共和党人的重建纲领及具体计划。随后根据这些重建法案的指导,国会在南部实施了一系列经济与

会纷纷制定并通过了"黑人法典"（Black Codes），[①]严格限制黑人自由民的跨地域迁移。与此同时，随着约翰逊总统发布"大赦宣言"，依靠自由民局没收叛乱分子的土地分配给黑人自由民的土地分配方案最终归于失败，[②]南部各州自由民局的工作重心开始转向在种植园内推行工资合同制，为此，他们极力劝说黑人自由民与种植园主签订新的工资合同，并努力祛除黑人自由民头脑中关于联邦政府会没收种植园主土地，并分配给自由民的幻想。最后，再加上自由民在迁移过程中遇到各种严重的生存困难，许多自由民最终不得不选择回到种植园。这样，到1865年底，南部绝大多数黑人自由民都回到了种植园，并与种植园主签订了工资合同。

1865—1867年，工资合同制在南部各州的种植园获得了充分发展，到1867年，南部大部分种植园都采用了这一制度。[③] 在此期间内，虽然以朱利安、赖斯为代表的激进共和党人，以及霍华德将军为代表的自由民局官员并没有放弃实现黑人土地所有权的奋斗目标，并成功地使国会在1866年6月通过了有利于黑人自由民的《南部宅地法》，但是《南部宅地法》的实施并没有取得成功，因而并没有对南部种植园的工资合同制造成威胁。[④]

政治重建实践。美国学术界将共和党人控制下在整个南部全面实施重建方案的这段时间（1866—1873年）称为"国会重建"时期。1873—1877年自称为"救赎者"的民主党人在南部各州相继击败共和党人重新执政，重建在南部各州陆续结束。这段时期被称为"救赎期"。然而，在南卡罗来纳、路易斯安那、佛罗里达三个州，共和党的重建一直延续到1877年共和党新任总统海斯撤走驻扎在南部各州的军队结束军管。随后这三个州的民主党人取代共和党的执政地位，"南部重建"最终结束。

① "黑人法典"是南部各州议会通过的流浪法、学徒法、引诱法、移民—代理人法、合约实施法、罪犯—担保人法等一系列法律的总称。它以限制黑人自由和民主权利，达到继续保持白人对黑人种族统治为目的。"黑人法典"大多规定，在政治方面，黑人并没有选举权、参政权和陪审权，甚至无权出庭提供不利于白人的证词。在经济方面，黑人不得拥有土地，无权自由选择职业和从事独立的经济活动，只能根据合同继续在种植园主的土地上从事强制性劳动；黑人在合同期满前不得擅自离去，否则将因"流浪罪"遭到逮捕，并以为种植园主从事无偿劳动作为惩罚。在人身自由和基本权利方面，黑人无权自由迁徙和选择居住地点，实行严格的通行证制度；严禁黑人与白人通婚，违者将被判"重罪"或受到终身监禁。"黑人法典"实际上否定了黑人的解放，它不承认黑人在政治、经济和社会等各方面应该享有的基本权利，使种植园主得以继续控制和奴役黑人。关于内战后初期南部各州"黑人法典"的具体内容，详见 Henry Steele Commager（eds.），*Documents of American History*，New York：Appleton-Century-Crofts，1968，pp.452-457.
② 关于《自由民局法案》土地分配方案的内容及其未能解决黑人土地问题的原因分析，详见本章第二节"一、《自由民局法案》的土地分配方案"。
③ Roger L.Ransom and Richard Stuch，*One Kind of Freedom：the Economic Consequences of Emancipation*，p.61.
④ 关于《南部宅地法》的土地分配方案及其未能解决黑人土地问题的原因，详见本章第二节"二、1866年《南部宅地法》的土地分配方案"。

　　内战后初期,南部种植园中的工资合同制主要存在两种形式:货币工资制(money wage system)与分成工资制(share wage system)。前者以现金作为黑人劳动者工资的主要支付方式,后者则以一定比例的收获物作为工资的主要支付方式。

　　货币工资制的具体形式是:种植园主与一群黑人农业劳动者签订一份集体雇佣合同(每个黑人劳动者都要在合同上签字)。合同的期限通常为一年。种植园主根据合同的规定按月或日支付给每个黑人劳动者一定的货币工资,[1]并提供口粮与住屋。黑人劳动者则按照合同的要求,在种植园主指派的监工监督下集体劳动,直到合同期满。

　　分成工资制是一种介于雇佣工资制与分成制之间的过渡形态。它兼有雇佣劳动制与分成制两种劳动组织方式的特点:一方面它仍然采用种植园主与一群黑人劳动者签订集体雇佣合同的形式(每个黑人劳动者都要在合同上签字)。这些黑人的劳动群体有时被称为"合伙"(firm)、"劳动组"(set of hands),或者"劳动队"(party of hands),他们仍然在监工的监督与组织下进行群体劳动。另一方面,与货币工资制不同,分成工资制的报酬支付方式不再是现金支付,而是向签订合同的劳动者群体支付一定比例的收获物(通常为作物收成的1/4—1/3),然后由"劳动队"或"劳动组"中的黑人劳动者自行分配或者由黑人劳动者中选出的工头(foreman)按照平均分配原则或工作绩效原则进行分配。[2]

　　南部种植园的工资合同通常制定了严格而明晰的管理条例,并详细规定了黑人劳动者的各项义务、每日具体的工作时间与工作日程、不同劳动者的工资水平、口粮的配置,以及黑人劳动者因生病或懒惰造成损失的惩罚办法。1866年北卡罗来纳州韦克县的种植园主米阿尔(Alonzo T.Mial)与21个黑人签订的货币工资合同,以及南卡罗来纳州种植园主巴斯克特(Peter B.Bascot)与41个黑人签订的分成工资合同非常具有典型性:

　　　1866年1月29日,北卡罗来纳州韦克县的种植园主米阿尔与21个黑人签订了一份为期1年的货币工资合同。在这份合同中,米阿尔要求在非农忙时节黑人劳动者每天必须在破晓时起床,在太阳升起之前开始工作,并直到日落才能歇工;在农忙时节,即便在日落之后,他们

---

[1]　每月/日的工资水平已经事先写在合同内,但是种植园主每次只向黑人劳动者支付一半的货币工资,另外一半货币工资在年底合同完成后再支付。

[2]　Ralph Shlomowitz,"The Origins of Southern Sharecropping",*Agricultural History*,Vol.53,No.3(Jul 1979),pp.566-567.

仍然必须工作。米阿尔在这份合同中甚至还详细规定了这些黑人劳动者在不同季节的用餐时间：夏季午饭的时间是一个半小时，其他季节只有一小时。米阿尔要求这些签订合同的黑人劳动者在他本人和监工的管理与指导下工作，黑人劳动者必须对由于自己的疏忽造成的农具与其他财产的损失负责。此外，合同还规定，黑人劳动者由于懒惰、缺勤、疾病造成的缺工，必须支付两倍工资的罚款，而且在此期间他们还需要自己支付购买口粮的费用。关于工资的支付方式，米阿尔在合同中规定，每月只付给黑人劳动者一半的现金工资，另外一半工资到合同期满再支付。合同期内，如果黑人劳动者违反合同，米阿尔有权没收尚未支付给他们的工资。作为雇主，米阿尔承诺每月支付给每一名成年男性10美元工资（根据前面的条款，实际每月只获得5美元，另外一半在合同结束时支付——笔者注）和15磅熏猪肉与1蒲式耳粗玉米粉，支付给每一名成年妇女每月4—6美元不等的工资（实际只有2—3美元，另外一半在合同完成时支付——笔者注）与12磅熏猪肉与1蒲式耳粗玉米粉，支付每一名童工每月2美元工资（实际只有1美元，另外一半在合同完成时支付——笔者注）和10磅熏猪肉与1蒲式耳粗玉米粉。①

　　1866年南卡罗来纳州种植园主巴斯克特与41个黑人签订了一份为期1年的分成工资合同。在这份合同中，巴斯克特除了要求黑人劳动者忠诚、勤奋劳动外，还详细规定了每个劳动者的工作标准：制造125—150根围栏；收割3—6英亩谷物；挖沟300—600英尺；犁棉70—300排（1英亩长）；收割玉米4000—6000堆（hills）。此外，合同还规定，即使在种植园主或监工没有指定工作任务的情况下，黑人劳动者每天也必须工作10个小时。在这份合同中，巴斯克特同样制定了对黑人劳动者旷工的严格惩罚标准：其中，有明确理由的旷工，每天罚款50美分；没有明确理由的旷工每天罚款2美元。巴斯克特要求黑人劳动者小心保管种植园主所有的器皿与工具，保持住屋与地块的整洁。作为雇主，巴斯克特同意向黑人劳动者提供必要的工具、役畜（work animal）及其饲料，并且为每个黑人劳动者家庭提供住处，而且附带一块1/4英亩的园地（garden）与获取柴火的权利……；合同规定，这些黑人劳动者年终获得分成工资的标准是：种植园内已经收获并准备出售

　　① Roger L. Ransom and Richard Sutch, *One Kind of Freedom: the Economic Consequences of Emancipation*, pp.58—59.

的 1/3 的玉米、大豆、马铃薯;去籽棉的 1/3 净收益,或者是销售价值的
1/3。最后,巴斯克特还承诺以市场价格向黑人劳动者提供面包与肉类
等口粮,其价值将从黑人年终的作物分成中扣除。①

　　虽然工资合同制(货币工资制与分成工资制)在 1865—1866 年一度获
得了很大发展,但是在实施过程中,很快就暴露出一系列难以克服的缺陷。
这些缺陷使得种植园主最终不得不放弃工资合同制。

　　对于种植园主而言,实行工资合同制的根本目的在于通过黑人大规模
的集体劳动创造规模效益,从中获取利润。然而,农业作为一个独立的生产
部门,其生产组织方式具有不同于工业生产的特殊性。虽然在工业生产中,
大规模的雇佣劳动作为主要的生产组织方式可以创造出个体家庭劳动无法
比拟的规模效益,但是在农业生产中,实际情况却要复杂得多。由于农业生
产受到种种特殊条件的限制,实行雇佣劳动的大农场的规模效益往往难以
实现。② 笔者以为,就生产组织方式而言,内战后实行工资合同制的种植
园,类似于实行雇佣劳动的大农场,因此,它的规模效益同样不可避免地受
到农业生产特殊性的制约。

　　首先,由于大型雇佣农场的面积较为广阔,劳动者较为分散,因而,在
集体雇佣劳动中不可避免地存在"消极怠工"的问题,这在一定程度上会
增加农场主监督农业工人的困难与成本。内战后实行工资合同制的南部
种植园同样面临着这样的问题。由于南部种植园面积广阔,再加上长期
以来深受奴隶制控制与迫害的黑人在获得人身解放后大多陷入了极度松
弛、无政府的状态,这使得黑人自由民在种植园集体劳动中的"消极怠
工"和"开小差"行为相当普遍。此外,由于奴隶制的废除,种植园主和监
工不能再随意对黑人劳动者施加暴力与肉体惩罚,从而大大减弱了种植
园主与监工对黑人劳动者的监督与约束力度。在这种情况下,南部的种
植园主与监工必然需要花费更多的时间与精力监督和组织黑人劳动者的
各项生产活动,从而在一定程度上增加了种植园主的监督成本。南部的
历史文献记载了许多内战结束后初期种植园的黑人自由民消极怠工的例
子。1866 年佐治亚州的一位种植园监工科林斯对种植园主科布的儿子

---

① Joseph D.Reid, Jr., "Sharecropping As an Understandable Market Response:The Post-Bellum
　South", pp.108-109.

② 关于农业生产的特殊性问题及其对雇佣型大农场规模效益的影响的分析,详见[日]速水
　佑次郎,[美]弗农·拉坦:《农业发展的国际分析》,郭熙保等译,中国社会科学出版社
　2000 年版,第 93—94,390—391 页。

抱怨道："您打算雇用他们（他们指黑人——笔者注）的想法对他们根本不会有什么影响。他们中有些人在外边工作得很好，另一些人则待在自己的屋里一直到日落时分，还有一些人在屋里一待就是两三天。无论和他们说什么，他们的回答总是，我生病了而且空气一直很干燥，周六并不是我自愿的劳动时间。"种植园主科布对这些黑人自由民的懒散与松懈同样感到气愤。他抱怨道："当你试着给一名愚蠢的黑鬼发出指示时，你实际上就是在对一匹死马唱歌。"①佐治亚州另外一名种植园主切夫斯也抱怨说："他们（黑人）并没有按照习惯准备土地耕种，而是处于粗野、懒散的状态。"②

　　其次，大规模雇佣农场的规模效益还要受到农业劳动者创造的价值、农产品价格与农业工资水平的限制。从总体上而言，农业劳动者创造的价值越多，农业工资水平越低，农产品价格越高，雇佣农场的规模效益就越为明显，其利润创造的空间也就越大。内战期间，由于战争的影响，南部的农产品价格迅速增长，特别是南部最主要的经济作物——棉花的价格增长迅速。据统计，1864 年纽约市场棉花价格已经达到 1.02 美元/磅的水平。1865 年的棉花价格虽然有所下降，但是仍然高达 83 美分/磅。在这种情况下，迅速恢复棉花生产对种植园主确实有利可图。然而，1866—1867 年，随着棉花生产的恢复，以及内战期间储存的棉花投入市场，棉花价格迅速下降。1866 年棉花价格猛降至 43 美分/磅，1867 年则下降为 32 美分/磅。③ 此外，内战结束后，特别是 1866—1867 年，由于黑人奴隶的解放，大批黑人妇女与儿童退出农业劳动，④再加上黑人自由民频繁

①　Joseph P. Reidy, *From Slavery to Agrarian Capitalism in the Cotton Plantation South: Central Georgia, 1800-1880*, Chapel Hill: University of North Carolina Press, 1992, pp.141-142.

②　Paul A. Cimbala, "The Freedmen's Bureau, the Freedmen, and Sherman's Grant in Reconstruction Georgia, 1865-1867", *The Journal of Southern History*, Vol.55, No.4(Nov 1989), p.622.

③　Roger L. Ransom and Richard Sutch, *One Kind of Freedom: the Economic Consequences of Emancipation*, p.64.

④　南部的历史文献中存在大量关于内战后初期南部黑人妇女和儿童退出农业劳动的记载。例如，1866 年 6 月《德宝评论》(*DeBow's Review*) 指出，"大多数田间劳动(field labor) 现在都由男人们承担，女人们则将这项工作视为她们的丈夫们支持妻子悠闲自得的责任"。Roger L. Ransom and Richard Sutch, *One Kind of Freedom: the Economic Consequences of Emancipation*, p.55.这些妇女"不再采摘棉花，这本来是妇女的工作。……她们只是照顾自己的家人，而在户外，她们只从事极少的工作，或者根本并不工作"。1869 年 7 月 10 日佐治亚州的《亚特兰大宪报》(*Atlanta Constitution*) 指出，"黑人……几乎普遍地使妇女与儿童退出了田间，并将前者置于家中从事家庭劳动，将后者送到学校"。转引自 Eric Foner, *Reconstruction: America's Unfinished Revolution, 1863-1877*, New York: Harper & Row, 1988, p.85.

的地域流动,造成了南部种植园农业劳动力相对缺乏。为了获得充足的黑人劳动力,南部的种植园主之间展开了激烈竞争,这使得内战后初期的农业工资始终维持在相对较高的水平。据统计,1865 年南部植棉州的农业工资水平为棉花与玉米作物收成的 1/8—1/12,1866 年的工资水平则增长到成年男子每月 8—12 美元,成年妇女每月 6—8 美元,1867 年的农业工资水平增长到棉花与玉米作物收成的 1/4,[①]或者每个成年男子的月平均工资为12.5—13.3 美元。[②]　最后,内战结束后,由于奴隶制的废除,黑人自由民的劳动时间大大减少,从而导致了其创造的产值迅速下降。兰瑟姆与萨奇的研究发现,黑人获得解放后,其人均有效劳动时间减少了 28.2%—37.3%,这使得他们人均创造的价值较之内战前下降了 40%—60%。[③]　笔者以为,上述三个因素结合在一起,最终使得实行工资合同制的种植园难以实现规模效益,其获取利润的空间被极大压缩。[④]

再次,实行工资合同制的南部种植园主还面临着严重的劳动力短缺问题。由于长期的奴隶制传统,南部的种植园主普遍缺乏实行雇佣劳动,以及和自由劳工打交道的经验,他们"对于自由劳动绝对没有什么概念",[⑤]因此,内战后实行工资合同制的种植园大多保留了内战前种植园的集体劳动方式。这种劳动方式又被称为群体劳动制。在这种体制下,黑人劳动者仍然在监工的监督和管理下,以群(gang)为单位,进行繁重的集体劳动。虽然他们的身份不再是奴隶,但是仍然大多居住在内战前简陋的住处,仍然在每天的黎明被号角声或铃声叫醒,然后聚集在一起开始紧张而繁重的劳动,并直到黄昏才能收工回家。他们每周至少需要工作 5 天半的时间。[⑥]　虽然内战后南部种植园的监工们基本上不再使用皮鞭与私刑

① A.R.Lightfoot,"Condition and Wants of the Cotton Raising States",*Debow's Review*,Vol.6.No.2 (February 1869),p.153.来源于密歇根大学的 *Making of America* 数据库(简称 *MOA*)。http://quod.lib.umich.edu/cgi/t/text/text-idx? c=moajrnl&idno=acg1336.2-06.002　01/19/2009

② Robert Higgs,*Competition and Coercion:Blacks in the American Economy 1865-1914*,New York:Cambridge University Press 1977,p.44.

③ Roger L.Ransom and Richard Sutch,*One Kind of Freedom:the Economic Consequences of Emancipation*,p.6.

④ Robert Higgs,*Competition and Coercion*,*Blacks in the American Economy 1865-1914*,p.48.

⑤ Charles L.Flynn,Jr.,*White Land,Black Labor:Caste and Class in Late Nineteenth-Century Georgia*,Baton Rouge and London:Louisiana State University Press,1983,p.33.

⑥ 笔者以为,内战后南部种植园主乐于继续实行群体劳动体制的另一个重要原因在于,他们大多认为,黑人是懒散的,必须通过严格的监督才会认真劳动。种植园主大多希望通过群体劳动方式,维持种植园生产的规模效益。

(并没有完全消失),但是种植园苛刻的工作纪律与惩罚措施,以及大批黑人劳动者在监工严密的监督与管理下,集中在一起从事繁重的体力劳动,很容易使这些黑人劳动者想起内战前在种植园中劳动的场景。在他们看来,这种缺乏自由的劳动体制与旧日的奴隶劳动是极为相似的。由于刚刚获得自由,黑人自由民对自由的信念超越了其他一切要求,因此这种类似于奴隶制的生产组织方式自然遭到他们的强烈反对。在这一背景下,种植园的黑人农业劳动者大多利用地域迁移来对抗实行群体劳动制的种植园主。他们或是在合同结束后选择离开原先的种植园,或是在合同期间,以离开种植园作为要挟手段,要求种植园主增加工资。黑人农业劳动者的这些行为在很大程度上造成了内战后南部种植园"劳动力的短缺"。一位佐治亚州的种植园主哀叹到:"一半或一半以上的劳动者从田间消失了。这些黑人既没有死亡,也没有逃跑……但他们从田间撤走了。"①另一位种植园主也抱怨道:"我自己的人,或者宁可说那些曾经是我的奴隶的人,在第一年结束时,离开我去了另一个雇主那里,而邻近的奴隶们则来到了我这里。他们(黑人)的想法是只要他们和原来的种植园主待在一起,他们就没有真正的自由。"②此外,由于南部各州之间的农业工资水平存在较大差异(见表4),以及种植园主之间为获得充足的黑人劳动力展开激烈的竞争,黑人自由民在生产季节结束后的地域流动同样非常频繁。阿肯色州、路易斯安那州、密西西比州,由于地广人稀,农业劳动力缺乏,农业工资的平均水平相对较高,由此,吸引了阿拉巴马州、佐治亚州,以及其他东南各州的大量黑人自由民涌入。

表4　1867年南部各州农业年工资水平(包括货币工资与口粮)

单位:美元

类别 地区	男 性	女 性	童 工
弗吉尼亚	102	43	46
北卡罗来纳	104	45	47
南卡罗来纳	100	55	43

① Roger L.Ransom and Richard Sutch, *One Kind of Freedom: the Economic Consequences of Emancipation*, p.53.

② Frank A.Montgomery, *Reminiscences of a Mississippian in Peace and War*, Cincinnati: Robert Clark Co., 1901, p.264.

续表

地区 ＼ 类别	男 性	女 性	童 工
佐 治 亚	125	65	46
佛罗里达	139	85	52
阿拉巴马	117	71	52
密西西比	149	93	61
路易斯安那	150	104	65
得克萨斯	139	84	67
阿 肯 色	158	94	78
田 纳 西	136	67	65

资料来源：Robert Higgs，*Competition and Coercion：Blacks in the American economy 1865-1914*，p.44.

面对农业工资的增长与黑人劳动力的短缺，南部的种植园主相继采取了多种措施试图解决这一问题。

首先，针对黑人自由民利用地域迁移要挟或迫使种植园主增加农业工资的行为，以及种植园主为争夺黑人劳动者激烈竞争从而抬高工资水平的现象，南部的种植园主试图采取联合行动，制定统一的农业工资。例如，1868 年代表种植园主呼声的期刊《德宝评论》报道了在阿拉巴马州的萨默维尔（Summerville）召开的一次种植园主大会上形成的联合制定统一工资的决议：

目前混乱和缺乏效率的劳动体制对这个社区和县的市民造成了巨大损失，必然会导致整个国家农业利益的崩溃；然而，白人和黑人的利益是相同的；由此：

第一，那些连年雇用劳动者的人采取一致行动是必不可少的。

……

第三，作为品行端正的市民，我们要在彼此忠信的基础上行事，保证自己不会雇用任何由于违反合同被解雇的劳动者，以及没有上一个雇主推荐的劳动者。

……

第六，我们将制定一份支付给劳动者工资的价格表；我们建议进行如下等级的划分：第一等级的农业工人每月 10 美元；第二等级的工人每月 8 美元;第三等级的工人每月 6 美元。①

　　然而,种植园主采取联合行动试图压低黑人工资水平的举措在他们各自的现实利益面前通常很少取得成功。为了个人私利,种植园主通常很难信守自己与其他种植园主达成的协议。他们之间更多的是为了获得黑人劳动力展开激烈竞争。一位阿拉巴马州的自由民局官员深刻地指出,"恰恰是对黑人劳动力的需求使得任何剥夺黑人获取或改变家园的自由的联合行动遭到了完全失败"。"种植园主采取了强有力的联合行动拒绝雇用离开家园的黑人,……而黑人们则一直僵持到种植园主让步,最终他们通常被种植园主以稍微高于其他地方的工资雇用"。②

　　其次,为了保证种植园劳动力的充分与稳定供给,南部的种植园主纷纷求助于"黑人法典"。例如,南部的"引诱法"(*Enticement Acts*)就禁止以提供高工资或其他方式,雇用或引诱劳动者离开原先的雇主。"流浪法"(*Vagrancy Acts*)则将那些整日闲逛或没有正当理由拒绝遵守合同的黑人自由民"视为流浪犯人"。③ 虽然内战后初期南部各州的"黑人法典"极力限制黑人的地域流动,但是它的实施效果并不理想,而且随着国会"激进重建"的开始,"黑人法典"的绝大多数条款都被各州激进共和党人控制下的立法机构与自由民局废除。面对这种情况,南部的种植园主也曾经希望通过引入欧洲与华人移民来解决种植园的劳动力问题。然而,由于南部种植园的生产条件恶劣,收入水平较低,因此很难像东北部的制造业与中西部的农业、西部的采矿业那样吸引到大量的外来移民。④

　　正是在这一背景下,由于工资合同制对于种植园主和黑人自由民而言都不令人满意,因此,1867 年后南部的种植园主纷纷开始放弃工资合同制。⑤ 一种新的农地制度和劳动组织体制——分成制开始孕育形成。

---

① Department of Immigration and Labor,"Treatment and Pay of the Freedmen",*DeBow's Review*, Vol.5, No. 2 (February 1868), p. 213. *MOA* 数据库 http://quod. lib. umich. edu/cgi/t/text/text-idx? c=moajrnl&idno=acg1336.2-06.002 01/14/2009

② Robert Higgs,*Competition and Coercion:Blacks in the American Economy*,*1865-1914*,p.48.

③ Jonathan M. Wiener," Class Structure and Economic Development in the American South 1865-1955",p.974.

④ James L.Roark,*Masters without Slaves:Southern Planters in the Civil War and Reconstruction*,New York:W.W.Norton & Campany,1977,p.167.

⑤ 工资合同制并没有完全消失,它在一定程度上保存了下来。但是,农业工资的水平与内战初期相比,出现了较大的下降。1868 年一个男性成人农业劳动者的工资比 1867 年下降了25%。参见 Matthew B.Hammond,"The Cotton Industry.An Essay in American Economic History:Part I.The Cotton Culture and the Cotton Trade",pp.126-127.

二、1867 年后分成制为主的混合农地制度的形成

由于种植园的工资合同制存在种种难以克服的缺陷,1867 年后分成制开始在南部的种植园迅速发展,并最终取代了工资合同制在种植园带的主导地位。然而,从工资合同制到分成制的演变过程并不是一蹴而就的,而是存在着两个阶段:从工资合同制到分成制的过渡——班组制(squads system);分成制为主的混合农地制度。在这个过程中,种植园的基本劳动组织单位不断缩小,从群、劳动队,到班组,最后到个体家庭。南部的种植园也由此经历了不断的"碎化",最终演变为众多规模较小的租佃农场。

（一）从工资合同制到分成制的过渡:班组制

由于工资合同制的缺陷,在经历了两年的"试验期"后,南部的大多数种植园主开始放弃工资合同制,转而探寻新的农地制度。1867 年《南部农场主》杂志的一位编辑指出,"……过去两年的经验已经表明使用自由劳动力的那些规模庞大的种植园已经不能再盈利了,……第一个必然发生的变化……就是地产的细分"。① 南部的历史发展很快印证了这一预测。在分成工资制的基础上,种植园主与黑人很快创造出一种新的农地制度——"班组制"。

"班组制"一方面继承了分成工资制的优点,继续以定额的收获物分成作为黑人的工资,另一方面进一步缩小了种植园内基本劳动组织单位的规模。班组制的基本形式是:种植园主将种植园的劳动力划分为几个班组(squads),并将种植园的土地划分成若干块,每个班组被分配给一块田地,在这块田地上进行各项集体劳动。种植园主将每块田地固定比例的作物收成支付给相应班组作为工资报酬,然后再由班组成员自行分配。班组的规模不大,通常维持在 2—10 人左右,平均人数通常在 7 人左右。在班组制下,黑人有权自由选择班组成员,或者自行组织班组。通常而言,班组成员大多是关系密切的亲朋好友,有些班组甚至是以家庭关系为基础构成的。② 班组的工资水平与分成工资制相似,大约为其耕种田地作物收成的 1/4—1/3 左右。③

---

① Robert P.Brooks,*The Agrarian Revolution in Georgia*,*1865-1912*,Westport:Negro Universities Press,1970,p.45.

② Ralph Shlomowitz,"The Origins of Southern Sharecropping",p.572.

③ A.R.Lightfoot,"Condition and Wants of the Cotton Raising States",*Debow's Review*,p.153.*MOA* 数据库:http://quod.lib.umich.edu/cgi/t/text/text-idx? c=moajrnl&idno=acg1336.2-06.002 02/19/2009

班组制是种植园主与黑人自由民相互斗争与相互协调的结果。较之分成工资制，它更多地体现出黑人自由民与种植园主各自的利益与诉求。

从黑人自由民的视角而言，首先，在班组制下，虽然种植园主仍然控制种植园内主要的生产与经营决策权（例如，种植作物的选择，以及不同作物种植面积的比例，作物的销售方式等），但是黑人劳动者在生产过程中却获得了更多的独立性与自主性。在"班组制"下，各个班组可以自行选择班组成员与班组组长，可以选择不同的方法自行分配种植园主支付给班组的实物工资。① 这大大减少了工资合同体制下大规模群体劳动的缺陷，从而在一定程度上调动了黑人自由民的生产积极性。

其次，"班组制"进一步缩小了种植园的基本劳动组织单位。通过亲友关系，甚至家庭关系构建起来的班组，使得劳动者的收入与作物收成之间，以及班组内部成员之间的利益关系更为直接与紧密。另一方面，由于班组成员大多由亲朋好友甚至家庭成员构成，因此，这也减少了劳动群体内部由于收入分配不均造成的矛盾。

对于种植园主而言，由于通过亲友关系构建起来的班组，其成员的年终收入水平与自身的劳动投入之间的关系更加直接与紧密，因而在一定程度上减少了黑人劳动者在劳动过程中的"卸责"（shirking）与"搭便车"（free rider）行为，从而减少了黑人劳动者因对工资水平不满而随意离开种植园的现象，进一步保证了种植园在生产季节的劳动力供给。

虽然班组制较之分成工资制体现出更大的优越性，然而，班组内部的成员毕竟并非完全是由个体家庭的成员组成的，因此，它的内部或多或少仍然存在着一定的"卸责"行为与"搭便车"行为，这在一定程度上仍然会引发班组成员内部关于利益分配不均的矛盾。此外，班组制仍然难以克服棉花价格下降和劳动者产出减少造成的种植园主的利润空间被压缩的问题，而只能是相应地缓解这一问题。在这一背景下，种植园的基本劳动组织单位进一步从班组缩小为个体家庭，在此基础上最终形成了以个体家庭为基础的分成体制与固定租金制（现金租佃制）两种形式。

（二）分成制、分成租佃制与固定租金制（现金租佃制）

内战后南部的分成体制主要包括分成制与分成租佃制两种形式。分成制的具体安排是：种植园主与个体黑人劳动者签订分成合同。在合同中，种植园主提供给每个签订合同的黑人一小块土地、住房、燃料、农具、牲畜（包括饲料）、种子以及一半的肥料。作为分成农（sharecropper），黑人劳动者需

①　Ralph Shlomowitz,"The Origins of Southern Sharecropping", pp.572-573.

要将一半的收成交给种植园主。分成租佃制的具体安排是:种植园主与个体黑人劳动者签订合同,由种植园主提供给每个签订合同的黑人自由民一块土地、住房、燃料,以及 1/4 或者 1/3 的化肥,黑人劳动者除了自己的劳动外,需要自备农具、牲畜、种子与其余的化肥。作为分成租佃农(share tenant),黑人劳动者需要交给种植园主大约 1/4 的棉花收成和 1/3 的谷物收成作为租金。[1]

北卡罗来纳州韦克县的种植园主米阿尔与黑人鲍威尔(Fenner Powell)签订的合同是一个典型的分成制合同。米阿尔在 19 世纪 60 年代末放弃了工资合同制,开始实行分成制。1868 年 1 月 16 日,他与黑人鲍威尔签订了一份为期 1 年的分成制合同。这份合同要求鲍威尔忠诚与勤劳地劳动,不得浪费时间,并在米阿尔的指导下完成农场的所有工作。米阿尔则同意向鲍威尔无偿提供骡子、饲料,以及所有的农具和种子。米阿尔允许鲍威尔获得一半的作物收成(棉籽除外)。除此之外,米阿尔同意每月预先支给鲍威尔 50 磅熏猪肉与两大袋粗玉米粉,偶尔也包括一些面粉,这些预支品的费用从鲍威尔年底所得的作物份额中扣除。[2]

除了分成制和分成租佃制之外,内战后的南部种植园还出现了固定租金制或现金租佃制。在固定租金制和现金租佃制的合同中,种植园主只向固定租金农(standing renter)和现金租佃农(cash tenant)提供土地与住屋,而固定租金农和现金租佃农需自备所有的农具、牲畜、种子、化肥、口粮,并支付棉花轧棉与打包的全部费用。除此之外,固定租金农和现金租佃农需要向地主提供一笔固定的现金或者提供固定数量的作物收成作为租赁土地的租金。与分成农相比,现金租佃农或固定租金农完全享有作物收成的所有权与支配权,以及独立的经营管理权。[3] 现金租佃制和固定租金制的租金水平往往根据土地的质量与位置的差异而有所不同。例如,1870 年密西西比州的科林斯地区附近,租金是 3—4 美元/英亩。19 世纪 70 年代中期,阿肯色州的低地地区,租金水平是 6—10 美元/英亩或棉花

① C.O.Brannen, *Relation of Land Tenure to Plantation Organization*, *with Development since 1920*, U.S.Dept.of Agriculture, Washington, DC: Government Printing Office, 1924, p.34.

② Roger L.Ransom and Richard Sutch, *One Kind of Freedom: the Economic Consequences of Emancipation*, p.91.

③ Fred A.Shannon, *The Farmer's Last Frontier: Agriculture*, *1860−1897*, pp.85−86. Jonathan M. Wiener, *Social Origins of the New South: Alabama*, *1860−1885*, Baton Rouge: Louisiana State University Press, 1978, p.88. Rupert B.Vance, "Human Factors in the South's Agricultural Readjustment Law and Contemporary Problems", *Political Science Quarterly*, Vol.1, No.3(Jun 1934), p.267.

80磅/英亩。北卡罗来纳州是3—7美元/英亩或者原棉64磅/英亩。佐治亚州则是原棉20磅/英亩。路易斯安那州的密西西比河沿岸是原棉72磅/英亩。[1] 1899年美国产业委员会对佐治亚州农业协会副主席詹姆斯·巴雷特的调查显示:佐治亚州租佃制的租金通常在1.25—5美元/英亩,或者每个使用一头骡子耕种的农场(20—25英亩)通常缴纳大约500磅棉花作为租金。[2] 田纳西州租金水平通常为20—25英亩土地缴纳2包棉花(1000磅),或2—4美元/英亩。[3] 1900年南部最大的产棉区之一亚祖—密西西比河三角地(Yazoo-Mississippi Delta)的租金水平通常为6美元/英亩。[4]

下面是1880年1月1日佐治亚州的黑人托马斯与种植园主巴罗签订的一份固定租金制合同的部分条款:[5]

> 我(托马斯——笔者注)承诺在1880年11月15日或之前支付给戴维·C.巴罗500磅白色原棉,40蒲式耳棉籽,25蒲式耳玉米和从中获得的玉米英,以及500磅优质饲料作为1880年租赁希尔地区福克种植园土地的租金。

下面的两个表格对分成工资制、分成制、分成租佃制、现金租佃制(包括固定租金制)做出了详细的区分:

表5　四种合同的条款

合同类型 生产要素	分成工资制	分成制	分成租佃制	现金租佃制或 固定租金制
土地提供方	地主	地主	地主	地主
住房提供方	地主	地主	地主	地主
燃料提供方	地主	地主	地主	地主

---

[1] Robert Higgs, *Competition and Coercion: Blacks in the American Economy 1865–1914*, p.50.

[2] United States Industrial Commission, *Report of the Industrial Commission on Agriculture and Agricultural Labor*, Washington, D.C.: Government Printing Office, 1901, p.46.

[3] United States Industrial Commission, *Report of the Industrial Commission on Agriculture and Agricultural Labor*, pp.474, 498.

[4] Alfred Holt Stone, "The Negro in the Yazoo-Mississippi Delta", *Publications of the American Economic Association*, 3rd Series, Vol.3, No.1(Feb 1902), p.271.

[5] Robert Higgs, *Competition and Coercion: Blacks in the American Economy 1865–1914*, p.50.

续表

合同类型 生产要素	分成工资制	分成制	分成租佃制	现金租佃制或 固定租金制
役畜提供方	地主	地主	劳动者	劳动者
运货马车提供方	地主	地主	劳动者	劳动者
农具提供方	地主	地主	劳动者	劳动者
饲料提供方	地主	地主	劳动者	劳动者
种子提供方	地主	地主	劳动者	劳动者
膳食提供方	地主	劳动者	劳动者	劳动者
衣服提供方	劳动者	劳动者	劳动者	劳动者
劳动提供方	劳动者	劳动者	劳动者	劳动者
化肥提供方	地主	双方平均分担	地主 1/4—1/3 劳动者 2/3—3/4	劳动者
轧棉*提供方	地主	双方平均分担	劳动者	劳动者
打包*提供方	地主	双方平均分担	劳动者	劳动者

* 对于分成租佃农和固定租金农、现金租佃农而言,轧棉、棉花打包的费用应由自己承担。如果地主支付这些费用,那么,地主将会从他们年终应得的作物收成中扣除这些费用。

资料来源:Roger L.Ransom and Richard Stuch,*One Kind of Freedom:the Economic Consequences of Emancipation*,p.92.Rupert B.Vance,"Human Factors in the South's Agricultural Readjustment Law and Contemporary Problems",p.267.

表6　不同农地制度的作物收成分配比例或租金水平

合同类型 合同方	分成工资制	分成制	分成租佃制	现金租佃制或 固定租金制
地　主	2/3—3/4 的棉花与谷物	1/2 的棉花,1/2 的谷物	1/4 的棉花与1/3 的谷物	固定数量的现金或棉花
劳动者	1/4—1/3 的棉花与谷物	1/2 的棉花,1/2 的谷物	3/4 的棉花与2/3 的谷物	租金以外的作物收成

资料来源:Roger L.Ransom and Richard Stuch,*One Kind of Freedom:the Economic Consequences of Emancipation*,p.92.Rupert B.Vance,"Human Factors in the South's Agricultural Readjustment Law and Contemporary Problems",p.267.

除此之外,根据南部的习惯法,在实际生活中,分成租佃农、固定租金农、现金租佃农都被视为租佃农,而分成农通常被视为工资劳动者。分成农与租佃农享有不同的权利。租佃农在作物选择、生产决策和产品销售方面享有自主权,并对作物收成持有所有权、处置权与留置权。分成农通常被视为工资劳动者,其生产活动会受到地主严格管理与控制。此外,分成农对作物收成并没有所有权、销售权、处置权、留置权,在作物收获后,作物收成往往被地主全部取走,在估量价值或销售后,按照分成比例分给分成农。①

内战后初期,由于大多数黑人奴隶获得人身解放时"一无所有",因而,直到 19 世纪 80 年代,分成制一直是南部种植园黑人劳动者最普遍的农地制度。② 1867 年联邦农业委员会在论及南部农业发展状况时指出,"业主和劳动者最普遍的合同形式就是以分成的方式劳作"。③ 1870 年一位英国旅行者在美国南部旅行时也发现,分成制合同"通常如此盛行,以至于其他任何形式的合同只是例外的情况"。④ 内战后初期,黑人分成租佃农、固定租金农和现金租佃农的数量通常较少。这些租佃农大多是拥有一定技能与资产的黑人自由民。他们不甘心屈居分成农的地位,而是渴望在生产过程中获得更多的独立与自由。由于能够自备牲畜、种子、化肥、生产工具等生产资料,这些黑人在与种植园主签订合同时占据了相对有利的位置,最终成为拥有更多自由与权利的租佃农。⑤

(三) 雇佣工资制的保留

最后需要指出的是,雇佣工资制在种植园中并没有完全消失。南部棉花种植园仍然保留了少量个体雇佣劳动与集体雇佣劳动。雇佣工资制之所以并没有完全消失是因为,一方面,在分成制下,种植园(特别是棉花种植园)的一些公共劳动,像挖沟、维修栅栏等工作只能通过种植园主临时雇用其他人手(主要是种植园的分成农与租佃农)才能完成。⑥ 黑人劳动者实际上并不反对工资制,他们只是反对雇佣工资制中的群体劳动制

① Harold D. Woodman, " Class Structure and Economic Development in the American South, 1865-1955: Comments", *The American Historical Review*, Vol. 84, No. 4 (Oct 1979), p. 999. Charles L. Flynn, Jr., *White Land, Black Labor: Caste and Class in Late Nineteenth-Century Georgia*, p. 72.

② Oscar Zeicher, "The Transition from Slave to Free Agricultural Labor in the Southern States", p. 30.

③ Roger L. Ransom and Richard Sutch, *One Kind of Freedom: the Economic Consequences of Emancipation*, p. 38.

④ Robert Somers, *The Southern States Since the War, 1870-71*, London and New York: Macmillan and co., 1871, p. 128.

⑤ 这种情况和 19 世纪 70 年代末以后的情况正好相反,我们将在下文专门分析 19 世纪 70 年代末以后南部种植园带黑人租佃农数量大规模增长的原因。

⑥ United States Industrial Commission, *Report of the Industrial Commission on Agriculture and Agricultural Labor*, p. 475.

与监工的严密监督,因此,当群体劳动制不再存在,大多数黑人分成农与租佃农往往愿意利用空余时间,从事这样的工作以补贴家用。从这个意义上而言,这些工资劳动者并不属于长期从事大规模集体雇佣劳动的工资劳动者,而只是临时从事短期雇佣劳动的个体工资劳动者,如日工(day laborers)、月工(month laborers)等。另一方面,种植园主出于风险考虑,并不愿意将种植园所有改良土地出租给分成农与租佃农,而是在种植园留下一块自己的保留地雇用黑人自由民种植粮食作物,然后将这些粮食借贷给种植园的分成农与租佃农。布兰能对南部种植园的抽样调查就发现,在南部,种植园主们"往往认为,使用工资劳动者,特别是棉花种植园的工资劳动者,从事谷物生产要比让他们从事棉花生产更能获利,而租佃农则被认为更适于棉花生产"。① 这种工资劳动者通常在整个生产季节都受雇于种植园主,因此,又被称为长工(regular laborers)。棉花种植园主雇用的长工通常并不多,往往只有几人。佐治亚州的一位种植园主在接受国会议员的调查时指出,绝大多数种植园主都雇用"1—2名工资劳动者",而其他"更大部分的"土地则被用于"分成方案"。② 与此同时,种植园主和监工大多不再对长工进行严格的监督,而是采取较为灵活的管理方式。③ 在这种情况下,农业雇佣劳动的群体性质被大大降低。最后,由于水稻与甘蔗生产过程的特殊性,④南部的水稻与甘蔗种植园,不适于实行个体家庭生产为基础的分成制与租佃制,因而,继续保留了大规模集体雇佣劳动。⑤ 水稻和甘蔗种植园雇用的农业工人(长工)通常较多,往往在数十到数百人之间。然而,由于甘蔗、水稻种植与棉花生产相比,处于次要地位,因而,水稻与甘

① C.O.Brannen,*Relation of Land Tenure to Plantation Organization*,*with Development since 1920*, p.55

② United States Industrial Commission,*Report of the Industrial Commission on Agriculture and Agricultural Labor*,p.455.

③ 例如,种植园主向工资劳动者提供园地,允许工资劳动者利用空余时间耕种园地,并获取全部收入。此外,种植园主也会采取减少劳动时间,规定周六休息等措施。1873年一位实行雇佣工资制的南部种植园主指出:"……我公平地对待他们,支付给他们全部应得的报酬,提供给他们丰富的饭食,我进行得很顺利。虽然妇女们并没有参与种植园的工资劳动,但是她们在种植园主给予农业工人的园地上种植棉花与玉米。此外,这位种植园主"也允许他们饲养奶牛、肥猪、鸡和拥有园地……" Milledgeville Union and Record,April 16, 1873.in Charles L.Flynn Jr.,*White land*,*Black Labor*;*Property*,*Ideology*,*and the Political Economy of Late Nineteenth-Century*,p.69.

④ 稻米与甘蔗在生产过程中需要筑堤、挖沟、设置排水道等工作,这些工作只能通过集中的雇佣劳动才能更有效率、成本更低。

⑤ Roger Wallace Shugg,"Survival of the Plantation System in Louisiana",*The Journal of Southern History*,Vol.3,No.3(Aug 1937),pp.311-325.

蔗种植园的黑人农业工人数量远远少于棉花种植园的黑人分成农与租佃农。

虽然内战后南部种植园在一定程度上保留了雇佣劳动，但是工资劳动者的数量已经大大减少，其在种植园经济中的地位已经被分成农取代。这一点我们可以从1880年南部大农场的工资劳动力耕种的土地规模中看出。根据兰瑟姆与萨奇的统计，1880年美国南部使用工资劳动力为主的种植园（工资劳动力完成60%以上的工作）只占南部农场总数的0.9%。这些工资劳动力只耕种了南部8.9%的农田。[1]

从上文的分析中，我们可以看出，19世纪70年代初，南部种植园，特别是棉花种植园，最终形成了以分成制为主，包括分成租佃制、现金租佃制（固定租金制）、雇佣工资制在内的混合农地制度（mix-tenure land tenure）。这种混合农地制度在内战后的南部种植园极其普遍。1871年9月《南方人》杂志发表的一篇题为《南部农业劳动》的文章就曾经指出，"在同一个种植园内，发现劳动者使用几种不同的方法是相当普遍的"。[2] 1901年佐治亚州的农业局局长史蒂文斯（Hon O.B.Stevens）在接受国会调查时也指出，"绝大多数土地所有者都居住在农场，并耕种自己力所能及的土地，然后在这些制度下（史蒂文斯曾经明确指出，这些制度包括雇佣工资制、分成制、固定租金制三种方式——笔者注）转出或租出剩余的土地"。[3] 托马斯·J.伍弗尔绘制的内战后南部普通种植园的结构示意图中清晰地展示了内战后南部种植园的混合农地制度（见图3）。

三、1880—1930年南部种植园黑人农地制度的变化

19世纪70年代初，美国南部的种植园最终形成了以分成制为主，包括分成租佃制、现金租佃制（固定租金制）、雇佣工资制在内的混合农地制度。由于绝大多数黑人获得解放时一无所有，难以自备农业生产所需的牲畜、农具、化肥与种子，因此，分成制占据了绝对的主导地位。[4] 西斯克的研究发现，在南部的黑人带，"为了获得一定份额作物进行生产的租佃农在19世

---

[1]　Roger L.Ransom and Richard Sutch, *One Kind of Freedom：the Economic Consequences of Emancipation*, p.69.

[2]　Lee J.Alston and Robert Higgs, "Contractual Mix in Southern Agriculture since the Civil War：Facts, Hypotheses, and Tests", *The Journal of Economic History*, Vol.42, No.2(Jun 1982), p.330.

[3]　United States Industrial Commission, *Report of the Industrial Commission on Agriculture and Agricultural Labor*, p.909.

[4]　Rosser H.Taylor, "Post-Bellum Southern Rental Contracts", *Agricultural History*, Vol.17, No.2(Apr 1943), p.122.

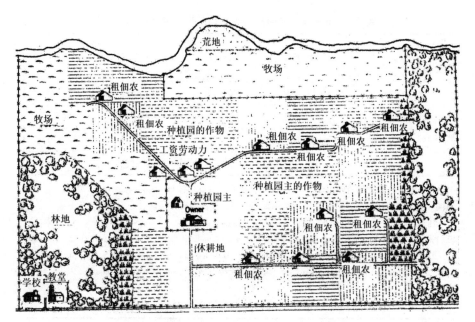

图3　内战后南部普通种植园的结构示意图

资料来源:Tomas J.Woofer,*Landlord and Tenant on the Cotton Plantation*,Washington,D.C.:Works Progress Administration,Division of Social Research,1936,p.xxxii.(原图中的英文已被翻译成中文。)图中的租佃农包括分成农在内。

纪80年代要远远多于支付货币租金的租佃农"。① 然而,这种以分成制为主的混合农地制度并非是静止不变的。19世纪70年代末以后,租佃制(包括分成租佃制、现金租佃制、固定租金制)在南部的种植园带获得迅速发展,实行租佃制的黑人农场数量与比重不断增长。1900年南部实行租佃制的黑人农场的数量与比重已经远远超过实行分成制的黑人农场数量。然而,令人感到诧异的是,在此之后,黑人分成制农场再次获得迅速发展,黑人租佃制农场的数量与比重则不断下降。到1930年罗斯福政府对南部农业实施大规模干预与改造之前,黑人分成制农场的数量与比重再次超过黑人租佃制农场的数量与比重。虽然黑人分成制农场的比重并未恢复到内战后初期的水平,但是依然是占据主导地位的黑人农地制度。这一点我们可以从下面关于1900—1930年南部各种类型的黑人农场的数量与比重的统计中看出。

① Glenn N.Sisk,"Rural Merchandising in the Alabama Black Belt,1875-1917",*Journal of Farm Economics*,Vol.37,No.4(Nov 1955),p.706.

表7　1900-1930年南部各种类型的黑人农场数量统计*

农场形式 ＼ 年份	1900	1910	1920	1930
自有农场	158,479	175,290	178,558	140,496
租佃制农场**	445,702	467,529	369,842	305,942
分成制农场	103,566	175,212	333,713	392,897
总　计	707,747	818,031	882,113	839,335

* 由于美国人口普查局直到1920年才对黑人分成农单独立项统计,因此1900—1910年黑人分成制农场和租佃制农场的统计数据来自于奥尔斯通与考夫曼的研究结果。
** 租佃制农场包括分成租佃制、现金租佃制和固定租金制。
资料来源:Lee J.Alston and Kyle D.Kauffman,"Up,Down,and Off the Agricultural Ladder:New Evidence and Implications of Agricultural Mobility for Blacks in the Postbellum South", p.272. U.S. Bureau of the Census,*Historical Statistics of the United States:Colonial Times to 1970*,p.465.

表8　1900-1930年南部各种类型的黑人农场比重统计(%)

农场形式 ＼ 年份	1900	1910	1920	1930
自有农场	22.4	21.4	20.2	16.7
租佃制农场*	63	57.2	41.9	36.5
分成制农场	14.6	21.4	37.8	46.8

* 租佃制农场包括分成租佃制、现金租佃制和固定租金制。
资料来源:Lee J.Alston and Kyle D.Kauffman,"Up,Down,and Off the Agricultural Ladder:New Evidence and Implications of Agricultural Mobility for Blacks in the Postbellum South", p.272. U.S. Bureau of the Census,*Historical Statistics of the United States:Colonial Times to 1970*,p.465.

从上述数据来看,在内战后长达65年的时间里,南部只有相对少数的黑人农业劳动者通过积累财产获得土地,进而成为约曼自耕农。大多数黑人农业劳动者并没有获得土地而只能以租佃形式(分成制和租佃制)从事农业生产。实际上内战后南部种植园黑人农地制度最大的变化就是分成制与租佃制的发展与演变:(1)1867—1880年南部种植园确立了以分成制为主的混合农地制度。(2)1880—1900年租佃制(包括分成租佃制、现金租佃制、固定租金制)迅速发展,最终取代分成制,成为南部种植园黑人农业劳动者的最主要农地制度。(3)1900—1930年分成制再次迅速发展,最终取代租佃制(包括分成租佃制、现金租佃制、固定租金制),成为南部种植园黑人农业劳动者的最主要农地制度。

　　那么,为什么内战后南部种植园的黑人农地制度会从最初的分成制为主,转变为租佃制为主,又从租佃制为主转变为分成制为主呢?

　　从种植园主的视角来看,由于内战后南部的种植园主大多认为黑人自由民过于懒散和无知,不能独立从事农业生产,只有通过监督才能使黑人自由民更好地进行农业生产,因而南部的种植园主大多最为偏爱监督程度最高的雇佣工资制,其次是分成制,而并不偏爱黑人自由民具有更高经济自主性和独立性的租佃制。阿肯色州立大学农业经济学教授布兰能针对 79 个棉花种植园主关于分成制、分成租佃制、现金租佃制三种农地制度态度的抽样调查证明了这一点。他的调查结果发现,57% 的种植园主偏爱分成制,35% 的种植园主偏爱分成租佃制,只有 8% 的种植园主偏爱现金租佃制。[①]那么,为什么 19 世纪 70 年代末至 20 世纪初众多南部种植园主会放弃他们所偏爱的分成制,转而实行黑人自由民具有更高经济自主性和独立性的租佃制呢? 此外,更加令人疑惑的是,在单纯考虑租金的情况下,通常种植园主从分成农的租金中获得的利润率往往要高于从分成租佃农和现金租佃农租金中获得的利润率。例如,1913 年美国农业部农场管理局(Office of Farm Management)对亚祖—密西西比河三角地植棉区的一项调查就发现,在不考虑种植园主向租佃农提供借贷和其他情况下,种植园主从分成农、分成租佃农、现金租佃农的租金中获得的平均利润率只有 13.6%、11.8%、6.6%。[②]那么,在这种情况下,为什么种植园主会放弃利润率相对较高的分成制转而实行利润率相对较低的分成租佃制和现金租佃制(固定租金制)呢? 同样,为什么1900—1930 年南部的大部分种植园主又会放弃租佃制再次转向分成制呢?

　　从黑人租佃农的视角来看,分成制向租佃制的转变同样令人感到困惑。根据"农业阶梯"理论[③]与南部习惯法,从分成农向租佃农的转变代表了农业劳动者经济实力与地位的上升。这是因为农业劳动者只有在通过生产不断积累财富,从而能够自备农具、牲畜、种子和化肥等生产资料的前提下才能实现这样的转变。然而,令人疑惑的是,内战后南部的黑人分成农向租佃农的转变,竟然是在黑人财富积累水平较低的情况下实现的。例如,1880—1910 年佐治亚州黑人人均财产从 8 美元增长到 26.59 美元,其中黑人人均拥有的农场地产、牲畜、农业工具、家具的价值分别从 1880 年的 1.5

①　C.O.Brannen,*Relation of Land Tenure to Plantation Organization*,*with Development since 1920*,p.55

②　Ernest Augustus Boeger,*A Study of the Tenant Systems of Farming in the Yazoo - Mississippi Delta*,Washington D.C.:Government Printing Office,1916,p.2,4.

③　关于"农业阶梯"理论,详见绪论中的"三、相关研究回顾与述评"部分。

美元、2.1 美元、0.2 美元、0.5 美元,增长到 1910 年的 9.9 美元、7.7 美元、1.6 美元、3.2 美元。[①] 阿肯色州 1895—1910 年黑人人均个人财产从 29.96 美元增长到 49.14 美元。路易斯安那州 1890 年与 1910 年黑人人均个人财产分别为 16.46 美元与 16.31 美元。北卡罗来纳州 1890—1910 年黑人人均个人财产从 14.07 美元增长到 33.12 美元。[②] 那么,为什么内战后南部黑人农业劳动者的财产积累水平会如此之低呢? 在如此低的财产积累水平下,南部黑人农业劳动者究竟是如何购置牲畜、生产工具、肥料、种子等生产资料,从而实现了从分成农向分成租佃农和现金租佃农的转变呢? 这是一个被很多人忽视的重要问题,值得我们深入研究。同样,1900—1930 年,为什么众多种植园主与黑人租佃农又会放弃分成租佃制、现金租佃制和固定租金制而转回到分成制呢?

　　笔者以为,内战后南部种植园黑人农地制度的变化与棉花价格的变动存在紧密的联系。从分成制向租佃制的转变实际上是种植园主在棉花价格不断下降的情况下,为转移经营风险采取的对策。通过对内战后美国市场棉花价格的考察,我们发现,1865—1900 年美国的棉花价格持续下降,特别是 1876 年后棉花平均价格跌到了 10 美分以下,其中,1891—1899 年棉花价格通常只保持在 7 美分左右,1894 年甚至下降至 4.59 美分/磅的低水平。[③] 由于棉花价格长期下降且几乎始终维持在 10 美分/磅以下,因而,实行分成制的种植园主承受了较大的风险:一方面,由于种植园主和分成农通常各自获得一半的作物收成,因此,双方各自承担了棉花价格下降带来的一半收入损失;另一方面,由于实行分成制的种植园主需要向分成农提供所有的生产资料,而棉花价格的不断下降,使得种植园主获得的租金有可能不能补偿自己的生产投入或者造成自己从租金中获得收益不断减少。在这种情况下,种植园主自然倾向于选择风险更小的租佃制。同样,1900—1930 年棉花价格一直维持在较高的水平,其中 1900—1914 年棉花价格基本上维持在 10 美分/磅的水平,从 1915 年到 1929 年的 14 年中,虽然棉花价格有所波动,但是平均价格却依然维持在 21 美分/磅的水平。由于棉花价格长期维持在较高水平,减少了种植园主投入所承担的风险。在这种情况下,种植园主自然倾向于选择自己更为偏爱和获利水平更高的分成制方式。

---

① Robert Higgs,"Accumulation of Property by Southern Blacks before World War I",p.730.

② Robert A. Margo,"Accumulation of Property by Southern Blacks before World War I:Comment and Further Evidence",p.770.

③ 1880—1910 年棉花价格统计数据来源于 United States Bureau of the Census,*Historical Statistics of the United States:Colonial Times to 1970*,pp.517-518.

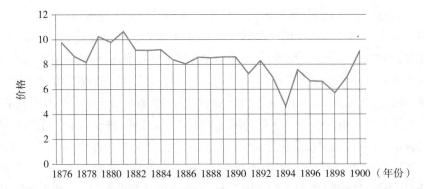

图 4　1876-1900 年美国市场的棉花价格　单位:美分/磅

资料来源:United States Bureau of the Census,*Historical Statistics of the United States:Colonial Times to 1970*,pp.517-518.James L.Watkins,*King Cotton:A Historical and Statistical Review 1790 to 1908*,p.30.

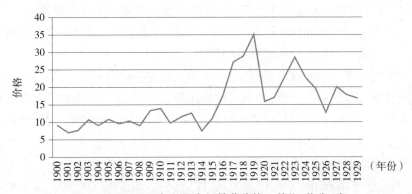

图 5　1900-1929 年美国市场棉花价格　单位:美分/磅

资料来源:United States Bureau of the Census,*Historical Statistics of the United States:Colonial Times to 1970*,pp.517-518.

正是在这种情况下,19 世纪 70 年代末以后,越来越多的种植园主开始采用租佃制取代分成制。例如,人口普查局对佐治亚州 17 个县的考察发现,1890—1900 年现金租佃农经营的农场数量由 5672 增长到 9047 个,相应的比重从 30%增长到 48%。与此同时分成租佃农(包括分成农)经营的农场从 12,614 下降到 9605 个。1890—1900 年阿拉巴马州中部 11 个县现金租佃农经营的农场增加了 17,816 个,分成租佃农(包括分成农)经营的农场减少了 2867 个。①

---

① 　Lawanda F.Cox,"Tenancy in the United States,1865-1900:A Consideration of the Validity of the Agricultural Ladder Hypothesis",*Agricultural History*,Vol.18,No.3(Jul 1944),p.99.

通过实行租佃制,种植园主得到了一笔相对固定的租金,从而将棉花价格下降造成的收入减少的风险转移给黑人租佃农。除此之外,由于实行租佃制的种植园主不再为租佃农提供全部生产资料,因此,种植园主的生产投入大大减少,从而相应减少了生产投入的风险。然而,在棉花价格不断下降,并长期处于低水平的情况下,租佃制对黑人租佃农而言却是相对不利的。这是因为黑人租佃农不得不花费现金购买农具、化肥、种子、饲料,租用或购买骡子,并支付轧棉和棉花打包的费用。这笔投资成本只能通过棉花的销售来弥补。然而,1876 — 1910 年棉花价格不断下降,并长期维持在 10 美分/磅以下的水平,再加上种植园主极力压低棉花收购价格,这使得他们从棉花销售中获得的收入不断下降。与此同时,农具、化肥、种子、饲料的零售价格却很高,他们不得不花费高额的零售价格购买这些生产与生活必需品。

由于根据南部习惯法租佃农需要自备牲畜、化肥、农具、种子等生产资料,那么,19 世纪 70 年代末到 20 世纪初南部种植园主实行租佃制时,广大黑人农业劳动者是如何在财富积累水平较低的情况下自备这些生产资料的呢? 这又是一个令人感到困惑的问题。

事实上在实际的农业生产中,由于黑人农业劳动者的贫困,他们大多并不能自备所有的生产资料,特别是价格不菲的骡子,因此,种植园主在放弃分成制,实行租佃制的时候,大多采取了较为灵活的经营策略。对于黑人租佃农没有能力购买的部分农业生产资料,种植园主通常会采用出租或借贷的方式向他们提供。通过这种方式,种植园主生产投入的风险不仅大大减小,而且还可以利用出租或借贷农具、牲口获取一定的收益。布兰能对南部 215 个棉花种植园的抽样调查就发现,租佃农频繁地从种植园主手中租赁牲口、农具。其中一头牲口一年的租金为 25 — 40 美元。[1]

19 世纪 80 年代后半期,佐治亚州奥格尔索普(Oglethorpe)县的巴罗(Barrow)种植园就是一个种植园主进行灵活经营的典型例子。种植园主巴罗在实施租佃制时,通常以借贷的方式向黑人租佃农出售骡子。例如,黑人租佃农贝克(Beck)就曾经以借贷的方式从巴罗手中购买了一头"又大、又好的壮年骡子,并承诺支付给巴罗 200 美元",并"在两年内偿清"。巴罗规定,如果黑人租佃农在规定的时间内没有支付购买骡子的全部费用,骡子将按原价收回,而贝克已经支付的钱将归巴罗所有。[2] 除了以借贷的方式提

---

① C.O.Brannen, *Relation of Land Tenure to Plantation Organization*, *with Development since 1920*, p.55.

② D.C.Barrow, "A Georgia Plantation", *Scribner's Monthly*, Vol.21, No.5(Apr 1881), p.834.

供骡子之外,种植园主有时也会采用出租的方式向租佃农提供骡子。1900年一位田纳西州的种植园主就告诉国会的调查者,他在生产季节以25美元的租金向租佃农出租骡子。①

从上面的分析来看,从分成制到租佃制,再从租佃制到分成制,实际上是种植园主根据棉花价格变动对自己的经营投入造成的风险而做出的相应调整。但是诸多疑问依然存在。例如,在租佃制合同下,根据南部习惯法,租佃农享有更多独立自主的经营权,而且一般情况下,种植园主在租佃制中的租金利润率要少于分成制,那么种植园主在实行租佃制时是如何规避租佃制的这些潜在缺陷呢? 此外,在租佃形式的转换过程中,为什么黑人农业劳动者对于种植园主做出不利于自己的选择而"无动于衷"呢? 这是一个非常重要的问题。笔者以为,内战后南部的乡村借贷制度是认识这些问题的关键所在。关于这一问题,我们将在本书第三章予以深入分析。

第二节　内战后联邦政府解决南部
黑人土地问题方案的失败

1865年3月和1866年6月,共和党人控制下的国会先后通过了《自由民局法案》和《南部宅地法》,分别试图通过分配没收叛乱分子的土地和分配联邦政府持有的南部各州公地的方式解决南部黑人自由民土地问题,在此基础上培育自主、独立的黑人约曼自耕农。特别是《南部宅地法》为黑人自由民申请免费的公地制定了相对有利的条件。然而,在1866—1876年《南部宅地法》实施的10年中,南部的绝大多数黑人自由民并没能利用这些有利条件申请并获得免费的80英亩或160英亩土地,进而摆脱对种植园主的依附。对于他们而言,《南部宅地法》成为了一次"失去的机会"。

一、《自由民局法案》的土地分配方案

内战结束前夕,如何解决战后黑人的土地问题是北方共和党政府,特别是激进共和党人考虑的重要问题。由于19世纪50年代以来,共和党一直奉行"自由土地、自由劳动"的理念,因此,对南部经济的改造和解决黑人土地问题也基本上是围绕着这一原则展开的。内战结束前夕,北方的激进共和党人多次提出没收参加叛乱的种植园主的土地、向黑人自由民分配土地

---

① United States Industrial Commission, *Report of the Industrial Commission on Agriculture and Agricultural Labor*, p.486.

的激进方案。1865 年共和党激进派的代表人物史蒂芬斯在宾夕法尼亚州兰开斯特的演讲中,强烈地呼吁联邦政府没收参加叛乱的种植园主的土地,并分配给每个成年黑人 40 英亩土地与 50 美元现金。史蒂芬斯估计这项计划可能会涉及 7000 名骨干叛乱分子,以及他们拥有的 400 万英亩土地。①

史蒂芬斯的激进土地改革方案首先在《自由民局法案》中得到了体现。内战后期,随着联邦军队的节节胜利,以及《解放黑人奴隶宣言》的发表,联邦军队没收了大量叛乱分子的土地,并接管了许多逃亡种植园主遗弃的土地,以及众多获得解放的黑人自由民和白人难民。为了有效管理这些黑人自由民、白人难民,并解决他们的土地问题,1865 年 3 月,国会在激进共和党议员的压力下通过了《建立自由民和难民救济管理局的法案》(An Act to Establish a Bureau for the Relief of Freedmen and Refugees),简称《自由民局法案》(The Freedmen's Bureau Act)。这项法案规定在参加叛乱的南部诸州建立"难民、自由民和遗弃土地管理局"(Bureau of Refugees, Freedmen, and Abandoned Lands),简称自由民局(the Freedmen's Bureau)。自由民局的职责主要包括三项:(1)监督与管理南部叛乱诸州所有被遗弃的土地,管理所有黑人自由民和白人难民相关的事务。(2)向黑人自由民、白人难民及其家人提供各种必需品、衣物、燃料、医疗等救济。(3)登记和安顿无家可归的黑人自由民与白人难民,并且将联邦政府没收叛乱分子的土地或者叛乱诸州种植园主遗弃的土地,以不超过 40 英亩的单位出租给每个忠诚的黑人自由民与白人难民。这些黑人自由民与白人难民享有土地的 3 年租期,并且每年要支付不超过土地价值 6%的租金。在 3 年后,通过合众国转让土地财产的所有权,承租土地的黑人自由民和白人难民享有选择购买这些土地的权利。②

1865 年《自由民局法案》是共和党激进派与温和派之间相互协调的产物。虽然绝大多数温和派共和党议员认同《自由民局法案》并不是为了彻底解决黑人的土地问题,而是为了惩罚参加叛乱的邦联分子,但是不可否认的是,这一法案关于将没收叛乱分子的土地分配给黑人自由民的条款确实反映了激进土地改革的原则。③ 首先,它在某种程度上确立了对参加或支

① Roger L. Ransom, "Reconstructing Reconstruction: Options and Limitations to Federal Policies on Land Distribution in 1866–67", *Civil War History*, Vol.51, No.4(Dec 2005), p.368.

② *Statutes at Large*, Volume 13, pp.507–508. http://memory.loc.gov/ammem/amlaw/lwsllink.html 01/15/2009

③ 关于参众两院的共和党温和派议员与激进派议员围绕自由民局议案展开的争论,详见La-Wanda Cox, "The Promise of Land for the Freedmen", *The Mississippi Valley Historical Review*, Vol.45, No.3(Dec 1958), pp.413–440.

持叛乱的种植园主土地与财产"永久没收的原则",甚至在一定程度上突破
了资本主义关于"私人财产不可侵犯"的原则。其次,1865年《自由民局法
案》对黑人自由民的土地所有权做出了承诺。虽然根据这一法案,黑人需
要3年的租佃与最终的购买才能获得土地所有权,但是由于内战后南部各
州的土地价值下降了55%—70%左右,[1]土地租金和土地价格的实际水平
是相当低的,因而,黑人自由民获得土地所有权,转变为独立的小农场主还
是较为容易的。再次,1865年《自由民局法案》规定的40英亩土地的租佃
与出售原则,是一种反对大土地所有制——种植园经济和反对土地投机,试
图利用杰斐逊主义的独立小农理念改造南部社会经济组织(种植园经济)
的尝试,体现了共和党人"自由土地、自由劳动"的理念。

　　然而,《自由民局法案》关于没收参加叛乱的邦联分子的土地,并将其
分配给黑人自由民的承诺尚未来得及大规模实施便"胎死腹中"。1865年
5月29日约翰逊总统发布了"大赦宣言",宣布除了少数几类人之外,所有
宣誓效忠联邦的叛乱分子都将得到赦免并将归还被没收的财产。此外,即
使对于少数几类被排除在赦免之列的人,"大赦宣言"也规定,他们可以通
过向总统提出特赦申请来寻求赦免。[2] 据统计,仅仅在1865年,15,000名
申请特赦的邦联支持者中就有13,500人获得了约翰逊总统的特赦。[3] 在
这种情况下,不仅大部分参加叛乱的邦联分子的土地与财产没有被没收,而
且自由民局手中直接控制的遗弃土地和没收来的土地,以及黑人自由民在
战争期间获得或自行占有的土地也大多重新回到了以前的种植园主
(ex-planters)手中。这一点我们可以从1865—1868年自由民局直接控制
的遗弃土地和没收土地的数量变化看出。据统计,1865年自由民局直接控
制的遗弃土地和没收土地有768,590英亩,1866年减少为272,231英亩,
1867年为215,024英亩,1868年只剩139,634英亩。[4] 此外,1865—1866
年之交,单是在弗吉尼亚州东部,约翰逊的"大赦政策"就使得不少于
70,000黑人自由民无家可归。[5]

　　在约翰逊"大赦政策"的背景下,一方面前种植园主的土地与财产得到

---

① Roger L.Ransom and Richard Sutch,*One Kind of Freedom*:*the Economic Consequences of Emanci-
pation*,p.51.

② Henry Steele Commager(eds.),*Documents of American History*,p.458.

③ William J.Cooper,Jr,and Thomas E.Terrill,*The American South*:*A History*,*Volume II*,New York:
McGraw-Hill,1991,p.392.

④ Walter L.Fleming,"Forty Acres and a Mule",*North American Review*,Vol. 182,No. 5(May
1906),p.730.

⑤ Oscar Zeicher,"The Transition from Slave to Free Agricultural Labor in the Southern States",p.24.

恢复,另一方面自由民局手中不再有足够的土地出租给黑人。共和党激进派和南部广大黑人自由民所设想的通过没收参加叛乱的种植园主的土地,将其分配给黑人自由民,从而在南部建立独立的黑人约曼农场制度的土地分配方案最终尚未来得及大规模实施就"流产"了。

二、1866 年《南部宅地法》的土地分配方案

《自由民局法案》的"流产"使黑人自由民希望通过联邦政府没收并分配参加叛乱的种植园主的土地以实现"四十英亩土地和一头骡子"的梦想几近破灭。内战结束后初期,北方共和党政府与自由民局根据"自由劳动"的原则在南部推行工资合同制。1865—1867 年,工资合同制在南部各州的种植园获得了充分发展。然而,这一制度很快就遭到黑人农业劳动者的抵制。[①] 北方的共和党激进派同样对这一制度极为不满,他们并没有放弃为黑人自由民争取土地所有权的努力。这些激进共和党人大多是杰斐逊的独立小农理念和"自由土地"信念的坚定捍卫者,坚信给予黑人自由民土地,将他们改造为自给自足的约曼自耕农是保证其自由的关键所在。[②] 正是在这种情况下,共和党激进派将目光转向联邦政府在阿拉巴马州、密西西比州、路易斯安那州、佛罗里达州、阿肯色州尚有的 46,399,154 英亩公地。[③] 他们希望充分利用这些公地,开辟一条实现黑人自由民获得土地梦想的新道路。正是在这一背景下,1866 年 1 月 8 日激进共和党议员赖斯(John H. Rice)向国会提出了《南部宅地法》议案。经过激烈的辩论,这一议案最终在参众两院通过,并于 1866 年 6 月 21 日经约翰逊总统签署后成为正式法律。[④]

1866 年的《南部宅地法》全称是《处理阿拉巴马州、密西西比州、路易斯安那州、阿肯色州、佛罗里达州用作实际居住宅地的公地的法案》(An Act for the Disposal of Public Lands for Homestead Actual Settlement in the States of Alabama, Mississippi, Louisana, Arkansas, and Forida)。由于这项法律针对的是南部的公地,所以被习惯称为《南部宅地法》(The Southern Homestead Act),

---

① 参见本章第一节"一、1865—1867 年工资合同制的试验"部分。

② Michael L. Lanza, *Agrarianism and Reconstruction Politics: the Southern Homestead Act*, Baton Rouge: Louisiana State University, 1990, pp.10-11.

③ Michael L. Lanza, *Agrarianism and Reconstruction Politics: the Southern Homestead Act*, p.13.

④ 关于 1866 年《南部宅地法》议案在参众两院的辩论过程的记录,详见 *Congressional Globe*, 39th Congress, 1st Session, in U. S. Congressional Documents and Debates, 1774 - 1875, pp. 715-718, 2734-2736. http://memory.loc.gov/ammem/amlaw/lwcglink.html#anchor39　01/09/2009

以区别于 1862 年主要处理西部公地的《宅地法》。它的主要内容为：一家之主或年满 21 岁的公民，在宣誓所申请的土地只用于自己与家人垦殖和居住，以及并不曾拿起武器反对过美利坚合众国，也没有给予美利坚合众国的敌人任何帮助（这一条款在 1867 年 1 月将不再生效），并缴纳 5 美元登记费用后，均可领取 80 英亩的宅地。（这一法案通过两年后申请者可以申请 160 英亩的宅地。）登记人在宅地上居住并耕种满 5 年，可以获得联邦政府颁布的土地产权证书（需缴纳 5 美元证书费用）。矿产土地并不在宅地申请的范围。这一法律的制定与实施不因为种族和肤色的差异而存在区别对待和歧视。除了特别的修订外，1862 年"宅地法"各项原则均适用于 5 个南部公地州的公地分配。①

1866 年《南部宅地法》是对 1862 年《宅地法》的继承。一方面，《南部宅地法》继承了 1862 年《宅地法》的基本精神。这些精神主要包括：（1）通过禁止土地的大规模现金销售原则，防止土地投机活动，从而将公地仅仅限于宅地农场之用。（2）通过缩小宅地申请规模，培育独立的小农场主，反对大土地所有制。这一点我们可以从 1862 年《宅地法》与 1866 年《南部宅地法》的宅地申请面积标准中看出。（3）免费获得土地的原则。1866 年《南部宅地法》规定宅地申请者只需缴纳 5 美元的申请费用就可以获得宅地，并在连续耕种 5 年后获得土地所有权。这与 1862 年《宅地法》的免费分配公地原则是一致的。另一方面，1866 年《南部宅地法》又是对 1862 年《宅地法》的延伸与补充。虽然 1866 年《南部宅地法》基本上仍然按照 1862 年《宅地法》的规定处理南部的公地，但是二者的根本区别在于：1866 年《南部宅地法》主要致力于帮助南部的黑人自由民获得土地，而 1862 年《宅地法》则将南部的黑人排除在宅地申请者的行列。② 激进共和党参议员波默罗伊（Pomeroy）在参议院讨论《南部宅地法》议案时公开指出，"这项议案的目的就是将公地划分成小块的宅地，……其目的尤其在于维护那些目前尚未在这些州的公地上获得宅地的黑人的利益。"③虽然 1866 年《南部宅地法》明确规定，"这一法律的制定与实施并不会因为种族和肤色的差异而存在区

---

① Statutes at Large, Volume 14, pp.66-67. http://memory.loc.gov/ammem/amlaw/lwsllink.html 04/10/2013

② 由于美国的黑人并没有公民权，因此，1862 年《宅地法》实际上将黑人排除在申请者的范围之外。美国的黑人直到 1866 年 4 月 30 日《权利法案》通过后才获得公民权。1868 年 7 月 9 日国会通过宪法第十四条修正案，以宪法的形式保证了黑人公民权不受侵犯。

③ Congressional Globe, House of Representatives, 39th Congress, 1st Session, in *U.S. Congressional Documents and Debates, 1774-1875*, p.2735. http://memory.loc.gov/cgi-bin/ampage 01/15/2009

别对待和歧视"，但是南部的黑人自由民在这一法律实施的初期显然应该是最大的受益者。例如，1866 年的《南部宅地法》将自由宅地的标准限定在 80 英亩，而不是 1862 年《宅地法》规定的 160 英亩，这明显是为了减少来自北方和欧洲的白人申请者的数量。因为在这种情况下，这些白人申请者显然更愿意到西部申请 160 英亩的宅地。虽然由于民主党议员和共和党温和派议员反对，最终的法案规定，两年的期限后，南部宅地申请的标准可以提高到 160 英亩，但是这毕竟为黑人宅地申请者赢得了两年的宝贵时间。此外，关于"忠于联邦的宣誓"的条款，同样将南部的大部分白人排斥在南部宅地申请的范围之外。虽然这一规定的期限只有 6 个月，但是却使得黑人在申请宅地方面占得了先机。赖斯在众议院讨论《南部宅地法》议案时就曾经指出这些条款对黑人申请者的益处。"较之南部的白人，更多的黑人将能利用这些条款，原因在于黑人大部分是忠诚的，而白人大部分是不忠诚的……"①正因为如此，霍夫内格尔认为，"实际上，在 1866 年后半期，《南部宅地法》给了黑人，偶尔也包括忠诚的白人，获得南部公地的绝对权利"。② 此外，笔者以为，即使在《南部宅地法》的两个限制性条款的期限到期后，由于在 1866—1876 年重建时期，各州执政的共和党人与自由民局致力于保护黑人自由民的权益，因此，黑人与白人还是应该有相对平等的机会申请并获得宅地的。因此，如果黑人自由民能够充分把握与利用 1866 年的《南部宅地法》和南部重建所赋予的便利条件与历史机遇，他们应该在实现土地所有权，进而转变为独立的约曼自耕农的道路上迈出坚实的一步。

然而，历史的发展往往并不是以个人的意志为转移的。虽然 1866 年《南部宅地法》为黑人获得土地，转变为独立农场主创造了有利条件，虽然 1866 年后重建时期各州执政的共和党致力于保护黑人的权益，虽然许多黑人也曾经积极地询问关于南部的公地事宜，③但是《南部宅地法》的实施效果并不理想。据统计，从 1866 年 6 月 21 日到 1867 年 1 月 1 日"忠诚宣誓"的附加条款到期，南部只有 4 个宅地申请人被登记，并且都出现在阿

---

① Congressional Globe, House of Representatives, 39th Congress, 1st Session, in *U.S. Congressional Documents and Debates*, *1774 – 1875*, p. 717. http://memory. loc. gov/cgi – bin/ampage　01/13/2009

② Warren Hoffnagle, "The Southern Homestead Act: Its Origins and Operation", *Historian*, Vol.32, No.4(Aug 1970), p.618.

③ 例如，阿肯色州与密西西比州的黑人在《南部宅地法》通过后曾经积极向土地局与律师询问南部公地的事宜，参见 Paul A. Cimbala and Randall M. Miller, *The Freedmen's Bureau and Reconstruction: Reconsiderations*, New York: Fordham University Press, 1999, p.71.

拉巴马州。① 1869 年 10 月 20 日，在南部 5 个公地州的 11,633 名申请宅地的
登记者中，只有 4000 名黑人（其中 3000 人出现在佛罗里达州），黑人与白人登
记者的比重分别为 34% 和 66%。② 此外，到 1876 年国会废除《南部宅地法》为
止的 10 年，南部的 5 个公地州最终只有 67,603 名登记在册的宅地申请者（包
括白人与黑人申请者），到 1881 年最后一批申请者 5 年居住或垦殖期满，整个
南部只有将近 21,598 人获得土地所有权证书。③（见表 9、表 10）

表 9　1867-1876 南部 5 个公地州宅地申请者数量

年份 州名	1867	1868	1869	1870	1871	1872	1873	1874	1875	1876
阿拉巴马	616	1646	2192	2565	1388	1647	1653	1742	1260	1575
阿肯色	835	2830	2214	4596	4571	3716	2497	2308	1235	1593
佛罗里达	1505	1781	744	678	217	697	359	689	956	2049
路易斯安那	259	0	582	711	1023	1194	1202	381	474	626
密西西比	555	1602	935	1109	882	1375	841	548	410	540
总　计	3770	7859	6667	9659	8081	8629	6552	5668	4335	6383

资料来源：Thomas Donaldson, *The Public Domain*, Washington, D.C.: U.S.Government Printing Office, 1884,
pp.352-364. 转引自 Michael L.Lanza, *Agrarianism and Reconstruction Politics: the Southern
Homestead Act*, pp.138-139.

表 10　1872-1881 年南部 5 个公地州获得土地所有权证书的申请者数量

年份 州名	1872	1873	1874	1875	1876	1877	1878	1879	1880	1881
阿拉巴马	20	62	150	442	906	610	584	544	399	626
阿肯色	72	211	828	1344	1963	1735	1808	987	986	862
佛罗里达	23	32	443	336	273	171	216	214	271	564
路易斯安那	9	5	38	177	256	352	406	334	197	227
密西西比	9	162	162	162	211	192	386	309	95	227
总　计	133	472	1621	2461	3609	3060	3400	2388	1948	2506

资料来源：Thomas Donaldson, *The Public Domain*, pp.352-364, 1016, 1284. 转引自 Michael L.Lanza, *A-
grarianism and Reconstruction Politics: the Southern Homestead Act*, pp.140-141.

---

① C.F.Pope, "Southern Homesteads for Negro", *Agricultural History*, Vol.44, No.2(April 1970),
p.207.

② C.F.Pope, "Southern Homesteads for Negro", p.205.

③ Michael L.Lanza, *Agrarianism and Reconstruction Politics: the Southern Homestead Act*, p.139.

从上面的数据来看,虽然我们无法确定到 1876 年为止登记在册的黑人宅地申请者的确切数量,以及到 1881 年为止获得土地所有权证书的黑人申请者数量,但是即便将 67,603 名登记在册的宅地申请者以及最终获得土地所有权证书的 21,598 人中的绝大部分算作黑人(当然这只是一种假设),①考虑到整个南部有将近 400 万黑人的现实,1866 年《南部宅地法》依然没有解决大部分黑人自由民的土地问题。对于内战后极为渴望获得土地的黑人自由民而言,《南部宅地法》显然成为一个"失去的机会"。

美国学术界对内战后南部黑人自由民未能充分利用《南部宅地法》提供的机遇与有利条件的原因进行了探讨。

首先,对于黑人自由民未能充分利用 1866 年 6 月至 1867 年 1 月"忠诚宣誓条款"赋予他们申请南部公地的绝对权利的问题,波普与霍夫内格尔认为,这在很大程度上是因为 6 个月的期限太短,以及法令的传达、公地的勘测和各州办理宅地申请业务的土地局建立迟缓。②兰扎则认为,虽然"忠诚宣誓条款"将大部分白人暂时排除在宅地申请者的范围之外,但是由于 1866 年 6 月《南部宅地法》通过时南部大部分黑人自由民都与种植园主签订了工资劳动合同,因此,6 个月的期限并不能使黑人自由民获得申请宅地的绝对优势。③ 笔者以为,上述学者的分析都有道理。1866 年 6 月至 1867 年 1 月的限定期只有短短 6 个月的时间,因此,土地局建立的迟缓与黑人自由民的合同期限等问题确实在相当大程度上决定了这一短时期内黑人自由民很难利用《南部宅地法》的有利条件。④

那么,既然如此,我们又如何认识从 1867 年 1 月 1 日至 1876 年《南部宅地法》废止的 9 年中,黑人宅地申请者的数量仍然如此之少呢?(而且在此阶段,另外一项对黑人申请者有利的条款——80 英亩的宅地申请限制,

①　兰扎通过对密西西比州的抽样调查,估算大概只有 20%—25% 登记在册的宅地申请人是黑人。Michael L.Lanza, *Agrarianism and Reconstruction Politics:the Southern Homestead Act*, p.90.

②　例如,阿拉巴马州的土地局位于蒙哥马利,开放于 1866 年 6 月,佛罗里达州的土地局位于塔拉哈西,开放于 1866 年 11 月 30 日,阿肯色州虽然有 3 个土地局,但是最早开放的是位于小石城的土地局,开放时间是 1866 年 10 月 1 日。路易斯安那州有 3 个土地局,其中位于新奥尔良的土地局由于频繁的人事变动,除了 1865 年的几个月外,直到 1868 年中期一直处于关闭状态。位于门罗和纳基托什的土地局由于没有任命土地登记员,直到 1867 年才开始办公。C.F.Pope, "Southern Homesteads for Negro", p.207. Warren Hoffnagle, "The Southern Homestead Act:Its Origins and Operation", p.616. Michael L.Lanza, "Getting down to Business:The Public Land Offices in Louisiana during Reconstruction", *The Journal of the Louisiana Historical Association*, Vol.29, No.2(Spring 1988), p.178-179.

③　Michael L.Lanza, *Agrarianism and Reconstruction Politics:the Southern Homestead Act*, pp.22-23.

④　申请的公地在入住前必须由土地勘测局进行勘测,以确定是否属于铁路赠地或其他保留地。

一直延续到 1868 年 6 月 21 日。)为什么大多数黑人自由民没有选择离开种植园而去申请获得免费的宅地呢？考虑到黑人获得解放后对土地的极度渴望,这种情形的确令人费解。

美国学者兰扎、霍夫内格尔、波普、奥伯瑞等人都没有指出造成这一问题的主要原因,而是强调《南部宅地法》实施期间各种具体困难造成的影响。总结起来,这些困难主要包括:(1)南部各州的公地通常土质贫瘠,并且往往覆盖着众多林木。(2)黑人自由民申请宅地需要一笔昂贵的路费。(3)黑人自由民缺乏最基本的农具。(4)白人对于黑人自由民获得宅地存在敌视态度。(5)各州地方土地局管理混乱、缺乏效率,甚至存在腐败、欺诈行为。(6)各州地方土地勘测局效率低下。(7)黑人自由民的无知。(8)自由民局人手不足。①

笔者以为,上述学者的分析存在以下问题:首先,他们只是比较全面地分析了 1867 年后黑人自由民没有能够利用《南部宅地法》的具体原因,但是并没有对这些表面原因进行更深层次的探究。例如,虽然南部的公地覆盖着大量林木,但是随着工业革命的推进,北方工厂对南部的林木需求越来越大,如果宅地申请者能够充分开发并利用公地的林木资源,往往还会获得一笔不菲的收入。因此,这显然不能成为黑人自由民不愿申请宅地的主要原因。关于缺少路费与基本农具的问题,笔者深为赞同,但是路费与基本农具并不能涵盖黑人自由民在申请并获得宅地,以及开垦与维护宅地过程中的全部投入。至于南部白人对黑人获得宅地存在敌视的态度,笔者认为,这确实在一定程度上阻碍了黑人自由民申请宅地,但是考虑到 1866 年后重建时期南部各州执政的共和党政府与自由民局致力于保护黑人自由民的权益,这一点也不能成为阻碍他们申请宅地的主要因素。关于各州土地局、土地勘测局行政效率低下、白人官员的腐败行为,以及自由民局人手不足等因素,笔者承认其对于黑人自由民申请宅地的阻碍作用,但是通过对历史资料的考察,笔者发现,这些因素大多出现于《南部宅地法》实施的前期(1866—1868 年),而《南部宅地法》实施将近 10 年,这并不能成为阻碍黑人自由民申请宅地的主要原因。其次,上述学者对这一问题的研究大多是孤立的、片面的,缺乏宏观与综合视野,特别是未能将《南部宅地法》与 1865—1876 年

---

① Michael L. Lanza, *Agrarianism and Reconstruction Politics: the Southern Homestead Act*, pp. 122-123. C.F.Pope, "Southern Homesteads for Negro", p.207. Warren Hoffnagle, "The Southern Homestead Act: Its Origins and Operation", pp. 628. Claude F. Oubre, "'Forty Acres and a Mule': Louisiana and the Southern Homestead Act", *The Journal of the Louisiana Historical Association*, Vol.17, No.2(Spring 1976), pp.143-157.

南部农业发展中出现的其他重要问题——工资合同制、分成制和借贷制度、黑人的长期贫困等问题有机地联系在一起,探寻它们之间内在的逻辑关系。

农业经济学家加塔克曾经深刻地指出,政府实行的土地改革除了进行土地所有权的再分配外,还应该包括一系列为农民提供信贷、销售等的配套改革。这些配套改革对于土地所有权的分配改革至关重要。这是因为,土地改革后,新独立的农场主大多失去了传统的信贷(借贷)与销售来源,缺乏自主经营农业的经验,如果这些问题得不到解决,土地改革很难取得成功,农民最终会失去所获得的土地产权。①

笔者以为,加塔克关于政府实行的土地改革失败原因的认识为我们研究《南部宅地法》失败的深层次原因提供了重要启示。虽然内战解放了南部的 400 万黑人,但是"黑人奴隶解放时实际上身无分文"。② 在这种情况下,虽然《南部宅地法》赋予黑人自由民申请宅地的有利条件,但是由于缺乏开垦与维持宅地农场所需的资金,他们很难利用这些有利条件。在对这一点进行分析之前,我们首先来简要分析一下黑人自由民根据《南部宅地法》申请宅地所需的各项支出。第一,黑人自由民在申请宅地过程中需要首先到各州的土地局登记,然后再迁移到指定的公地。由于南部各州地域辽阔,而且各州在《南部宅地法》生效后的一段时间内都只有一个土地局(密西西比州自始至终只有一个土地局),因此,无论是公地所在州还是非公地州的黑人自由民向公地州的土地局申请宅地(宅地申请人必须亲自到公地所在的土地局履行登记、宣誓等手续),都需要一笔不菲的路费。例如,1867 年佛罗里达自由民局的报告就指出,从佛罗里达州的东部和西南部地区到佛罗里达州唯一的土地局——塔拉哈西土地局,至少需要花费 30 美元。③ 同样,路易斯安那州的宅地申请者要长途跋涉 100—200 英里到达位于新奥尔良的土地局,其路费也在 20—50 美元左右。④ 密西西比州的情况更为严重。由于自始至终只有一个土地局,州内申请者往往需要长途跋涉 200—400 公里,支付 30—50 美元的路费才能到达土地局。⑤ 笔者以为,从上述情况来推断,非公地州的居民向公地州的土地局申请宅地的路费显

---

① 〔印度〕加塔克与英格森特:《农业与经济发展》,吴伟东等译,华夏出版社 1987 年版,第 230—238 页。

② W.E.B.Du Bois,"Georgia Negroes and Their Fifty Millions of Savings",*World's Work*,Vol.XVIII (Spring 1909),pp.11,18,550.

③ C.F.Pope,"Southern Homesteads for Negro",p.205.

④ Claude F.Oubre,"'Forty Acres and a Mule':Louisiana and the Southern Homestead Act",p.148.

⑤ Michael L.Lanza,*Agrarianism and Reconstruction Politics:the Southern Homestead Act*,p.70.

然要更高。第二,除了申请宅地时的 5 美元土地登记费用以外,宅地申请者
还需要支付给各州土地局一笔土地调查费用。例如,这笔土地调查费用在
阿拉巴马州通常高达 40 美元。[1] 第三,黑人自由民在新的宅地上开垦还需
要购置农具、牲畜、肥料,建造新的房屋与栅栏,而南部的公地由于土壤相对
贫瘠、地貌特殊(林木覆盖),必然更会增加开垦农场所需的资本投入。兰
瑟姆的研究发现,黑人自由民在普通农场开垦时在第一个生产季节至少需
要花费 100 美元购买几件农具、种子、肥料和一头骡子。[2] 我们据此推断,
土壤贫瘠与地貌特殊的农场开垦显然需要更多的支出。第四,黑人宅地申
请者还必须解决第一个生产季节内,作物收获前自己及家人的衣食消费问
题,这也是一笔不小的开支。根据兰瑟姆与萨奇的估算,内战后南部农业劳
动者人均每年需要 15 蒲式耳玉米。[3] 每个 18 岁以上成年男性每月熏猪肉
消费量 15 磅,每个 18 岁以上成年女性每月需要 12 磅熏猪肉,每名 17 岁以
下的男性童工每月需要 12 磅熏猪肉。[4] 此外,如果每个家庭都有一头骡子
需要喂养的话,骡子每年通常会消耗 75 蒲式耳玉米。[5] 内战后南部农业劳
动者的家庭规模通常在 5—6 人之间。[6] 这样算下来,黑人申请者在第一个
生产季节收获前至少需要消费 150 蒲式耳玉米和 768 磅熏猪肉。我们以
1870 年密西西比州一家乡村商店的现金零售价格——玉米 0.75 元/蒲式
耳、熏猪肉 0.13 美元/磅为标准,[7]这样初步估算下来,一个普通的黑人申
请者家庭申请 80 英亩的宅地在第一个生产季节至少需要准备 200 美元以
上用于基本的口粮与饲料开支。如果再加上其他生活必需品的消费,这笔
支出显然会更高。

　　从上面的分析来看,虽然《南部宅地法》确立了免费获得公地的原则,

---

① Warren Hoffnagle, "The Southern Homestead Act: Its Origins and Operation", p.618.

② Roger L.Ransom, "Reconstructing Reconstruction: Options and Limitations to Federal Policies on Land Distribution in 1866-67", p.372.

③ 兰瑟姆与萨奇的估计是人均每年需要 10—20 蒲式耳玉米,这里我们取中间数 15 蒲式耳。
Roger L.Ransom and Richard Sutch, *One Kind of Freedom: the Economic Consequences of Emancipation*, p.159.

④ 这里我们根据的是内战后初期种植园主米阿尔与 21 个黑人自由民签订工资合同时提供的口粮标准。Roger L.Ransom and Richard Sutch, *One Kind of Freedom: the Economic Consequences of Emancipation*, pp.58-59.

⑤ United States Industrial Commission, *Report of the Industrial Commission on Agriculture and Agricultural Labor*, p.490.

⑥ Ransom and Richard Sutch, *One Kind of Freedom: the Economic Consequences of Emancipation*, p.219.

⑦ Robert Somers, *The Southern States Since the War, 1870-71*, p.241.

但是从申请宅地到连续耕种满 5 年获得土地产权证书,黑人申请者显然要支付一大笔费用。我们将这些投入称为农业生产的初始资本。由于内战后初期"黑人奴隶解放时实际上身无分文",因此,他们显然难以利用"南部宅地法"赋予的有利条件。而从内战后到 20 世纪上半叶,黑人自由民的极度贫困一直是南部的普遍现象,这就使得他们在 1867—1876 年的 9 年中同样由于难以支付申请并维系宅地所需的初始资本而不能利用《南部宅地法》赋予的有利条件。这一点我们可以从内战后南部黑人人均财产状况的数据统计中间接看出。兰瑟姆与萨奇的研究表明,在阿拉巴马、佐治亚、南卡罗来纳、密西西比、路易斯安那 5 个州,1869—1873 年农业人口人均农产品收入只有 39 美元,1889—1893 年增长到 52 美元,1902—1906 年增长到 57 美元。[1]希格斯与马戈对内战后南部黑人的财产累积状况的研究发现,甚至到了 1880 年,佐治亚州黑人人均财产仅为 8 美元,其中黑人人均拥有的农场地产、牲畜、农业工具的价值分别为 1.5 美元、2.1 美元、0.2 美元。[2] 1895 年阿肯色州黑人自由民人均个人财产仅为 29.96 美元。1890 年路易斯安那州与北卡罗来纳州黑人自由民人均个人财产只有 16.46 美元和 14.07 美元。[3] 从上述黑人自由民的收入与财产统计数据来看,内战后南部黑人自由民长期处于贫困之中,支付申请宅地所需的初始资本显然是极为困难的。

由于缺乏申请并经营宅地农场的初始资本,许多渴望获得土地的黑人自由民纷纷向自由民局、联邦政府、国会提出要求,希望能够在获得宅地的过程中得到它们的支持与帮助。例如,1867 年佛罗里达州杰克逊维尔地区的黑人自由民就向国会提出请求:"我们谦卑地请求你们这些高尚的机构为我们提供路费、口粮、建筑材料、帐篷、外科医生,以及土地调查员,这些东西将使我们能够获得美国的宅地,这样的立法将确保我们的诚实、勤劳与节俭……"[4]自由民局局长霍华德将军也认识到了这一问题。他在《南部宅地法》议案提出前写给国会的报告中就曾经指出,若想实现黑人自由民获得土地的目标,必须为黑人自由民提供交通、食物、住屋、以及农具。为此,在《南部宅地法》通过之后,他要求各州的自由民局为宅地申请者提供各种帮助。

①　Roger L.Ransom and Richard Sutch, *One Kind of Freedom: the Economic Consequences of Emancipation*, p.194.

②　Robert Higgs, "Accumulation of Property by Southern Blacks before World War I", p.730.

③　Robert A.Margo, "Accumulation of Property by Southern Blacks before World War I: Comment and Further Evidence", p.770.

④　Paul A.Cimbala and Randall M.Miller, *The Freedmen's Bureau and Reconstruction: Reconsiderations*, pp.80-81.

根据霍华德的命令,各州的自由民局大多为宅地申请者提供了一定的援助与救济。这些援助与救济主要包括:一个月的口粮,以及为非公地州的黑人申请者提供路费。其中,佛罗里达州自由民局为宅地申请者提供的帮助最大,从1868年2月到1868年6月期间,佛罗里达州自由民局向每个宅地申请者家庭提供了第一个生产季节期间每月的口粮。正是因为如此,佛罗里达州宅地申请者的人数,特别是黑人申请者的人数远远超过了其他公地州。[①]

虽然自由民局向黑人申请者提供了口粮与路费支持,但是这远远不能满足他们在开垦宅地过程中的生产与消费要求,而且随着自由民局在1869年1月前相继退出南部各州,这些微薄的援助与救济很快丧失。由于缺乏满足生产与消费的资金,大多数黑人申请者在其申请的宅地上很难维持生存。1867年1月南卡罗来纳州的400个黑人自由民家庭,在自由民局的资助下(提供路费与一个月的口粮),来到了他们位于佛罗里达州的宅地聚居地——新士麦拿(New Smyrna)。然而,由于缺乏食物,不到6个星期,大约750名黑人自由民就不得不离开新士麦拿聚居地,然后与附近的种植园主签订了劳动合同。根据佛罗里达州自由民局官员普尔曼的调查,这些新士麦拿的黑人申请者大多生活异常艰难:他们普遍缺乏房屋、食物和其他生活用品,许多人甚至依靠野生的植物根茎维持生存;他们大多缺乏农具,只有少数几个人拥有锄头和斧头,甚至"没有一个人拥有马、公牛或犁"。在这种情况下,很快又有成百上千的黑人自由民在种植园主提供的条件"诱惑"下,放弃了新士麦拿的宅地,最终留在新士麦拿聚居地的黑人自由民家庭只有38个,大约233人。[②]

从上面的例子,我们可以认识到,由于深陷贫困,缺乏农业生产的初始资本,黑人宅地申请者很难在土壤贫瘠、林木茂密的宅地上长期生存与从事正常的农业生产活动。而共和党人控制下的联邦政府虽然支持《南部宅地法》,但是在自由民局撤出南部之后,并没有为宅地申请者提供相应的借贷扶持。笔者以为,正是由于这一原因,虽然大多数黑人自由民极度渴望得到土地,但是面对《南部宅地法》提供的有利条件,他们并不愿意选择冒险,而是选择留在种植园中从事劳动。[③] 正如霍夫内格尔指出的,在这种情况下,

---

[①]　C.F.Pope,"Southern Homesteads for Negro",pp.204,206.

[②]　Warren Hoffnagle,"The Southern Homestead Act:Its Origins and Operation",pp.623-624.

[③]　这里需要指出的是,本书从这一角度论述内战后南部黑人自由民难以利用《南部宅地法》的有利条件申请宅地,并不否认南部根深蒂固的种族偏见及其他各种制度的影响。这些因素同样是《南部宅地法》失败的深层次原因,但是由于篇幅与主题的局限,本书未能对这些因素进行具体、深入考察。

"黑人自由民自然更加喜欢购买或租赁已经改良的土地,而不是花费一个季节的时间来开垦一块没有任何成功保证的处女地"。①

　　然而,另一个疑问又产生了。为什么内战后南部的黑人自由民在《南部宅地法》实施近10年的时间里未能积累起财富,而一直处于贫困状态呢? 这个问题看似与《南部宅地法》的关联并不大,却是最终认清内战后南部黑人自由民未能充分利用《南部宅地法》赋予机遇的关键所在,也是认清内战后美国南部农业现代化启动长期陷入困境的关键所在。笔者以为,乡村借贷制度与内战后美国南部大多数黑人农业劳动者长期深陷贫困存在密切的关系。对于这一问题,我们将在本书第三章进行深入分析。

---

①   Warren Hoffnagle, "The Southern Homestead Act: Its Origins and Operation", p.617.

第二章　内战后南部乡村借贷
制度的形成与发展

内战后美国南部种植园主与乡村商人将借贷制度作为控制与剥削南部农业劳动者的重要机制。正是由于借贷制度的剥削与控制，内战后美国南部大多数黑人与大批白人农业劳动者被迫长期深陷贫困与债务、长期作为分成农与租佃农被锁定在面积狭小的租佃农场，以及长期维系以棉花生产为主体的畸形单一种植结构，由此始终难以摆脱"更大规模种植棉花"与"陷入更深债务"的恶性循环，从而最终造成南部农业现代化启动长期陷入困境。内战后美国南部的乡村借贷制度经历了一个较为复杂的发展过程。本章将对内战后南部乡村借贷制度的形成与发展进行深入分析。

第一节　内战后初期南部乡村借贷制度的形成

内战结束后，随着分成制与租佃制的发展，黑人分成农与租佃农的借贷问题开始变得愈发突出。由于内战后初期大多数种植园主陷入严重的经济困难，因而难以向他们提供借贷。与此同时，内战前存在于南部的代理制度很难适应这一变化，逐渐走向衰落。正是在这一背景下，南部种植园地区很快出现了一个专门从事向黑人自由民提供小额短期借贷业务的乡村商人群体。在此基础上，南部形成了一种新的乡村借贷制度。

一、内战后南部代理制度的衰落

代理制度（factorage system）是内战前南部种植园主销售棉花与借贷资金的主要方式。内战前，南部的新奥尔良、查尔斯顿、萨凡纳等港口城市都存在着许多棉花代理商（cotton factor）。这些棉花代理商大多来自北方，特别是新英格兰地区。由于他们对欧洲以及纽约棉花市场的行情较为了解并与当地的棉花采购商关系密切，因而南部的种植园主通常委托他们代为出售棉花。[①]

---

① 例如，1835 年一位伦敦商人就告诉国会委员会，虽然一些种植园主继续直接将棉花运到利物浦销售，但是利物浦市场 3/4 的棉花都是由商人而不是种植园主运送的。Edward Baines, Jr., *History of the Cotton Manufacture in Great Britain*, London: H. Fisher, R. Fisher, and P. Jakson, 1835, p.317. in Harold D. Woodman, "King Cotton and His Retainers: A Study of Cotton Maketing in the South", Ph.D. dissertation, The University of Chicago, 1964, p.14.

通常的做法是，在棉花收获后，种植园主会将棉花运送至代理商所在的港口城市储存并由代理商代为保管，代理商则根据美国及欧洲棉花市场价格变动情况作出判断，选择最佳时机出售这些棉花，然后，从中获得一笔中介费用。①

除了代理棉花销售外，棉花代理商通常还从事为种植园主置办货物和提供资金借贷的业务。如果种植园主在生产季节遇到资金困难，难以购置各种生产与生活用品，以及新的土地与奴隶，种植园主大多向他的代理商提出借贷要求。种植园主通常用他的奴隶、地产，以及未来的棉花收成作为借贷抵押，并以此为依据向代理商提供本票（promissory note）。代理商则凭借自己与银行的良好关系与信誉，以这些本票（种植园主需要在本票的背面签字）作为抵押，从南部或东北部的银行获得贷款，然后，再将这些资金转贷给种植园主，或者利用这些资金购买种植园主所需的生产、生活用品，再将其借贷给种植园主。除此之外，有时财力雄厚的棉花代理商也会直接向种植园主提供贷款或借贷，但是这需要以种植园主的作物收成作为抵押。②根据斯通的研究，内战前南部种植园主以棉花作为借贷抵押的情况下，棉花的抵押价格通常很少超过10美元/包。③

内战前的南部种植园主大多拥有一个或多个较为固定的棉花代理商。种植园主与代理商之间保持着亲密的关系。这种关系既是商业性质的，有时也是私人性质的，通常维系于种植园主的一生。棉花代理商大多对自己多年主顾的信誉与经济实力充满信心，有时甚至并不要求种植园主在借贷时提供书面的保证。④佐治亚州奥古斯塔县（Augusta County）的棉花代理商安斯利（J.A.Ansley）描述了内战前南部种植园主与代理商之间的亲密关系，"多年以来，（种植园主与代理商）一直一起共事，代理商充分了解种植园主主顾的品德、名望与经济地位"。⑤

由于内战前南部港口城市的棉花代理商大多来自东北部，特别是新英

① Harold D.Woodman, "King Cotton and His Retainers: A Study of Cotton Maketing in the South", pp.57-58.

② Harold D.Woodman, "King Cotton and His Retainers: A Study of Cotton Maketing in the South", pp.41-44.

③ Alfred Holt Stone, "Cotton Factorage System of the Southern States", *The American Historical Review*, Vol.20, No.3（Apr 1915）, p.561. Roger L.Ransom and Richard Sutch, *One Kind of Freedom: the Economic Consequences of Emancipation*, p.107.

④ Harold D. Woodman, *New South? New Law: The Legal Foundations of Credit and Labor Relations in the Postbellum Agricultural South*, Baton Rouge: Louisiana State University Press, 1995, p.8.

⑤ Roger L.Ransom and Richard Sutch, *One Kind of Freedom: the Economic Consequences of Emancipation*, p.107.

格兰地区,因而他们与新英格兰地区的工业资本家与银行家保持着密切的联系。一方面,新英格兰地区的棉纺织工业家通常从棉花代理商手中购买棉花或者委托南部的棉花代理商购置棉花,另一方面,棉花代理商为了满足种植园主的借贷需求,常常会从新英格兰地区的工业资本家手中购置各种工业产品,或者向新英格兰地区的银行家贷款。[1] 在代理制度下,南部种植园主需要对代理商提供的代购、代销与借贷服务支付一定的费用。根据斯通与伍德曼的研究,内战前南部代理商为种植园主代购货物,通常会收取0.5%—2.5%的代购费,为种植园主销售棉花通常会收取2.5%的佣金,而为种植园主提供贷款或实物借贷服务则通常会收取8%—12%左右的利率。这些费用通常会从棉花销售的所得中扣除。[2]

内战期间,由于北方军队对南部棉花输出的封锁,南部的棉花代理商遭到沉重打击。内战结束后,随着种植园棉花生产的恢复,南部的代理制度在一定程度上得到恢复。[3] 然而,由于黑人奴隶的解放,以及内战后南部土地价值和棉花价格的剧烈下降,并且1865—1867年南部经历了严重的自然灾害,棉花代理商很难再依靠种植园主提供的土地与财产抵押和棉花收成抵押的本票从东北部或南部的银行获得贷款。[4] 因此,内战后初期,实行工资合同制的种植园主实际上很难从代理商手中获得足够的贷款来恢复生产。这也在一定程度上造成了种植园主的经济困难,导致了工资合同制的衰落。

随着种植园作为一个基本的生产组织单位开始解体,以及家庭生产为基础的分成制和租佃制农场的发展,南部的代理制度遭到更为沉重的打击。由于分成制与租佃制的出现,南部种植园带的棉花生产者由内战前的黑人奴隶变成黑人分成农或租佃农,南部主要借贷对象由种植园主变为种植园的黑人分成农与租佃农。由于这些黑人分成农与租佃农在生产季节普遍缺乏生产资料、口粮以及其他生活用品,因而他们迫切需要通过借贷来解决这些问题。然而,内战前主要为种植园主提供长期、大额借贷服务的棉花代理商很难向这些黑人分成农与租佃农提供借贷。这是因为,黑人分成农与租佃农的借贷往往借贷时间较短,数额较小,利润总量不高,再加上黑人分成

---

[1] Ralph W.Haskins,"Planter and Cotton Factor in the Old South:Some Areas of Friction",*Agricultural History*,Vol.29,No.1(Jan 1955),p.6.

[2] Alfred Holt Stone,"The Cotton Factorage System of the Southern States",p.561.Harold D.Woodman,"King Cotton and His Retainers:A Study of Cotton Maketing in the South",pp.57-60.

[3] Harold D.Woodman,"The Decline of Cotton Factorage after the Civil War",*The American Historical Review*,Vol.71,No.4(Jul 1966),pp.1219-1220.

[4] Matthew B.Hammond,"The Cotton Industry.An Essay in American Economic History:Part I.The Cotton Culture and the Cotton Trade",p.142.

农与租佃农普遍缺乏足够的财产抵押,因而经营风险较高。为了防止逃债与欺骗行为的出现,借贷人势必需要密切监督借债人。这对于生活在距离乡村遥远的港口城市的代理商们而言,显然是不可能的。同样,由于距离遥远,南部乡村的黑人分成农与租佃农通常也很难长途跋涉几百英里去港口城市的代理商那里获取借贷。①

正是在这一背景下,南部的代理制度开始走向衰落。南部种植园的黑人农业劳动者迫切地需要一种新的借贷制度使他们从本地或邻近地区的借贷人手中获得所需的小额短期借贷。与此同时,新的借贷制度也要求借贷人对借债人的经济状况、个人信誉、生产习惯、诚实程度、是否勤劳等个人信息非常了解。正是在这种情况下,一种由乡村商人经营的小额借贷业务开始在南部种植园带迅速发展,并很快取代了代理制度在种植园带的主导地位。

二、乡村商人的崛起

内战结束后初期,随着工资合同制的推广,南部的农业秩序趋于稳定。由于棉花价格处于较高的水平,而且棉花又是南部唯一具有绝对比较优势和唯一能够为种植园主带来大规模收益的经济作物,因此,种植园主们迫切希望恢复棉花生产。然而,缺少资金是种植园恢复棉花生产所面临的最大障碍。由于南部的种植园经济在内战期间遭到严重破坏,种植园主普遍缺乏足够的资金投入棉花生产,而奴隶的解放,以及内战后南部土地价值的剧烈下降,使得他们同样很难再依靠土地与奴隶财产的抵押,通过代理商从银行获得贷款。② 为了解决种植园主的"资金短缺"问题,进而恢复棉花生产,

---

① 根据1870年《卡罗来纳农夫》(*Rural Carolinian*)记载,当时农业劳动者最主要的交通工具——牛车和马车的行进速度分别只有20英里/天和25英里/天。*The Rural Carolinian*, Vol.1(Jan 1870), p.208.in Roger L.Ransom and Richard Sutch, *One Kind of Freedom:the Economic Consequences of Emancipation*, p.389.Note.21.

② 据统计,由于黑人奴隶的解放与战争的破坏,内战后的南部种植园总共损失了大约50亿美元。其中,奴隶解放造成的损失最大。根据经济史学家兰瑟姆与萨奇的估计,1859年奴隶资本占主要植棉州财富的44%,而不动产(土地与建筑)只占有25%。除此之外,内战还造成了南部土地价值的剧烈下降,据统计,内战后南部各州的土地价值下降了55%—70%左右。Roger L.Ransom and Richard Sutch, "Capitalists Without Capital:The Burden of Slavery and the Impact of Emancipation", *Agricultural History*, Vol.62, No.3(Summer 1988), pp.138–139.Roger L.Ransom and Richard Sutch, *One Kind of Freedom:the Economic Consequences of Emancipation*, p.51.1860年南部10个州(除得克萨斯以外)的土地不动产价值是1,478,947,832美元,1870年下降到764,121,662美元,下降幅度高达48%,其中路易斯安那州土地与不动产价值下降的规模最大,高达67%。在这种情况下,南部的种植园主很难继续凭借土地抵押从代理商手中获得借贷。Matthew B.Hammond, "The Cotton Industry:An Essay in American Economic History:Part I.The Cotton Culture and the Cotton Trade", p.127.

1866—1867 年"总统重建"时期的南部各州议会纷纷通过了作物留置权法以帮助种植园主解决资金问题。这一法律规定,任何人在向农场主提供农业生产所需的生产工具、口粮、生产资料、农具等日用必需品,都可以获得作物收成的留置权(lien)。作物留置权法的初衷是为了鼓励南部的代理商与商人向种植园主提供借贷,以恢复种植园的棉花生产。然而,由于棉花价格的下降、土地价值的贬值,1866—1867 年南部出现了较为严重的自然灾害等因素,这一法律对种植园主解决借贷问题的帮助并不大,[1]反而由于相关法律条款对作物留置权问题界定不清楚,造成了许多严重的问题。[2]

随着种植园作为一个独立的生产组织单位开始解体,以及家庭生产为基础的分成制与租佃制农场的发展,黑人分成农与租佃农的借贷问题开始变得愈发突出。由于这些黑人农场主的借贷时间短,规模较小,并且缺乏财产抵押,因而风险较高,再加上"代理商们已经习惯于向大种植园主提供贷款,并向其收取固定的利率",[3]这使得南部的代理制度很难适应种植园农地制度的变化。正是在这一背景下,南部种植园带出现了一个专门从事小额短期借贷业务的乡村商人群体。这些乡村商人大多选择在乡村或距离乡村较近的城镇、交叉路口开设乡村商店(country store),以此开展针对黑人农业劳动者的借贷业务。

虽然 1866—1867 年南部的"作物留置权法"并没有解决种植园主的借贷问题,但是却在很大程度上推动了乡村商人的小额借贷业务的发展。这是因为 1866—1867 年南部各州的作物留置权法通常规定,任何人向农场主提供借贷都可以获得作物收成的留置权,这使得乡村商人在向黑人农业劳动者提供小额借贷时可以合法获得他们未来的作物收成作为借贷抵押,从而在很大程度上减少了借贷的风险。

乡村商人与乡村商店并不是内战后才出现的,实际上早在内战前就已经存在于南部的种植园带。然而,内战前的乡村商人与乡村商店不仅数量极少,而且大多处于种植园带的边缘地带,对于南部农业发展的影响微乎其微。虽然内战前的种植园主有时会从邻近的乡村商店购买商品,但是通常数量很少。内战前的种植园主大多通过代理商购买各种商品。内战前南部

---

[1]　F.W.Loring and C.F.Atkinson, *Cotton Culture and the South : Considered with Reference to Emigration*, Boston : A.Williams, 1869, p.58.

[2]　关于这一问题的分析,详见本章第二节"二、种植园主—乡村商人的利益冲突与作物留置权法"部分。

[3]　Matthew B.Hammond, "The Cotton Industry : An Essay in American Economic History : Part I.The Cotton Culture and the Cotton Trade", p.146.

乡村商店的主顾主要是种植园周边为数极少的白人小农场主。①

乡村商人与乡村商店数量大规模的增长发生在内战后。据统计,1860年南部的乡村商店的数量只有43,000个,1870年迅速增长到73,000个,1880年则增长到92,000个。② 韦纳对阿拉巴马州的统计发现,1860—1870年黑人带的乡村商人数量一度从136人增长到247人,增长了70%,每10,000名居民拥有乡村商人的数量则增长了50%。与此同时,乡村商人的经济实力也开始迅速膨胀。1860年乡村商人拥有的不动产价值仅为种植园主的3.5%,1870年则迅速增长到12%。③

内战后初期,南部种植园带出现的乡村商人成分比较复杂,有些是来自东北部的投机者、退伍士兵、犹太人,但绝大多数乡村商人都来自南部本地的州县。以密西西比州兰金县(Rankin County)为例,1866—1870年共有22个乡村商人开展业务,其中19个人都是本地人,只有3个人是外来移民。④ 这些乡村商人大多与南部或东北部的银行,以及来自东北部的代理商、批发商存在直接或间接的联系。生活在同时代的研究者奥肯在1880年就曾经指出,"这些年来,大多数借贷商人都靠借来的资金经营。代理商们通常会在生产季节向乡村与城镇的商人提供资金并收取8%的利息"。⑤ 然而,随着代理制度的衰落,银行和批发商逐渐成为乡村商人最大的资金来源。乡村商人通常首先从东北部或南部的银行获得贷款,再利用这些贷款从南部大城市中的批发商手中购置各种商品,然后在乡村商店中以借贷的方式出售给黑人农业劳动者,或者以借贷的方式从批发商手中获得各种产品,然后再以预支借贷的方式出售给种植园的黑人农业劳动者。与内战以前不同的是,由于内战后初期,种植园主遭遇严重的经济困难,南部大城市的批发商大多非常重视与乡村商人建立密切的业务关系。为了推销自己的产品,这些批发商经常会利用各种优惠手段来吸引订货的乡村商人。例如,弗吉尼亚州林奇堡(Lynchburg)的批发商们就在报纸上登出广告,对那些购

① Thomas D.Clark, *Pills, Petticoats, and Plows: the Southern Country Store*, Norman: University of Oklahoma Press, 1964, p.18.

② Michael Schwartz, *Radical Protest and Social Structure: The Southern Farmers' Alliance and Cotton Tenancy, 1880-1890*, p.58.

③ Jonathan M.Wiener, *Social Origins of the New South: Alabama, 1860-1885*, pp.115,112.

④ Roger L.Ransom and Richard Sutch, *One Kind of Freedom: the Economic Consequences of Emancipation*, p.120.

⑤ Charles H.Otken, *The Ills of the South or, Related Causes Hostile to the General Prosperity of the Southern People*, New York: G.P.Putnam's Sons, 1894, p.80.美国加州大学尔湾分校兰森图书馆(Langson Library)馆藏微缩胶卷。

买 1000 美元以上的乡村商人提供免费的往返火车票。除此之外,批发商们通常还会组织乡村商人到批发商行进行参观,以便于他们直接从商行购买商品。①

　　由于内战后南部缺乏资金,南部的批发商、代理商,以及银行通常会从东北部的银行获得资金。亨特(Robert Lee Hunt)指出了东北部资本与南部乡村商人之间的复杂关系。乡村商人"常常将自己与一些大规模的批发代理商联系在一起,这些批发代理商会交付商人的订货,满足他对不同商品的需要。……农场主常常盲目地从商人那里购买商品,而商人同样又从批发商那里购买商品"。"银行对批发商予以支持,当农场主手中的棉花进行轧棉后,农场主们除了出售棉花支付零售商的债务以外别无选择,而零售商又会向批发商支付债务,而批发商又不得不向银行偿还债务"。② 佐治亚州霍金斯维尔县(Hawkinsville County)的一位种植园主——商人洛夫乔伊(P.H. Lovejoy)在国会举行的调查听证会上接受众议员利文斯顿调查的证言同样证明了这一点:③

　　　　利文斯顿:你经营着一家杂货店吗?

　　　　洛夫乔伊:是的。

　　　　利文斯顿:你出售纺织品(dry goods)、食品和普通的日用必需品?

　　　　洛夫乔伊:一切东西,从缝衣针到两匹马拉的马车。

　　　　……

　　　　利文斯顿:你从哪里获得出售给棉花种植者的熏猪肉、玉米和其他日用必需品?

　　　　洛夫乔伊:我们从(中)西部购买这些东西——通过国内的中间人购买。

　　　　……

　　　　利文斯顿:农场主们通常并不借钱?

　　　　洛夫乔伊:不是的。

　　　　利文斯顿:他们(农场主)怎样得到日用必需品?

　　　　洛夫乔伊:通过商人。

---

① Thomas D.Clark, *Pills*, *Petticoats*, *and Plows*: *The Southern Country Store*, pp.12-14.

② Michael Schwartz, *Radical Protest and Social Structure*: *The Southern Farmers' Alliance and Cotton Tenancy*, *1880-1890*, pp.44-45.

③ United States Industrial Commission, *Report of the Industrial Commission on Agriculture and Agricultural Labor*, pp.77-78.

利文斯顿:那商人呢?

洛夫乔伊:通过银行。

利文斯顿:那地方的银行从哪里获得他们的资金呢?

洛夫乔伊:纽约。

　　另一位来自南卡罗来纳州的种植园主—商人尤曼斯(L.W.Youmans)在国会举行的听证会上也指出,南部的乡村商人是农场主借贷的主要来源,而乡村商人则主要"在北方借款"。①

三、乡村商人借贷业务的经营方式与剥削机制

　　种植园的黑人农业劳动者通常在每年的生产季节之初到乡村商人开设的乡村商店获得借贷。这些乡村商店大多位于乡村或距离乡村较近的城镇、交叉路口。根据兰瑟姆与萨奇的研究,这些乡村商店规模并不大,年平均商品销售总额通常在5600美元以下。每个乡村商店通常服务于70个以上的农场。② 根据乡村商人与借债人的协商,乡村商人通常会向借债人发放一张代表一定现金价值的"兑换券"(scrip)。借债人使用兑换券,在乡村商人开设的乡村商店根据商品的借贷价格预支各种日用必需品,包括食物(玉米、面粉、蜂蜜、熏猪肉等)、蔬菜、衣服、生活用品、农具、化肥、饲料、种子等生产与生活必需品。③ 此外,有时牲畜也可以作为预支品,偶尔还包括咖啡、烟草等奢侈品。④ 乡村商人通常规定借债人从乡村商店购买日用必需品采取分期限额预支的方式。例如,粮食通常采取每月一次、两次或四次预支的形式。⑤ 借债人的预支记录通常由乡村商人记在专门的账簿上,并在作物收获后与借债人结算账目。

　　具体说来,内战后南部乡村商人借贷业务的经营方式与剥削机制主要存在以下几个特点:

---

① United States Industrial Commission,*Report of the Industrial Commission on Agriculture and Agricultural Labor*,p.120.

② Roger L.Ransom and Richard Sutch,*One Kind of Freedom:the Economic Consequences of Emancipation*,p.137.

③ Harold D.Woodman,*New South? New Law:The Legal Foundations of Credit and Labor Relations in the Postbellum Agricultural South*,p.88.

④ 关于乡村商店借贷商品的种类,详见 Glenn N.Sisk,"Rural Merchandising in the Alabama Black Belt,1875–1917",p.712.

⑤ C.O.Brannen,*Relation of Land Tenure to Plantation Organization,with Development since 1920*,p.62.

1. 借贷的期限较短,通常只有 6 个月,一般从耕种时节(3 月份)持续到收获季节(9 月份)。[①] 由于南部的气候比较特殊,种植棉花需要在 3 月份耕种,9 月份左右才能收获,因此,在 3—9 月,棉花种植者通常并不能获得棉花销售的现金收入。在此之间,他们和家庭成员需要大量食物、日用必需品,以及饲料、肥料等生产与生活用品。内战结束后初期,乡村商人正是利用了这一点,垄断了这种向黑人农业劳动者提供短期小额借贷的业务。

2. 借贷的规模较小。根据西斯克的估计,每头骡子的借贷价格是 40 美元,每个租佃农家庭的借贷总额在 40—800 美元之间,其中绝大多数租佃农年度借贷总额维持在 250 美元左右。[②]

3. 借贷采取实物预支的方式。乡村商人通常并不向借债人提供现金贷款,而是向其发放一张面额相当于一定现金数额的预支凭证。借债人可以凭借这张凭证在乡村商人开设的乡村商店根据商品的借贷价格预支各种商品。

4. 复杂的价格体制。乡村商人在向黑人农业劳动者出售商品的时候,通常标注两种价格:现金价格(cash price)与借贷价格(credit price)。现金价格是顾客在乡村商店购买商品时,如果以现金支付可以享受的零售价格。借贷价格是顾客以预支的方式从乡村商店购买商品时,需要向商人支付的零售价格。借贷价格通常大大高于现金价格。由于黑人农场主在生产季节大多缺乏现金,而他们从乡村商人处所获得的借贷并不是现金贷款而是代表一定现金数额的购买凭证,因此,在这种情况下,他们大多只能选择预支的方式,并在作物收获后,根据高额的借贷价格向商人偿还借贷。[③] 这种情况在内战后南部的乡村商店中极为普遍。例如,1874 年 6 月,阿拉巴马州的一个乡村商店奥利弗—平克斯顿商行(Firm of Oliver and Pinkston)月度现金销售总额只有 21.35 美元,而借贷销售的总额却高达 1191.46 美元。[④] 奥肯记录的农场主海伍德(Haywood)与乡村商人卡珀顿(James Carperton)之间的对话清晰地显示了乡村商人借贷业务中的双重价格机制。卡珀顿宣

---

① C.O.Brannen,*Relation of Land Tenure to Plantation Organization*,*with Development since 1920*, p.62.Matthew B.Hammond,"The Cotton Industry:An Essay in American Economic History:Part I.The Cotton Culture and the Cotton Trade",p.154.

② Glenn N.Sisk,"Rural Merchandising in the Alabama Black Belt,1875–1917",p.707.

③ Roger L.Ransom and Richard Sutch,*One Kind of Freedom:the Economic Consequences of Emancipation*,p.123.

④ Glenn N.Sisk,"Rural Merchandising in the Alabama Black Belt,1875–1917",p.710.

称他的乡村商店存在现金价格与借贷价格两种支付方式，二者之间的差价在 1/4。然而，在海伍德的追问下，卡珀顿最终承认二者的实际差价是 1/3。① 在实际生活中，现金价格与借贷价格的水平根据借贷的时间、地点而有所不同。例如，在佐治亚州低地的海岛植棉地区，在生产季节的不同月份，乡村商店同一种商品的现金价格与借贷价格也会发生变动。例如，1870年 3 月 1 日面粉的现金价格是 3 美元/桶，借贷价格是 4 美元/桶，6 月 1 日，借贷价格下降为 3.75 美元/桶，7 月 1 日下降为 3.50 美元/桶，8 月 1 日又下降为 3 美元/桶。其他所有的商品如果能够在 30 天内付款都可以享受现金价格的优惠。而在其他地区，例如，阿拉巴马的中部与密西西比的植棉区，乡村商店的现金价格与借贷价格从生产季节直到作物收获季节始终保持不变。② 萨默斯在密西西比州南部发现一位名叫所罗门（Solomon）的犹太乡村商人的现金价格与借贷价格的差价高达 100%。其中，粗玉米粉的现金价格 0.75 美元/蒲式耳，借贷价格 1.50 美元/蒲式耳；猪肉的现金价格 0.13 美元/磅，借贷价格是 0.25 美元/磅；蜂蜜的现金价格是 0.50 美元/加仑，借贷价格是 1.00 美元/加仑。③

5. 较低的借贷利率。除了以借贷价格预支商品外，乡村商人通常还会对借贷收取固定比重的借贷利率。通常情况下，借贷利率并不太高，一般维持在各州法律规定的 6%—11% 之间。④

6. 借贷通常采用作物留置权体制的形式。为了充分减少借贷业务的风险，乡村商人通常采用作物留置权体制。根据 1880 年联邦人口普查局对南部棉花生产的调查报告，所谓的"留置权实际上就是一种代表具体数额债务的债券，通常由农场主直接交给乡村商店的店主，并承诺以正在种植的作物作为担保与抵押"。根据这个债务的凭证，"农场主在生产季节可以不时收到他和店主共同商定的各种日用必需品"。⑤ 通常情况下，南部的乡村商人会要求借债人种植固定数量的棉花作为借贷的抵押。这是因为棉花是内战后南部唯一具有绝对比较优势，也是唯一可以带来大规模现

① Charles H.Otken, *The Ills of the South or*, *Related Causes Hostile to the General Prosperity of the Southern People*, p.85.
② Matthew B.Hammond, "The Cotton Industry:An Essay in American Economic History:Part I.The Cotton Culture and the Cotton Trade", pp.154-155.
③ Robert Somers, *The Southern States Since the War*, *1870-71*, p.241.
④ ［美］理查德·富兰克林·本塞尔：《美国工业化的政治经济学 1877—1900》，吴亮等译，长春出版社 2008 年版，第 33 页。
⑤ U.S.Bureau of the Census, *Report on Cotton Production in the United States*, *Part II*, Washington, DC:Government Printing Office, 1884, p.520.

金收入的经济作物。棉花与玉米是内战前后南部最主要的两种作物。然而,由于国内市场与国际市场对南部玉米的需求并不大,再加上农业生产技术落后,南部的玉米生产很难在价格和成本方面与中西部竞争,因而很难实现大规模的经济收益。南部的棉花生产较之中西部、西部和东北部则具有明显的比较优势,而且由于国内与国际市场的需求稳定,南部的棉花早在内战前就已经形成了稳定、成熟的对外销售市场。此外,如果以玉米等粮食作物作为借贷抵押,就有可能造成借债人将全部土地用于粮食作物生产,有可能在偿还债务后实现粮食消费的自给,从而使得他们不必以借贷的方式从乡村商人那里获得粮食作物。正因为如此,乡村商人在提供借贷的时候大多会要求借债的农业劳动者将大部分耕地用于种植棉花。而一旦当这些农业劳动者"发现自己生产玉米、熏猪肉、干草、牲畜的好处时,他就会被告知,减少棉花种植规模就会减少他的借贷"。[1] 当然,乡村商人的经营策略并非是一成不变的。在棉花价格特别低的年份,除了棉花作物之外,乡村商人往往会要求借债人将其他的作物,如玉米,甚至全部作物作为借贷抵押。如果乡村商人认为这些作物在价值上不能与他提供的借贷相抵,他甚至会要求借债人用个人财产作为附属抵押。这些财产包括土地、牲畜、生产工具、家具等。[2]

乡村商人的借贷抵押记录与作物留置权记录通常保存在地方法庭书记员的办公室。这使得乡村商人可以采取法律措施对付借债人的欺诈行为。"根据留置权持有人(商人)的陈述:如果他认为借债人打算逃避债务的话,法庭的书记员就会命令县治安官扣押(借债人的)作物,并出售所有作物,或出售足以抵偿债务(附带成本)的作物,并将收益用于支付债务"。[3]

7.控制借债人的棉花销售。由于乡村商人的借贷通常采用作物留置权体制,要求借债人种植棉花作为借贷抵押。在棉花收获后,乡村商人在与借债人结算帐目时,由于借债人依然缺乏现金偿还借贷,因此,他们通常会用收获的棉花来偿还债务。由于棉花收获季节棉花价格通常较低,再加上乡村商人故意压低价格,因此,在此过程中,乡村商人实际上控制了借债人的棉花销售。

8.隐蔽的剥削方式。乡村商人的借贷业务中的借贷利率与借贷价格机

---

[1] Charles H.Otken,*The Ills of the South or,Related Causes Hostile to the General Prosperity of the Southern People*,p.57.

[2] Glenn N.Sisk,"Rural Merchandising in the Alabama Black Belt,1875–1917",p.708.

[3] U.S.Bureau of the Census,*Report on Cotton Production in the United States*,Part II,p.520.

制背后隐藏着极为巧妙的剥削方式。一方面,乡村商人的借贷通常分期按月拨付,而借贷的时间(我们以 6 个月为例)与利息率(按借贷总额的固定百分比征收)则是相对固定的,因此,借债人只有第一个月的借贷使用时间为全部借贷时间(6 个月),其后每个月的借贷使用时间分别为 5 个月、4 个月、3 个月、2 个月、1 个月,但是这些借贷同样要按照 6 个月的利率水平支付利息。乡村商人这样做不仅有助于减少借债人的坏账带来的风险,还可以大大缓解经济压力,使自己能有足够的时间筹集资金,或者暂时将多余的资金存入银行,从而获得更多的收益。另一方面,乡村商人在向借债人提供预支凭证时,往往还要首先根据借贷利率扣除其中的利息,然后再要求借债人按照借贷价格购买商品。这样,借贷人实际获得的借贷数额(以现金衡量)进一步缩小。这一点我们可以通过下面的简单计算看出。例如,我们假设一位乡村商人同意向一位借债人提供面额为 200 美元的预支凭证,期限为 6 个月,利率为 8%,那么实际上在扣除利息后,乡村商人的实际借贷额只有 184 美元。接下来,乡村商人会要求借债人使用 184 美元的额度(按 6 个月分期拨付)按照借贷价格购买日用必需品。如果乡村商店的商品借贷价格与现金价格差异为 25%,那么,实际上借贷人获得 200 美元的实物借贷购买力只相当于 138 美元的现金贷款,支付隐含利息 62 美元。由此可以计算出借债人 6 个月借贷的实际隐含利率是 45%,而实际隐含年借贷利率则为 90%。①

9. 复杂的账目。乡村商人的借贷账目极其复杂,通常由日记账、日志账、分类账、发票簿等不同的账目构成,而且这一系列账目记录中又要划分出化肥、棉花、种子等类型的子账目。除此之外,乡村商人在账目和商品标签上还会使用特殊的符号代表价格。例如,“Baltimore”,“Comb Basket”,“Prudential”,“Cumberland”等十位数的英文字母,或者希腊字母的前十位作为价格符号。密西西比州路易斯维尔县(Louisville County)的乡村商人麦格劳(J.D.McGraw)的乡村商店就使用 XΦΘΛΛϟZ∠ΛV 的价格符号表示 14.00 美元。② 这种复杂的记账程序使得教育水平低的借债人,特别是黑人借债人,通常很难理解账目,以至于“他们没有办法知道是否商人诚实地持有这些账簿”。③ 正如奥肯所指出的,“在这种制度下,那些购买日用必需品的人都不能说出直到作物收获时为止,他们在这一年买了多少钱

① 计算方法为:实际隐含年借贷利率=隐含利息/实际现金贷款 * 2

② Thomas D.Clark, *Pills, Petticoats, and Plows: The Southern Country Store*, p.275.

③ Thomas D.Clark, “The Furnishing and Supply System in Southern Agriculture since 1865”, *The Journal of Southern History*, Vol.12, No.1(Feb 1946), p.26.

的东西"。①

10. 严格的监督。为了保证借贷的安全,乡村商人通常会对借债人的生产进行监督。由于借贷商人大多居住在乡村,或距离乡村较近的城镇,这使得他们能够相对容易地对借债人的品行、信誉、经济状况进行充分考察,并随时对借债人的生产活动进行监督。一位密西西比的商人在接受萨默斯的询问时,回答说,"……我有三匹配有马鞍的马,我的那匹马是这个乡村中最好的马;当周日到来时,我对店员们说,'你走这条路,你走那条路,'我走另外一条路,我们看看他们工作进行得怎么样;如果黑鬼们什么也没做的话,那么我们就把他们所有人……关在商店大门外面"。②

11. 借贷业务的地域垄断。由于内战后初期南部交通极为不便,再加上南部面积广阔,商人的乡村商店大多分布较为分散。兰瑟姆与萨奇对 1870 年南部 290 家乡村商店的抽样调查发现,这些商店位于 110 个不同地点。其中 51.8% 的地点只有 1 家乡村商店,15.5% 的地点有 2 家商店,32.7% 的地点有 3 家或 3 家以上的商店。③ 除此之外,不同地点之间的乡村商店距离通常较远。例如,1870 年南部 14 个州共有乡村商店 73,000 个,④由于南部 14 个州总面积 904,922 平方英里,这样计算下来,实际上将近平均 12.4 平方英里(相当于 32.1 平方千米)才有一家乡村商店。由此我们可以估算最近的两家乡村商店平均距离在 5 英里(相当于 8 千米)。如果考虑到乡村商店大多位于乡村或者距离乡村较近的城镇而不是大城市,那么这一距离显然要更远。在这种情况下,从借债人方面而言,借债人如果需要比较两家乡村商店的价格,每次至少需要往返十几英里。这通常会耗费他一天的时间。而借债人每个月数次往返 5 英里以外的乡村商店获取乡村商人分期提供的预支显然也是不现实的。从乡村商人方面而言,乡村商人通常并不愿意向距离自己较远的黑人自由民提供借贷,这是因为他对距离较远的借债人的相关信息了解不充分,这样做对借债人监督的成本显然要更高,呆账与坏账出现的机率显然要更大。

① Charles H.Otken,*The Ills of the South or*,*Related Causes Hostile to the General Prosperity of the Southern People*,p.17.

② Robert Somers,*The Southern States Since the War*,*1870-71*,pp.241-242.

③ Roger L.Ransom and Richard Sutch,*One Kind of Freedom*:*the Economic Consequences of Emancipation*,p.141.

④ Michael Schwartz,*Radical Protest and Social Structure*:*The Southern Farmers' Alliance and Cotton Tenancy*,*1880-1890*,p.58.

四、关于内战后南部金融体系的分析

通常而言,农业劳动者获得借贷的途径应该有三种方式:借贷商人、土地所有者与银行。然而,内战后美国南部的农业劳动者(包括种植园带的黑人农业劳动者和内地与山区的白人约曼自耕农获得借贷的主要途径却只有乡村商人和种植园主。特别是在内战后初期,由于种植园主深陷经济困境,乡村商人垄断了向种植园带黑人农业劳动者提供借贷的业务。那么,为什么内战后南部的银行并没有满足这些农业劳动者的小额借贷需求,成为南部农业劳动者借贷的主要提供者呢? 南部的银行在南部乡村借贷制度中究竟扮演了一个怎样的角色呢? 这里,我们有必要来分析一下内战后南部的金融体制。

内战期间,南部的银行业遭到严重破坏,银行数量大大减少。例如,田纳西州的孟菲斯与诺克斯维尔的州立银行就在战争中被全部摧毁。南卡罗来纳州在战争结束时甚至没有一家州立银行能够继续经营。[①]这种情况在很大程度上造成了南部的"资金短缺"以及代理制度的衰落。然而,内战结束后,南部金融业的恢复却遭到内战前后联邦政府一系列金融政策与法规的深刻影响。虽然这些金融政策与法规的设置并非完全针对南部,但是却在很大程度上加剧了南部的"资金短缺"现象。这些金融法规与政策主要包括:1864 年 6 月 3 日通过的新的《国民银行法》(*National Bank Act*)与1865 年通过的对非国民银行发行货币征收 10%税率的法案。

1863 年 2 月 25 日,为了统一货币发行,美国国会通过了《国民银行法》,宣布建立由国家颁布许可证的国民银行(National Bank),试图以此建立一个新的国民银行体系。在此之前,由于全国 1466 家银行都是州立银行(State-chaptered bank),这样,《国民银行法》使得美国的商业银行最终出现了国民银行与州立银行并存的双轨(银行)注册机制(dual chartering system)。[②] 然而,联邦政府建立国民银行体系的目标遭受了严重打击。大多数银行并不愿意放弃州许可证,在未曾实行过的联邦许可证下经营。到1863 年 10 月,美国只建立了 63 家国民银行,其中绝大部分属于新建立的

---

①　Theodore Saloutos,"Southern Agriculture and the Problems of Readjustment:1865-1877",*Agricultural History*,Vol.30,No.2(Apr 1956) ,p.63.

②　Mark Furletti,"The Debate Over the National Bank Act and the Preemption of State Efforts to Regulate Credit Cards",p.3.http://www.philadelphiafed.org/payment-cards-center/publications/discussion-papers/ 2004/ National Bank Act_032004.pdf　01/09/2009

银行。63 家国民银行钞票流通量不到 400 万美元,而州立银行钞票流通量则约为 2.39 亿美元。①

为了增强国民银行的竞争力,1864 年 6 月共和党控制下的国会通过了新的《国民银行法》。这一法律对内战后南部银行业的发展造成了严重的阻碍。

首先,根据 1864 年的《国民银行法》规定,新的国民银行建立必须拥有至少 50,000 美元的注册资本(paid-in capital)才能获得联邦政府颁发的授权证书。这一规定对于经济发展迅速的中西部、西部与东北各州影响并不大,而对于内战后南部各州的影响却非常大。由于内战后南部经济遭到严重破坏,资金缺乏,因而筹集 50,000 美元的注册资本相对而言是比较困难的。② 这项规定直到 1900 年国会通过《金本位法》将国民银行的最低注册资本削减到 25,000 美元才被废除。③

其次,1864 年的《国民银行法》禁止国民银行从事土地抵押借贷业务,这对南部种植园主的影响也是巨大的。由于奴隶的解放,土地成为内战后南部种植园主的主要财产,因而,这一规定使得南部的国民银行在向种植园主和其他土地所有者提供贷款时很难获得足够的贷款抵押,从而大大增加了国民银行提供贷款的风险。在这种情况下,种植园主和其他农场主通常较难从南部的国民银行获得贷款。这项规定直到 1913 年才被废除。

1864 年的《国民银行法》在很大程度上阻碍了国民银行在南部的发展。据统计,1865 年底,南部的佐治亚、阿拉巴马、南卡罗来纳、密西西比、路易斯安那 5 个州仅有 20 家国民银行,1869 年只剩下 5 家在继续营业。④ 1895 年南部 10 个棉花州只有 417 家国民银行,其中 214 家集中在得克萨斯。⑤

除了 1864 年的《国民银行法》之外,1865 年 3 月 3 日国会还通过了一

---

① [美]杰里米·阿塔克,彼得·帕塞尔:《新美国经济史——从殖民地时期到 1940 年》(下),罗涛等译,中国社会科学出版社 2000 年版,第 494 页。

② Roger L.Ransom and Richard Sutch, *One Kind of Freedom:the Economic Consequences of Emancipation*, p.110.

③ [美]杰里米·阿塔克,彼得·帕塞尔:《新美国经济史——从殖民地时期到 1940 年》(下),第 497—498 页。

④ Roger L.Ransom and Richard Sutch, *One Kind of Freedom:the Economic Consequences of Emancipation*, p.110.

⑤ Matthew B.Hammond, "The Cotton Industry:An Essay in American Economic History:Part I.The Cotton Culture and the Cotton Trade", p.160.

项法令。这项法令规定,所有发行货币的非国民银行都必须缴纳 10% 的货币发行税。① 这项法令的本意是为了统一与规范全国的货币发行和增强国民银行对州立银行的竞争力,然而,却对内战后南部州立银行的发展造成严重阻碍。

首先,10% 的货币发行税大大增加了南部州立银行发行货币的成本,从而使得这些银行不得不减少货币发行量,甚至退出货币发行业务,这在很大程度上削减了南部"货币流通与借贷的重要来源,恶化了'资金短缺'现象"。②

其次,这一法令极大限制了南部州立银行的规模与数量。据统计,1868年南部佐治亚、阿拉巴马、南卡罗来纳、密西西比、路易斯安那 5 个州只有14 家州立银行,10 家位于路易斯安那州的新奥尔良,2 家阿拉巴马州的莫比尔,2 家位于密西西比州。③ 虽然 1870—1890 年南部州立银行的数量有所增长,但是由于 10% 的货币发行税的限制,南部银行的资产规模通常较小。例如,1860 年南部佐治亚、阿拉巴马、南卡罗来纳、密西西比、路易斯安那 5 个州平均每家银行的固定资产规模为 2,232,000 美元,1890 年却只有734,000 美元,而同一时期南部以外各州每家银行的平均固定资产规模却从 585,000 美元增长到 930,000 美元。④

内战后南部银行业发展的滞缓,我们也可以从南部银行的人口密度数据中看出。据统计,1880 年南部银行的人口密度是平均每 22,603 人拥有一家银行,与此同时新英格兰地区的 6 个州是每 3699 人拥有一家银行,中西部是每 6906 人拥有一家银行,远西部是每 5452 人拥有一家银行。⑤ 1895 年整个美国银行的密度是每 16,600 人拥有一家银行,而南部(除得克萨斯之外)的银行密度则下降到每 58,130 人拥有一家银行。⑥ 除此之外,从人均拥有银行资本的数据比较来看,南部银行业发展的滞后同样非常明显。例如,19 世纪 90 年代,南部的密西西比州、阿肯色州、北卡罗来

① 关于这一法令具体规定详见: *Statutes at Large*, Vol. 13, p. 484. http://memory. loc. gov/ammem/amlaw/lwsllink.html 01/16/2009
② Theodore Saloutos, "Southern Agriculture and the Problems of Readjustment:1865-1877", p.63.
③ Roger L.Ransom and Richard Sutch, *One Kind of Freedom:the Economic Consequences of Emancipation*, p.110.
④ Roger L.Ransom and Richard Sutch, *One Kind of Freedom:the Economic Consequences of Emancipation*, pp.113-114.
⑤ Theodore Saloutos, "Southern Agriculture and the Problems of Readjustment:1865-1877", p.66.
⑥ Matthew B.Hammond, "The Cotton Industry:An Essay in American Economic History:Part I.The Cotton Culture and the Cotton Trade", p.160.

纳州、南卡罗来纳州、佐治亚州、西弗吉尼亚州、阿拉巴马州、佛罗里达州、弗吉尼亚州人均拥有银行资本数量分别为 1.30 美元、1.94 美元、2.41 美元、3.21 美元、3.27 美元、3.46 美元、3.89 美元、3.93 美元、4.18 美元;与此同时,东北部的罗德岛州、马萨诸塞州、蒙大拿州、康涅狄格州、佛蒙特州、科罗拉多州、怀俄明州、纽约州、华盛顿州、缅因州人均拥有银行资本数量分别为 76.92 美元、60.74 美元、52.30 美元、46.77 美元、30.43 美元、28.70 美元、28.23 美元、26.58 美元、24.06 美元、23.00 美元。全国人均拥有银行资本平均数值为 15.46 美元。①

南部银行业的快速发展出现在 1900 年后。1900 年美国国会通过《金本位法》。这一法律将人口在 3000 人以下的城镇建立国民银行的最低注册资金数额降低至 25,000 美元,相应地南部各州也将建立州立银行的最低注册资金数额予以大幅下调。此外,1913 年联邦政府废除了禁止国民银行从事土地抵押业务的限令。② 这在很大程度上促进了南部银行业的发展。据统计,1900—1920 年北卡罗来纳、南卡罗来纳、佐治亚、阿拉巴马、密西西比、田纳西、阿肯色、俄克拉荷马、得克萨斯 9 个州国民银行总数从 529 家增长至 1754 家,州立银行总数从 838 家增长至 5247 家。③

除了国民银行和州立银行以外,内战结束后,南部还存在着大量私立银行。由于这些银行大多没有联邦政府和州政府颁发的许可证,因此不能经营存款和发行钞票业务。与国民银行和州立银行相比,这些私立银行大多位于靠近乡村的城镇,规模更小,但数量远远超过前两者。例如,1868 年南部佐治亚、阿拉巴马、南卡罗来纳、密西西比、路易斯安那 5 个州国民银行与州立银行分别只有 15 家和 14 家,而私立银行则有 110 家。④ 内战后初期,由于国民银行和州立银行的发展存在诸多困难,私立银行承担了相当一部分向种植园主和乡村商人提供贷款的业务。

由于南部农业劳动者(包括黑人农业劳动者和白人小农场主)的借贷数额小,时间短,而且缺少借贷的财产抵押,南部的国民银行、州立银行、私

---

① 理查德·富兰克林·本塞尔:《美国工业化的政治经济学 1877—1900》,第 76 页,注释 71。

② Aksel Evald Nielsen, *Production Credit for Southern Cotton Growers*, New York: King's Crown Press, 1946, p.47.

③ Aksel Evald Nielsen, *Production Cedit for Southern Cotton Growers*, p.47.

④ Roger L.Ransom and Richard Sutch, *One Kind of Freedom:the Economic Consequences of Emancipation*, p.112.

立银行大多不愿承担风险开展这种小额借贷业务。南部银行的主顾主要是批发商、乡村商人和种植园主。① 然而，由于内战后南部的银行多为新近建立，规模较小，因而，他们通常"没有足够的钱经营自己在南部的业务"。这使得"大多数（南部）银行家不得不从北方（这里的北方指东北部——笔者注）获得贷款"，②从而造成东北部银行资本大规模间接渗入南部资本借贷市场。正如萨默斯指出的，在南部实际上"看不到对应贸易总量的银行资金；棉花与其他商品的业务都是通过纽约以借贷形式来交易的……"③南卡罗来纳州的种植园主—商人尤曼斯在 1901 年接受国会的调查时，描述了南部银行从东北部银行借贷的情况：一位银行"主管告诉他，他们确实有一定的实际投入资本；总共在 40,000—50,000 美元之间。但是这些钱很快就被贷出去了。……他们已经着手向纽约的银行借钱，并向其支付 6% 的利率"。④ 另一位种植园主—商人也告诉国会的调查者，乡村商人往往从南部当地的银行借款，而当地银行又从纽约获得贷款。⑤

　　由于南部银行通常从东北部银行获得贷款，并支付较高的固定利率，⑥这在很大程度上增加了借贷商人和种植园主从南部银行获得贷款的成本。萨默斯发现，1870 年在佐治亚州"对（银行）在资金借贷中收取高利率的抱怨在农业社区中是普遍的。银行和有钱出借的人通常收取的利率是 25%，甚至是 30%"。⑦ "银行对没有风险或风险很小的业务贷款收取 18%—24%的利率。在乡村地区，银行的利率更高……"⑧1899 年 6 月南卡罗来纳的一位乡村商人向国会的调查者详细地描述了他在南部的国民银行与私立银行贷款的情形：⑨

① Jacqueline P. Bull, "The General Merchant in the Economic History of the New South", *The Journal of Southern History*, Vol.18, No.1(Feb 1952), p.42.

② United States Industrial Commission, *Report of the Industrial Commission on Agriculture and Agricultural Labor*, p.381.

③ Robert Somers, *The Southern States since the War*, 1870-71, p.171.

④ 关于内战后南部银行贷款高利率的具体例子，详见 United States Industrial Commission, *Report of the Industrial Commission on Agriculture and Agricultural Labor*, pp.47-48, 57, 61, 73, 119, 432, 436.

⑤ United States Industrial Commission, *Report of the Industrial Commission on Agriculture and Agricultural Labor*, pp.77-78.

⑥ United States Industrial Commission, *Report of the Industrial Commission on Agriculture and Agricultural Labor*, p.119.

⑦ Robert Somers, *The Southern States Since the War*, 1870-71, p.57. 括号内的内容为笔者所加。

⑧ Robert Somers, *The Southern States Since the War*, 1870-71, p.45.

⑨ United States Industrial Commission, *Report of the Industrial Commission on Agriculture and Agricultural Labor*, p.119.

我来到那里(国民银行)想试一下,我对银行主管说:"我想借钱。"(银行主管说)"你打算拿什么做借贷抵押呢?"(乡村商人说)"不动产。"(银行主管说)"我不会接受;有没有债券?"(乡村商人说)"没有。"(银行主管说)"我们不会以不动产作为抵押提供贷款。"这使我只能依靠乡村银行(私立银行),在那里我可以借到钱,但是我必须支付13%的利率……我认为这是私立银行需要缴纳10%货币发行税的结果。

另一位佐治亚州的商人也抱怨说,他的银行贷款利率虽然只有8%,但是还需要20%的委托授权费,这样10,000美元的5年期贷款,实际到商人手中只有7000多美元。而且在随后的4年,他还要继续向银行支付8%的利率。[1] 密西西比州的乡村商人所罗门承认自己经营借贷业务的利润率通常高达100%,但是由于他同时拖欠新奥尔良的批发商与银行的债务,他抱怨说,虽然"这是一笔很大的利润,但是这只是账目上的利润,而不是口袋中的(实际)利润"。[2]

从上面的分析来看,内战后联邦政府的金融政策在很大程度上阻碍了内战后南部银行业的发展,从而加剧了内战后南部的"资金短缺"的问题。在这种情况下,为了满足南部的资金借贷需求,南部银行不得不大规模地从东北部银行贷款,这使得东北部银行资本大规模间接渗入南部资本借贷市场。东北部银行通过向南部银行收取固定的贷款利率,从中获得稳定的利润。南部的银行则通过向批发商、种植园主与乡村商人提供贷款后收取固定的借贷利率,以此获得稳定的收益。正因为如此,奥肯指出,"银行业务在美国,特别是南部是一项非常好的投机"。[3] 萨默斯也发现1870—1871年新奥尔良地区的银行通过借贷业务每年能够获得较为稳定的利润,其中城市银行的红利是16%,新奥尔良银行是15%,南方银行是9%,美国银行是30%。[4]

南部的乡村商人与种植园主在从本地的银行或批发商手中获得借贷后,通过收取高额的借贷价格将东北部银行和南部银行收取的高额贷款利率转移到借债的农业劳动者身上,甚至在此基础上还要从中榨取高额的利

---

[1]　United States Industrial Commission, *Report of the Industrial Commission on Agriculture and Agricultural Labor*, p.78.

[2]　Robert Somers, *The Southern States Since the War, 1870−71*, p.241.

[3]　Charles H.Otken, *The Ills of the South or, Related Causes Hostile to the General Prosperity of the Southern People*, p.79.

[4]　Robert Somers, *The Southern States Since the War, 1870−71*, p.211.

润。在此过程中,南部的农业劳动者实际上遭受了乡村商人与种植园主、批发商、南部银行、东北部银行的层层剥削(见图6)。

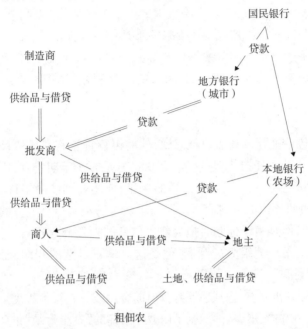

图6 内战后南部银行、制造商、批发商、商人、租佃农、种植园主之间的借贷关系
资料来源: Michael Schwartz, *Radical Protest and Social Structure: The Southern Farmers' Alliance and Cotton Tenancy, 1880–1890*, Chicago: University of Chicago Press, 1988, p.42.(原图中的英文术语已经被翻译成中文)

第二节 乡村商人与种植园主围绕借贷问题的斗争

随着借贷制度的发展,乡村商人作为一支新兴的力量开始介入到黑人农业劳动者(主要是分成农与租佃农)与种植园主围绕作物收成分配问题的斗争中,从而使得内战后初期种植园主与黑人农业劳动者之间的双边矛盾演变为种植园主、乡村商人和黑人农业劳动者之间的三边矛盾。在这其中,围绕着黑人分成农与租佃农作物收成的"第一留置权"问题①,以及借贷业务的主导权问题,种植园主与乡村商人展开了激烈的斗争。

---

① 所谓的"第一留置权"(the first lien)问题是指,在地主和借贷商人同时向分成农或租佃农提供借贷的情况下,当分成农或租佃农的作物收获后,种植园主和乡村商人哪一方可以首先从作物收成中提取相应的份额作为种植园主的租金与借贷或借贷商人的借贷的抵偿。

一、乡村商人对种植园主的挑战与威胁

内战结束后,虽然南部的奴隶种植园作为一个独立的生产组织单位开始解体,个体家庭生产为基础的分成制农场与租佃制农场最终占据了主导地位,但是种植园的土地所有权依然掌握在种植园主手中。通过对土地所有权的控制,南部的种植园主依然能够对种植园的黑人分成农与租佃农实行有效的控制与剥削。然而,乡村商人的崛起打破了这一局面。乡村商人利用借贷制度控制与剥削种植园的黑人农业劳动者,从而在很大程度上削弱了种植园主对黑人分成农与租佃农的权威,减少了种植园主从黑人农业劳动者身上榨取的剩余产品。甚至有些种植园主由于自身经济困难,也不得不向乡村商人借贷,从而受到后者的约束与控制。① 生活在19世纪中后期的研究者霍姆斯描述了乡村商人对种植园主权威的影响,"那些向种植园赊销日用必需品的商人已经取代了以前的种植园主,并使种植园主和他们以前的奴隶成为抵债苦工(peons)"。② 虽然霍姆斯的描述略显夸张,但是从中我们可以看出,乡村商人确实对种植园主的权威形成了较为严重的挑战与威胁。具体说来,这些挑战与威胁主要表现在以下几个方面:

第一,乡村商人不仅通过作物留置权体制控制了黑人农业劳动者的作物选择权,而且通过高额的借贷价格与借贷利率榨取了他们的大量剩余产品。这使得黑人分成农与租佃农在偿还了商人的高额债务后,很难向种植园主支付全部租金。在这种情况下,种植园主的租金收益大量流入乡村商人手中。③

第二,乡村商人通过作物留置权体制控制了黑人租佃农的棉花销售。乡村商人在提供借贷时通常要求黑人借债者将正在种植的棉花作为借贷抵押,但是在棉花收获后,由于黑人借债者依然缺乏现金偿还乡村商人因而只能使用收获的棉花抵偿借贷和债务。除此之外,为了获得现金,黑人借债者通常会把手中剩余的棉花出售给乡村商人。在此过程中,乡村商人往往会极力压低棉花价格。由此,乡村商人在很大程度上控制了黑人借债者的棉花销售。

第三,乡村商人的借贷制度在很大程度上削弱了种植园主对黑人劳

① Michael Schwartz,*Radical Protest and Social Structure*:*The Southern Farmers' Alliance and Cotton Tenancy*,*1880-1890*,p.59.

② George K.Holmes,"The Peons of the South",p.67.

③ Michael Schwartz,*Radical Protest and Social Structure*:*The Southern Farmers' Alliance and Cotton Tenancy*,*1880-1890*,p.58.

动者的控制力。为了摆脱种植园主的控制，黑人劳动者甚至不惜以高额的借贷价格从乡村商人手中购买骡子、化肥、农具、种子等生产资料。通过这种方法，黑人自由民希望自己在与种植园主签订合同的过程中占据相对有利的地位，从而要求种植园主降低租金份额以及减少对农业生产的监督与干预，甚至由此从分成农转变为租佃农。这种力图摆脱种植园主控制与监督的想法，在内战结束后的相当长一段时期内，对黑人自由民是非常有吸引力的。奥肯发现，"在商人所处的地区，成为自己的主人（boss）是极其诱人的。对于黑人们而言，这是一个极大的诱惑"。① "他（黑人——笔者注）渴望掌控自己（to be himself）；渴望脱离以前的主人；渴望获得那种与以前的种植园主之间所有关系被永远摧毁的感觉"。② 这些"黑人在商人的地方享受与行使着更大的权利。他们高兴时去劳动、访客，或者整天整夜地出行参加集会。他们享受着这种令他们心满意足的懒惰与邋遢的生活方式"。③ 黑人自由民极力摆脱种植园主控制的想法，使得南部的乡村商人有机可乘。他们通过各种方式引诱种植园的黑人分成农与租佃农接受借贷。种植园的黑人自由民往往出于对恢复奴隶制的恐惧和对种植园主的厌恶与憎恨，宁愿被乡村商人控制和剥削，也不愿受控于种植园主。在这种情况下，越来越多的黑人自由民开始选择从乡村商人手中获取借贷。这使得他们越多越来地受到乡村商人的控制。一位乡村商人得意地炫耀自己对众多黑人的控制，"有800人听我的召唤；他们不能做随心所欲的事情。如果我说，'种植棉花'，他们就得种植棉花"。④ 1880年的《美国棉花生产报告》也指出，"他（乡村商人）向小农场主提供借贷，鼓励他们从事自己不能掌控的经营活动；这减少了（种植园）劳动者的数量，阻碍了（种植园的）耕作"。⑤

　　第四，随着棉花价格的不断下降，种植园主单纯从租金中获取的利润也不断下降。1913年美国农业部农场管理局（Office of Farm Management）对亚祖—密西西比河三角地植棉区的一项调查间接证明了这一推断。这项调

---

① Charles H.Otken, *The Ills of the South or*, *Related Causes Hostile to the General Prosperity of the Southern People*, p.41.

② Charles H.Otken, *The Ills of the South or*, *Related Causes Hostile to the General Prosperity of the Southern People*, p.36.

③ Charles H.Otken, *The Ills of the South or*, *Related Causes Hostile to the General Prosperity of the Southern People*, p.42.

④ Charles H.Otken, *The Ills of the South or*, *Related Causes Hostile to the General Prosperity of the Southern People*, p.48.

⑤ U.S.Bureau of the Census, *Report on Cotton Production in the United States*, *Part II*, p.517.

查指出,在不考虑种植园主向租佃农提供借贷和其他情况下,种植园主从分成农、分成租佃农、现金租佃农的租金中获得的平均利润率只有 13.6%、11.8%、6.6%。[1] 与此同时,凭借高额的借贷价格,乡村商人的借贷业务却保持着高额的利润。一位乡村商人在乡村商店出售面粉的价格,向我们揭示了这种借贷业务的高额利润。这位乡村商人购入的几种不同品牌的面粉的成本价格分别是:Majestic 品牌 3.91 美元/桶,Extra Fancy 品牌 3.82 美元/桶,Fancy 品牌 3.47 美元/桶,Choice 品牌 3.22 美元/桶,Plantation 品牌 3.12 美元/桶,以借贷价格出售后的利润分别是 53%、57%、72%、132.9%、140.4%。另一位乡村商人在 1—9 月以平均 4.50 美元/桶的现金价格出售一种等级类似于 Majestic 品牌的面粉,其净利润率是 12.5%,而这种面粉的借贷价格是 6.00 美元/桶,利润率是 50%。[2] 1871 年密西西比州的乡村商人所罗门向种植园的黑人自由民出售粗玉米粉的现金价格 0.75 美元/蒲式耳,借贷价格 1.50 美元/蒲式耳;熏猪肉的现金价格 0.13 美元/磅,借贷价格是 0.25 美元/磅;1 加仑蜜糖的现金价格是 0.50 美元,借贷价格是 1.00 美元。现金价格与借贷价格的差额竟然高达 100%。[3] 如果考虑到借贷价格与乡村商人购买商品的批发价格的差异,再加上乡村商人向借债人收取的 6%—8% 的借贷利率,乡村商人所获得的利润甚至要更高。借贷业务的高额利润使得乡村商人的财富大大增加。韦纳对内战后阿拉巴马州种植园主与乡村商人经济状况的研究发现,1860—1870 年乡村商人凭借借贷业务,其经济实力迅速增长,其中不动产价值增长了 24%,与此同时,种植园主的不动产价值却下降了 53%。[4]

第五,一些乡村商人经常与种植园的黑人自由民进行非法的地下交易,从而引诱黑人自由民盗取种植园的棉花、玉米、小鸡、猪仔等财产。这些黑人在盗取了这些财产后,大多趁着夜色偷偷拿到附近的乡村商店换取自己所需的各种生活用品(如劣质的威士忌、烟草等),或者出售给店主赚点"小钱"。这些非法的地下交易使种植园主的财产损失严重,因而遭到种植园主的极度痛恨。他们甚至将乡村商人的乡村商店称为"黑

---

[1] Ernest Augustus Boeger, *A Study of the Tenant Systems of Farming in the Yazoo-Mississippi Delta*, pp.2,4.

[2] Charles H.Otken, *The Ills of the South or, Related Causes Hostile to the General Prosperity of the Southern People*, pp.38-39.

[3] Robert Somers, *The Southern States Since the War, 1870-71*, p.241.

[4] Jonathan M.Wiener, "Planter-Merchant Conflict in Reconstruction Alabama", *Past and Present*, No.68(Aug 1975), p.84.

店"(deadfall)。① 虽然并没有证据表明，南部绝大多数乡村商店都是从事非法交易的"黑店"，但是南部的种植园主大多还是极为担心种植园附近的乡村商人会引诱黑人盗取种植园的财产。1874年《马伦戈新闻日报》的一篇文章指出了种植园主的这种心态。"对黑店的抱怨声遍布于整个乡村，在这里，(乡村商人)正不断地在深夜之后购买棉花和玉米。几乎在所有情况下，这些物品都是盗窃而来的，种植园主们已经深受其害"。②

1871年一位来自北方的游客萨默斯与密西西比州的一位乡村商人所罗门的对话，充分体现了乡村商人通过借贷业务对黑人自由民的严密控制与剥削，以及对种植园主权威的蔑视：③

　　　　所罗门：白人种植园主都非常贫穷，而那些有时自己种植作物的黑鬼们则非常懒惰，对于账目一无所知。他(黑人)来到我这里，说如果得到粮食与衣服，他就会种植庄稼。我们就说，好啊，种吧，我们会看着啊。

　　　　萨默斯：那你怎么做呢？

　　　　所罗门：怎么做？我们做了很多事情。我有三匹配有马鞍的马，我的那匹马是这个乡村中最好的马；当周日到来时，我对店员们说，"你走这条路，你走那条路，"我走另外一条路，我们看看他们工作进行得怎么样；如果黑鬼们什么也没做的话，那么我们就把他们所有人……关在商店大门外面。

　　　　萨默斯：请再说一次，所罗门先生。将他们关在门外是什么意思？

　　　　所罗门：你是说门外吗？——就是商店的门外。这个商店在种植园的里面。如果黑鬼们想要熏猪肉和蜜糖，我们就只给他们一半或者一点也不给，对于种植园主也一样。如果他的妻子想要丝袍，我们就只给她一件棉袍，或者根本就不给她任何东西。

　　　　萨默斯：所罗门先生，你的意思是说，这些占有大地产的白人基督徒都要受到你的约束吗？

---

① 关于黑人在种植园的偷盗行为，以及乡村商店与黑人从事非法的地下贸易，详见 Mary Ellen Curtin, "'Negro Thieves' or Enterprising Farmers? Markets, the Law, and African Community Regulation in Alabama, 1866–1877", *Agricultural History*, Vol.74, No.1(Winter 2000), pp.19–32.

② Mary Ellen Curtin, "'Negro Thieves' or Enterprising Farmers? Markets, the Law, and African Community Regulation in Alabama, 1866–1877", p.29.其他的例子，详见 Charles L.Flynn Jr., *White land, Black Labor: Property, Ideology, and the Political Economy of Late Nineteenth-Century*, p.95.

③ Robert Somers, *The Southern States Since the War, 1870–71*, p.242.

　　所罗门：你是说基督教徒吗？他们（种植园主）许多人都是书本上的基督徒。基督徒！他们一天吃三次猪肉，并将这称为好生活。啊！你这是在拿基督徒开玩笑吧！……

　　面对乡村商人的蔑视与威胁，种植园主不甘示弱，他们通常广泛利用代表自己利益的报纸批评甚至诋毁乡村商人的形象。1871 年阿拉巴马州代表种植园利益的最权威的报纸《莫比尔纪事》(*Mobil Register*) 就批评"地位低下、缺少原则的商人和小店主阶级"应该为黑人自由民日益堕落、缺少节俭精神、体质更差负责。报纸认为，这些"狡猾"的商人"通过说一点恭维话和提供有毒的威士忌很容易就欺骗了他（黑人），让他显示出不良的处事能力和懒惰"。这份报纸抱怨说，黑人自由民出售"他们的棉花作物份额……没有对他们在小商店里想要的那些到处出现的日用必需品保持谨慎态度并正确计算，他们以极高的价格买了各种各样的垃圾……"① 韦纳认为，这一言论表明，南部的种植园主们显然认为，"黑人自由民受到商人的欺骗；他们不能以对自己最有益的方式行事；因此，由仁慈的种植园主控制他们是必要的。"②

　　实际上，在这种情况下，南部种植园主不仅渴望重新控制黑人农业劳动者，而且更为渴望维护自己的租金对于租佃农与分成农的作物收成享有的优先留置权，甚至在此基础上从乡村商人手中夺取借贷业务的控制权，从而垄断借贷业务的高额利润。

　　虽然内战后初期，由于自身经济困难，种植园主通常很难从银行和批发商那里获得贷款或借贷，但是 19 世纪 60 年代末，随着经济实力的恢复，以及南部铁路运输业的发展，许多种植园主与南部的银行、批发商建立了直接的、稳定的业务联系，这使得他们同样可以凭借自己的作物与动产的抵押从南部的银行、代理商、批发商手中获得借贷与贷款，从而也具备了从事借贷业务（向自己的种植园中的黑人农业劳动者提供借贷）的实力。③ 正是在这一背景下，为了争夺借贷业务的主导权，种植园主对乡村商人展开了一场激烈的斗争。这场斗争主要是通过"作物留置权法"的形式展开的。

---

　　①　Jonathan M.Wiener, *Social Origins of the New South：Alabama*, *1860−1885*, p.86.
　　②　Jonathan M.Wiener, *Social Origins of the New South：Alabama*, *1860−1885*, p.86.
　　③　Michael Schwartz, *Radical Protest and Social Structure：The Southern Farmers' Alliance and Cotton Tenancy*, *1880−1890*, p.43.

二、种植园主—乡村商人的利益冲突与作物留置权法

从内战后南部农业发展状况的分析来看,正如伍德沃德所指出的,内战后南部"农业新秩序建立的关键在于作物留置权体制"。[①] 然而,在内战后初期的作物留置权体制下,种植园主和乡村商人都对黑人租佃农(分成农)的部分作物收成持有留置权,那么,哪一方的留置权具有优先性,或者说哪一方可以首先从作物收成中提取自己的收益呢? 在这一问题上,种植园主和乡村商人产生了严重的利益冲突。具体说来,这一利益冲突主要表现在两个方面:(1)种植园主的租金留置权和乡村商人的借贷留置权各自的优先性(lien priority)问题,也就是黑人分成农或租佃农在作物收获后是首先向种植园主支付租金,还是首先偿还拖欠乡村商人的债务的问题。(2)在黑人农业劳动者同时从种植园主与乡村商人手中获得借贷的情况下(这种情况在 19 世纪 70 年代后越来越明显),种植园主的借贷留置权和乡村商人的借贷留置权各自的优先性问题,也就是黑人分成农或租佃农在作物收获后首先向种植园主和乡村商人哪一方偿还借贷的问题。

种植园主和乡村商人的利益冲突实质就是"第一留置权"(the first lien)和"第二留置权"(the second lien)之争的问题。由于内战后棉花价格不断下降,再加上突发性自然灾害的风险,这使得黑人农业劳动者在作物收获后极有可能无力同时支付种植园主的租金和偿还种植园主与乡村商人的债务,因此,获得"第一留置权"对种植园主和乡村商人中的任何一方都是极为重要的。这是因为处在"第二留置权"地位的一方对租金或借贷收益的索取(留置权)总是排在获得"第一留置权"一方之后,而黑人农业劳动者在向拥有"第一留置权"的一方缴纳租金或偿还债务后,极有可能无力向处在"第二留置权"地位的一方缴纳全部租金或偿还全部债务。此外,掌握借贷"第一留置权"的债权人,还可以通过提高借贷价格的方法,进一步剥削债务人的剩余产品,从而使得债务人更加无力偿还具有"第二留置权"的债权人的债务(租金),最终使得后者由于不能收回租金或债务,遭受严重损失。这样看来,在种植园主与乡村商人同时向黑人农业劳动者提供借贷,并对作物收成都持有留置权的情况下,获得"第一留置权"对种植园主与乡村商人中的任何一方都尤为重要。哪一方获得了"第一留置权",就能在关于借贷业务的竞争中占据绝对优势与主动,从而垄断借贷业务,攫取高额的借贷利润,而失败的一方则会陷于极为不利的境地。

[①]　C.Vann Woodward, *Origins of the New South:1877-1913*, p.180.

正是在这一背景下，围绕着租金与借贷的"第一留置权"问题，以及垄断黑人农业劳动者的借贷业务问题，南部的种植园主对乡村商人展开了激烈的斗争。这一斗争主要展现为南部"留置权立法"的变动。正如布鲁克斯所指出的，"这些法律方面的迅速变化展示了种植园主与商人之间的冲突"。[①] 最终，随着支持种植园主的民主党人在南部各州重新掌权，各州的立法机构纷纷通过了新的作物留置权法，从而确立了种植园主的租金和借贷的"第一留置权"地位。

从时间上来看，内战后南部"作物留置权法"的发展主要分为三个阶段：(1)1866—1867年南部各州"总统重建"时代的作物留置权法；(2)1867—1873年南部各州"国会重建"时代的作物留置权法；(3)1873年后南部各州重建相继结束以后的作物留置权法。

(一)　潜在的利益冲突："总统重建"时期的作物留置权法

内战结束初期，工资合同制在南部得到迅速推广，然而，绝大多数种植园主由于内战的影响深陷经济困难。为了帮助种植园主尽快解决资金短缺问题，恢复种植园的棉花生产，1866—1867年南部各州纷纷通过了作物留置权法。[②] 这些作物留置权法通常规定，任何人在向农场主提供农业生产所需的生产工具、口粮、生产资料、农具等日用必需品的情况下，都可以在作物收获时获得作物收成的留置权。[③] 1866—1867年作物留置权法是内战后"总统重建"时期由代表种植园主利益的各州立法机构制定并通过的，其初衷是为了鼓励南部的代理商、银行、批发商向实行工资合同制的种植园主提供借贷，以恢复南部的棉花生产。正如伍德曼所指出的，"这些保守的南部立法者希望利用这些新的作物留置权法为这一地区的农场主们（主要是种植园主）建立一种基于传统，并为人们熟悉，但又适应新的条件的借贷体制"。[④]

---

① Robert P.Brooks, *The Agrarian Revolution in Georgia*, *1865–1912*, p.33.

② 内战后南部各州通过的作物留置权法名称不尽相同，这里我们统称为作物留置权法。

③ 1866—1867年南部各州通过作物留置权法的具体时间：佐治亚州1866年12月15日，密西西比州1867年2月18日，阿拉巴马州1866年1月15日，佛罗里达州1866年1月13日，路易斯安那州1867年3月28日，北卡罗来纳州1867年3月1日，南卡罗来纳州1866年9月20日，得克萨斯州1866年10月27日。阿肯色州与田纳西州虽然没有通过作物留置权法，但是这两个州原有的法律也允许借债人以将要种植的作物作为借贷抵押。Harold D.Woodman, *New South? New Law: The Legal Foundations of Credit and Labor Relations in the Postbellum Agricultural South*, p.5.

④ Harold D.Woodman, *New South? New Law: The Legal Foundations of Credit and Labor Relations in the Postbellum Agricultural South*, p.7.

　　1866—1867 年的作物留置权法在一定程度上刺激了代理商、批发商和银行向种植园主提供借贷,但是由于 1866—1867 年南部严重的自然灾害造成农作物大量减产,以及棉花价格不断下降[1]和《国民银行法》对于国民银行从事土地抵押业务的限制,南部的代理商、银行、批发商向种植园主提供的借贷并不多。[2] 1867 年后,随着种植园内部黑人分成制与租佃制农场的发展,内战前南部种植园主最主要的借贷方式——代理制度最终走向衰落,一种新的、适应南部农地制度变化的借贷形式——乡村商人经营的小额借贷业务开始在种植园带大规模兴起。

　　虽然 1866—1867 年的作物留置权法并没有从根本上解决种植园主的资金借贷问题,但是由于它规定借贷人可以对借债农场主的作物收成持有留置权,从而减少了小额借贷业务的风险,因此,1866—1867 年的作物留置权法在很大程度上促进了乡村商人的借贷业务的发展。

　　1866—1867 年南部各州的作物留置权法主要是围绕着如何解决实行工资合同制的种植园主的资金借贷问题而仓促制定的,因而对于其他由此可能产生的问题缺乏足够的考虑。这使得它不可避免地存在许多问题。这些问题在 1865—1867 年南部种植园实行工资合同制的时候,表现得尚不明显。1867 年后,随着黑人分成制和租佃制农场在种植园内的大规模出现,以及乡村商人的小额借贷业务的发展,这些问题变得越来越严重。具体说来,这些问题主要表现在以下几个方面:

　　第一,1866—1867 年的作物留置权法并没有充分考虑到种植园主的租金留置权与乡村商人的借贷留置权之间的潜在冲突,因而并没有对租金留置权与借贷留置权的优先性做出明确区分与界定,这在很大程度上加剧了种植园主和乡村商人围绕租金和借贷留置权优先性的利益冲突。例如,1866 年佐治亚州的作物留置权法根本就没有涉及租金留置权的条款,而只是规定用于农业生产的借贷可以获得作物的留置权。[3] 1866 年南卡罗来纳州的作物留置权法与 1867 年密西西比州的作物留置权法同样没有涉及租金留置权的规定,而是确认了借贷留置权"优先于所有其他现存的一切留

---

① 例如,1865 年纽约市场的棉花价格是 83 美分/磅,1866 年 43 美分/磅,1867 年 32 美分/磅。Roger L.Ransom and Richard Sutch, *One Kind of Freedom:the Economic Consequences of Emancipation*, p.64.

② Roger L.Ransom and Richard Sutch, *One Kind of Freedom:the Economic Consequences of Emancipation*, p.64.

③ Harold D.Woodman, *New South? New Law:The Legal Foundations of Credit and Labor Relations in the Postbellum Agricultural South*, p.11.

置权"的原则。① 密西西比州高等法院在根据这一法律审理留置权纷争的案件中,甚至明确指出,"无论是在普通法中,还是在我们的法令中,地主对农产品都没有留置权……"②1867年北卡罗来纳州的作物留置权法一方面规定借贷留置权"优先于现存的其他一切留置权",另一方面又强调借贷"留置权将不会影响地主对他们的租金分成的权利"。③ 1867年路易斯安那州的作物留置权法也没有提及租金留置权,而是详细地列出了一系列留置权(包括用于农业生产目的的借贷留置权),并规定这些留置权"具有同等的法律效力"。④ 1866年佛罗里达州作物留置权法的规定同样含混不清。一方面,它规定地主可以占有拖欠租金与债务的租佃农的作物与其他财产,另一方面又规定其他人提供用于农业生产的借贷同样可以获得类似的权利。⑤ 此外,1866—1867年弗吉尼亚州并没有通过任何作物留置权法,因而并不存在涉及租金和借贷留置权问题的法律。弗吉尼亚州的第一个作物留置权法出现在1873年,因此,在此期间,由于缺乏法律依据,租金留置权和借贷留置权的优先性问题实际上同样是一个难以界定和区分的问题。⑥

　　从上述南部各州的作物留置权法来看,虽然种植园主的租金留置权在南部各州获得保护的程度不尽相同,但是从种植园主的角度而言,几乎每个州对种植园主租金留置权的保护都是不明确的,甚至是含混不清的。⑦ 这

---

① Harold D.Woodman, *New South? New Law: The Legal Foundations of Credit and Labor Relations in the Postbellum Agricultural South*, p.48.

② Harold D.Woodman, *New South? New Law: The Legal Foundations of Credit and Labor Relations in the Postbellum Agricultural South*, pp.11-12.

③ Harold D.Woodman, *New South? New Law: The Legal Foundations of Credit and Labor Relations in the Postbellum Agricultural South*, p.12.

④ Harold D.Woodman, *New South? New Law: The Legal Foundations of Credit and Labor Relations in the Postbellum Agricultural South*, p.54.

⑤ Harold D.Woodman, *New South? New Law: The Legal Foundations of Credit and Labor Relations in the Postbellum Agricultural South*, p.58.

⑥ Harold D.Woodman, *New South? New Law: The Legal Foundations of Credit and Labor Relations in the Postbellum Agricultural South*, p.60.

⑦ 1866—1867年,在参加叛乱的南部11个州中,只有阿肯色州、田纳西州、阿拉巴马州、得克萨斯州明确规定租金留置权优先于其他一切留置权。其中,阿肯色州和田纳西州并没有制定作物留置权法,而是沿用原有的法律。这些法律承认租金留置权的存在,但是否认借贷留置权的存在,而是反复强调种植园主、农业工人、分成农、租佃农可以使用自己将来获得的那部分收成作为"抵押"(mortgage)来获取借贷。借贷人享有的是"抵押权"并不是"留置权",留置权优先于抵押权。阿拉巴马州与得克萨斯州的作物留置权法则对于地主的租金留置权予以明确保护,并将其置于借贷留置权之上。Harold D.Woodman, *New South? New Law: The Legal Foundations of Credit and Labor Relations in the Postbellum Agricultural South*, pp.56-59.

往往会造成一个潜在的严重问题：种植园主的租金和乡村商人的借贷同时对黑人分成农或租佃农的作物收成持有留置权，但哪一方享有优先的留置权却存在争议。特别是在黑人分成农或租佃农不能生产足够的作物同时向种植园主和乡村商人支付租金与借贷的情况下，这一问题表现得尤为明显。

第二，1866—1867年的作物留置权法并没有充分考虑到黑人分成农或租佃农同时向种植园主和乡村商人双方借贷的情况，以及由此引发的种植园主的借贷留置权与商人的借贷留置权之间的潜在冲突，因而它并没有明晰地界定从事借贷业务的种植园主与乡村商人哪一方的借贷留置权具有优先性，而只是笼统地规定任何人向农场主提供用于农业生产的借贷都可以对作物收成获得留置权。这在很大程度上加剧了从事借贷业务的种植园主与从事借贷业务的乡村商人之间的利益冲突。例如，佐治亚州的作物留置权法一方面规定"代理商和商人由于提供了必需品和商业肥料而对农场主正处在生长阶段的作物持有留置权"，另一方面又规定"地主通过签订书面的合同，向他们的租佃农提供用于生产作物的牲畜、农具和必需品时也可以对租佃农的作物收成持有留置权"。① 这一规定实际上并没有明晰两种借贷留置权的优先性。此外，这一留置权法还要求地主的借贷留置权必需存在书面的留置权合同（需要在地方法庭记录），而对乡村商人和代理商的借贷留置权则没有这样的要求。这样的规定实际上是种植园主控制下的立法机构为了鼓励代理商和商人向种植园主提供借贷做出的无奈之举。19世纪60年代末，随着大批的种植园主开始从事借贷业务（主要针对自己种植园内的黑人农业劳动者），这些关于借贷留置权的模糊规定变得对种植园主越来越不利，从而加剧了种植园主与乡村商人的矛盾。

由于内战后初期的南部种植园主缺少获得资金的渠道，因而很难在借贷业务方面同乡村商人进行竞争。乡村商人成为向种植园的黑人农业劳动者提供借贷的主体。② 然而，随着种植园主经济实力的恢复，以及与南部的批发商、银行重新建立联系，越来越多的种植园主或种植园主的子女开始从事借贷业务，③从而与乡村商人展开激烈竞争。在这种情况下，"更为麻烦的是，如果一个租佃农既从他的地主手中借贷……又从地方商人那里借贷

---

① Harold D. Woodman, *New South？ New Law：The Legal Foundations of Credit and Labor Relations in the Postbellum Agricultural South*, p.28.

② Jonathan M. Wiener, *Social Origins of the New South：Alabama, 1860-1885*, p.80.

③ 具体的例子见 James L. Roark, *Masters without Slaves：Southern Planters in the Civil War and Reconstruction*, pp.150-155.

的话,这一法律会允许对同一作物存在两种相互冲突的留置权",①从而引发了种植园与乡村商人为争夺借贷的"第一留置权"的斗争。

第三,1866—1867 年的作物留置权法并没有对分成农与租佃农转让留置权的权利做出明确的区分与规定。这使得种植园主的利益受到严重威胁。由于内战前分成制在南部并不普遍,因此,分成农通常被南部的法院视为与地主存在合作关系的租佃农。这一规定逐渐演变成为司法审判的判例(precedent),成为约定俗成的习惯法(custom law)。② 1866—1867 年各州的作物留置权法并没有改变这一习惯法,这意味着种植园的分成农可以像租佃农一样,利用手中的作物收成作为抵押,从乡村商人手中获得借贷。这有可能对种植园主造成一种极为不利的情况:种植园主在向分成农提供了所有生产资料后,却不能得到自己应得的全部租金。③

第四,1866—1867 年的作物留置权法并没有对保护农业劳动者(工资劳动者、分成农、租佃农)的劳动收益(工资、租金)的留置权问题做出明确规定。这在很大程度上是因为 1866—1867 年南部各州的议会是根据约翰逊的"总统重建"原则建立的,其成员大多来自参加过叛乱的邦联分子。这些立法者显然只重视种植园主的利益,而对黑人农业劳动者的权益并不关心。

(二) 利益冲突的复杂化:"国会重建"时期的作物留置权法

随着约翰逊总统的南部重建政策遭到国会激烈反对,以及国会越来越多地介入南部重建事务,1866—1873 年南部进入了"国会重建"时期。在这一时期,激进共和党控制下的南部各州政府和立法机构大多致力于保护黑人农业劳动者的权益。从 19 世纪 60 年代末开始,共和党控制下的南部各州立法机构纷纷在 1866—1867 年作物留置权法的基础上通过了确保农业劳动者的工资或收入的作物留置权法。④ 例如,1868 年南卡

① Harold D.Woodman,*New South? New Law:The Legal Foundations of Credit and Labor Relations in the Postbellum Agricultural South*,p.30.

② Charles L.Flynn Jr.,*White land,Black Labor:Property,Ideology,and the Political Economy of Late Nineteenth-Century*,pp.85-86.

③ 这是因为乡村商人通过借贷攫取了农业工人和分成农绝大部分作物收成。

④ 1867—1877 年共和党对南部各州立法机构控制的时间不尽相同。其中,弗吉尼亚州和田纳西州是 1868—1869 年,北卡罗来纳州是 1868—1870 年,佐治亚州是 1868—1870 年,得克萨斯州是 1868—1873 年,阿肯色州、佛罗里达州是 1868—1874 年,密西西比与路易斯安那州是 1868—1875 年。1868—1870 年共和党控制了阿拉巴马州议会,1870—1872 年民主党夺回了对州立议会的控制,1872—1874 年共和党人重新控制了州议会,1874 年民主党再次恢复了对阿拉巴马州议会的控制。到 1876 年,南部只有南卡罗来纳的州议会仍然在共和党的控制之下,但是共和党对民主党只保持微弱的优势。

罗来纳州共和党控制的议会通过了新的作物留置权法,赋予劳动者的工资
与收入"第一留置权"的地位。① 1874 年南卡罗来纳州通过的作物留置权
法进一步将种植园主租金留置权的范围限制在作物收成的 1/3 以下。②
1872 年密西西比州的作物留置权法规定,农业劳动者(包括农业工人、分
成农、租佃农)享有作物收成的"第一留置权",这一留置权优先于"所有
地主,转租人和所有其他对这些农产品有利益关系的人"的留置权。1873
年的作物留置权法则明确地将"第一留置权"延伸到分成农与分成租佃
农。③ 此外,阿肯色州、田纳西州立法机构也在 1868—1869 年通过了类
似的作物留置权法。虽然佐治亚州在"国会重建"期间并没有制定保护
农业劳动者"第一留置权"的作物留置权法,但是其他相关的法律却制定
了对劳动者的工资或收入留置权保护的条款。例如,1868 年州议会通过
的《佐治亚州宪法》第一章第 30 条款就规定,劳动者"对于他们为雇主创
造的财产持有所有权"。④

　　重建时期南部各州共和党政府制定并通过的作物留置权法从法律上确
认了农业劳动者工资或收入的"第一留置权"地位,从而保证了农业劳动者
获得工资和收入的基本权益,这是其最大的进步所在。⑤ 然而,由于激进共
和党人对种植园主的利益并不关心,这一时期的作物留置权法只是在
1866—1867 年作物留置权法的基础上增加了对农业劳动者工资或收入"第
一留置权"的保护,依然没有对 1866—1867 年的作物留置权法中关于租金
与借贷留置权的模糊规定做出修改。例如,虽然 1874 年南卡罗来纳州议会
通过的作物留置权法规定,只要种植园主与租佃农之间存在书面的租佃合
同,种植园主的租金不超过作物收成的 1/3,种植园主对租金的留置权就优

① Lacy K. Ford, "Rednecks and Merchants: Economic Development and Social Tensions in the South Carolina Upcountry, 1865—1900", *The Journal of American History*, Vol. 71, No. 2 (Sep 1984), p.307.

② Lacy K. Ford, "Rednecks and Merchants: Economic Development and Social Tensions in the South Carolina Upcountry, 1865—1900", p.308.

③ Harold D. Woodman, *New South? New Law: The Legal Foundations of Credit and Labor Relations in the Postbellum Agricultural South*, p.78.

④ Harold D. Woodman, *New South? New Law: The Legal Foundations of Credit and Labor Relations in the Postbellum Agricultural South*, p.33.

⑤ 这里有必要指出的是,在实际的农业生产中,虽然这一条款保证了黑人农业农业劳动者在
作物收成后能够首先提取其中属于自己的份额,但是并不能保证他们不会陷入债务。这
是因为,借债人在提取属于自己的收入份额后,依然要根据租佃合约与借贷合约,向种植
园主支付租金并向提供借贷的商人或种植园主偿还债务。这里赋予农业劳动者工资或收
入的"第一留置权"其实只是在法律上规定他们可以在作物收获后首先提取属于自己的
份额。

先于一切借贷留置权。① 但是,这一法律同时又规定,地主出租给分成农和租佃农的土地应该"看作和视为用于某种农业生产目的的借贷品",从而赋予地主"与那些提供货币和其他日用必需品借贷的人一样的所有权利"。② 诸如此类模糊的规定使得种植园主的租金和借贷留置权与乡村商人的借贷留置权之间的争议依然难以解决。

此外,激进共和党控制下的各州立法机构依然没有对内战前南部法院遵循的将分成农视为租佃农的习惯法做出修改。这意味着种植园的黑人分成农依然可以和租佃农一样合法地通过转让作物收成留置权的方式从乡村商人手中获得借贷。这种情况对种植园主的利益同样造成了极大的潜在危害。

从上面的分析来看,共和党人对南部重建时期南部各州通过的作物留置权法不仅没有解决"总统重建"时期南部各州作物留置权法中存在的种植园主与乡村商人对租金留置权和借贷留置权优先性问题的争议,反而由于引入农业劳动者的工资与收入具有"第一留置权"的规定而使问题进一步复杂化。在这种情况下,一方面原本就存在的种植园主与乡村商人的双边利益冲突最终演变为种植园主、乡村商人与农业劳动者(工资劳动者、分成农、租佃农)之间的三边利益冲突。另一方面,由于农业劳动者的工资与收入获得法律意义上的"第一留置权",种植园主的租金与借贷和乡村商人的借贷只能围绕着争夺剩余作物的留置权优先地位展开斗争,这使得双方的斗争必然变得更加激烈。

实际上,在"国会重建"时期,由于南部各州的法院大多由激进共和党人控制,因此,在涉及种植园主的租金留置权和乡村商人的借贷留置权纷争时,激进共和党的法官们出于对种植园主的痛恨,大多会对这一时期通过的作物留置权法相关条款做出有利于乡村商人的解释与判决。根据福特的统计,虽然1866—1874年南卡罗来纳州的作物留置权法并没有对种植园主的租金留置权和乡村商人的借贷留置权的优先性问题做出清晰的界定,但是这一时期几乎所有法院保存的留置权记录显示,乡村商人的借贷留置权普遍优先于种植园主对租佃农的租金留置权。乡村商人对种植园主占有绝对的优势。③ 1873年南卡罗来纳州法院审理的一个租金留置权与借贷留置权

① Lacy K.Ford, "Rednecks and Merchants: Economic Development and Social Tensions in the South Carolina Upcountry, 1865-1900", p.308.

② Harold D.Woodman, *New South? New Law: The Legal Foundations of Credit and Labor Relations in the Postbellum Agricultural South*, p.49.

③ Lacy K.Ford, "Rednecks and Merchants: Economic Development and Social Tensions in the South Carolina Upcountry, 1865-1900", p.308.

纷争的案件充分证明共和党控制下的司法机构对乡村商人的偏袒。1871年2月，种植园主邓恩和一个黑人自由民签订了一份书面的租佃合同，3月份，这个黑人租佃农又从商人斯皮尔斯手中获得借贷，并对斯皮尔斯的借贷给予留置权。斯皮尔斯在4月6日对此进行了记录。然而，作物收获后，由于黑人租佃农的作物收成不足以同时偿还拖欠邓恩的租金和斯皮尔斯的债务，因此，邓恩和斯皮尔斯最终只能通过法院来解决这一纠纷。虽然邓恩有书面的租佃合同，并且签订租佃合同的时间早于乡村商人的借贷，而且斯皮尔斯的借贷并无公开的书面记录，只是在提供借贷一个月后才进行了私人记录，但是共和党人控制下的法院还是根据作物留置权法判决斯皮尔斯的借贷留置权优先于邓恩的租金留置权，理由是，"这项法律并没有对使用土地给予留置权，而是对土地耕种必需的物品给予留置权"。[1] 诸如这样的情况使得种植园的租金收益在棉花价格不断下降或乡村商人借贷利率较高的情况下很难得到保证。乡村商人则充分利用这一法律的漏洞和共和党法官的偏袒，通过高额的借贷价格攫取了大量利润，甚至将种植园主的部分收益揽入手中。

（三）利益冲突的终结：重建结束后的作物留置权法

"国会重建"时期，激进共和党人控制下的州政府和立法机构在作物留置权问题上对黑人农业劳动者的保护和对乡村商人的偏袒使得南部的种植园主极为不满，他们纷纷求助于自己在州政府与立法机构的代表试图改变这种不利的处境。1873—1877年，随着代表种植园主利益的民主党相继重新控制南部各州议会和政府，激进共和党主导的"国会重建"在南部各州相继结束。[2] 民主党人重新上台后，南部各州的立法机构很快

---

① Harold D. Woodman, *New South? New Law: The Legal Foundations of Credit and Labor Relations in the Postbellum Agricultural South*, p.49.

② 1869年民主党控制了弗吉尼亚州议会和田纳西州议会，1870年控制了北卡罗来纳州议会，1871年控制了佐治亚州议会，1873年控制了得克萨斯州议会，1874年控制了阿肯色州议会、佛罗里达州议会，1875年控制了密西西比州议会、路易斯安那州议会。1870年民主党人曾经控制了阿拉巴马州议会，1872年共和党人重新控制了阿拉巴马州议会，1874年民主党人恢复了对阿拉巴马州议会的控制。1871年民主党人约翰·C.布朗（John C. Brown）就职成为田纳西州长，乔治·S.休斯敦（George S. Houston）就职成为阿拉巴马州州长，奥古斯塔斯·希尔·加兰（Augustus Hill Garland）就职成为阿肯色州州长，约翰·J.雅各布（John J. Jacob）就职成为弗吉尼亚州长。1872年民主党人本杰明·康利（Benjamin Conley）就职成为佐治亚州长。1874年理查德·科克（Richard Coke）就职成为得克萨斯州州长。1876年民主党人约翰·M.斯通（John M. Stone）就职成为密西西比州州长。到1876年，共和党只控制了佛罗里达州和路易斯安那州的州政府和南卡罗来纳的州政府与议会。虽然南卡罗来纳州共和党控制了州议会，但是共和党议员对民主党议员也只是保持微弱的优势。

通过了新的作物留置权法。这些新的作物留置权法大多废除了"总统重建"时期和"国会重建"时期的作物留置权法,取消了农业劳动者收入或工资的"第一留置权",明确了种植园主租金和借贷的"第一留置权"地位。例如,1873 年佐治亚州议会通过了《管理佐治亚州留置权法的法案》(*An Act to Regulate the Law of Lien in the State of Georgia*)。这一新的作物留置权法规定,地主不再需要公开的书面记录就可以"对他们所出租的土地上的收获物享有特别的租金留置权,这一留置权优先于其他一切留置权"。1874 年的作物留置权法更为激进,完全废除了商人和其他人可以利用借贷获得作物留置权的条款,而规定只有种植园主的借贷才能获得租佃农的作物留置权。1875 年佐治亚州的作物留置权法对 1874 年作物留置权法的激进条款做出微调,一方面规定借贷留置权的优先地位需要按照借贷时间的顺序确定,另一方面又规定口头或书面的租佃合同都可以自动赋予地主借贷留置权。这一规定实际上已经隐含确立了地主借贷留置权的优先地位。这是因为乡村商人不可能在租佃农尚未签订租佃合同的情况下就向其提供借贷,并以作物收成作为借贷抵押。此外,由于担心并非全部种植园主都有实力独自承担分成农与租佃农的借贷,1875 年的作物留置权法还规定,在地主无力提供借贷的情况下,他可以将借贷留置权转让给其他人。在这种情况下,地主的租金留置权仍然优先于借贷留置权。① 此外,民主党人重新上台后,1873 年弗吉尼亚州,1874 年路易斯安那州与得克萨斯州,1875 年密西西比州、田纳西州,1876—1877 年北卡罗来纳州,1871 年和 1874 年阿拉巴马州也通过了类似的作物留置权法。②

1877 年重建在整个南部彻底结束,代表种植园主利益的民主党最终控制了所有南部各州的议会与州政府。随后,南部各州继续通过作物留置权法进一步保护种植园主租金与借贷的留置权。1877 年 4 月,民主党重新控制了南卡罗来纳州议会,6 月份南卡罗来纳州议会通过了《保护地主与其他人提供借贷的法案》(*An Act to Secure Landlords and Persons Making Advances*)。这部新的留置权法废除了以前所有的留置权法,并对种植园主的利益予以特别保护。这一法律明确规定,种植园主对租金的留置权优先于其他所有的留置权。与此同时,这项法律还废除了 1874 年地主的租金留置

---

① Harold D. Woodman, *New South? New Law : The Legal Foundations of Credit and Labor Relations in the Postbellum Agricultural South*, pp.37–41.

② Harold D. Woodman, *New South? New Law : The Legal Foundations of Credit and Labor Relations in the Postbellum Agricultural South*, pp.46–61.

权不能超过租佃农作物收成 1/3 的规定,以及种植园主的租金留置权需要书面合同的规定。1878 年的作物留置权法进一步将种植园主的"第一留置权"从租金扩展到借贷,这使得种植园主的租金和借贷留置权都优先于乡村商人的借贷留置权。① 除此之外,1879 年佛罗里达州、田纳西州,1880 年密西西比州,1885 年阿肯色州,1882 年弗吉尼亚州,1886 年路易斯安那州,1877—1885 年的阿拉巴马州也继续通过作物留置权法限制乡村商人的借贷留置权,进一步完善和保证种植园主的租金和借贷的"第一留置权"地位。② 其中,阿拉巴马州的作物留置权法对种植园主的保护和对乡村商人的限制最为彻底。

早在 1871 年代表种植园主利益的民主党第一次控制阿拉巴马州议会后,阿拉巴马州议会就通过了赋予种植园主的租金和借贷"第一留置权"的作物留置权法。1874 年民主党再次控制了州议会后,很快通过了一系列保护种植园主,打击乡村商人的作物留置权法。1877 年的作物留置权法废除了种植园主的留置权需要书面记录的规定,而对于从事借贷业务的乡村商人却仍然保留这一限制。1883 年的作物留置权法完全废除了对农业劳动者留置权的保护,以及对种植园主租金与借贷留置权的数量限制。此外,为了减少种植园主的借贷风险,这一作物留置权法规定,除了租佃农的作物收成之外,种植园主可以拿走租佃农的个人财产来抵消债务。乡村商人虽然也被赋予同样的权利,但是只有在种植园主拿走他认为足以偿还债务的财产之后,乡村商人才能够实施这一权利。最后,1883 年的作物留置权法还规定,租佃农以个人财产、作物收成作为抵押向乡村商人借贷必须事先得到种植园主的同意。③ 1885 年的作物留置权法更为彻底地扫除了种植园带乡村商人的势力。这一作物留置权法明确禁止乡村商人在阿拉巴马州黑人人口比重超过 75% 的 22 个县中的 21 个县和所有黑人人口比重在 50%—75% 之间的 20 个县中的 16 个县从事借贷业务。通过这一法律,乡村商人的势力被较为彻底地赶出阿拉巴马州的黑人带(2/3 左右的县)。大批的乡村商人由此开始离开种植园带,转入白人约曼自耕农聚居的内地与山区寻找新的商业机会。④

① Harold D.Woodman, *New South? New Law:The Legal Foundations of Credit and Labor Relations in the Postbellum Agricultural South*, p.50.

② Harold D.Woodman, *New South? New Law:The Legal Foundations of Credit and Labor Relations in the Postbellum Agricultural South*, pp.46-66.

③ Jonathan M.Wiener, *Social Origins of the New South:Alabama,1860-1885*, p.110.

④ Jonathan M.Wiener, "Planter-Merchant Conflict in Reconstruction Alabama", p.92.

（四）南部习惯法与日落法

民主党人重新上台后,为了维护种植园主的利益,对工资劳动者、分成农、租佃农(特别是分成租佃农)提供留置权的资格做出了明晰的区分与界定。虽然民主党人控制下的南部各州议会并没有通过专门的法律对分成农的性质与权利做出界定,[1]但是在涉及这一问题的案件中,南部各州法院纷纷对分成农与租佃农区分的标准,以及分成农和租佃农的性质与权利等问题做出新的司法解释,并在此基础上形成了审判相关案件所遵循的新的"判例"和"习惯法"。南部法院在审理涉及分成农留置权的案件中遵循的基本原则是:分成农属于工资劳动者(或雇佣工人),其作物分成就是地主支付给他的实物工资。租佃农是向地主支付租金的租佃者;分成农作为工资劳动者对作物收成并没有所有权与处置权,在收获季节后,其所有的收获物都被地主拿走,在估量价值后,按照分成比例分给分成农,因此分成农对作物收成并不持有留置权,也不具备转让留置权的权利。租佃农对作物收成持有所有权与处置权,因此,可以在作物留置权法的规定下转让作物收成的留置权。[2]　此外,南部各州的法院在审理涉及分成农留置权的案件中还明确了区分分成农与租佃农的标准:租佃农除了提供自己的劳动外,还需要提供土地以外的一切生产资料;而分成农则只提供自己的劳动,其他一切生产资料都由地主提供。[3]　通过南部法院对分成农性质和权利做出的新的司法解释,南部种植园主剥夺了种植园的分成农和农业工人对作物收成的留置权以及转让留置权的权利。这使得种植园主不仅获取了对农业工人和分成农作物收成的"第一留置权",而且完全控制了针对农业工人和分成农的借贷业务,从而将乡村商人与种植园主对租金和借贷留置权的争夺领域仅仅限于租佃农。这为种植园主最终成功地通过作物留置权法确立对租佃农

---

[1]　北卡罗来纳州是一个例外。1877 年北卡罗来纳州通过立法废除了租佃农和分成农的区别,将租佃农与分成农统称为分成农。这样,北卡罗来纳州的分成农与租佃农实际上都丧失了作物收成的留置权,从而使种植园主完全控制了对这些农业劳动者的借贷业务。Marjorie Mendenhall Applewhite, "Sharecropper and Tenant in the Courts of North Carolina", *The North Carolina Historical Review*, Vol.xxxi, No.2(Apr 1954) p.143.

[2]　Charles L.Flynn Jr., *White land, Black Labor: Property, Ideology, and the Political Economy of Late Nineteenth-Century*, p.86.Oscar Zeichner, "The Legal Status of the Agricultural Laborer in the South", *Political Science Quarterly*, Vol.55, No.3(Sep 1940), p.416.

[3]　Oscar Zeichner, "The Legal Status of the Agricultural Laborer in the South", p.416.A.B.Book, "A Note on the Legal Status of Share-Tenants and Share-Croppers in the South", *Law and Contemporary Problems*, Vol.4, No.4(Oct 1937), pp.539-541.Rupert B.Vance, "Human Factors in the South's Agricultural Readjustment Law and Contemporary Problems", pp.266-267.Fred A. Shannon, *The Farmer's Last Frontier: Agriculture, 1860-1897*, pp.88-89.

租金和借贷的"第一留置权"创造了有利条件。

最后,民主党人上台后,为了打击乡村商人与黑人的非法交易,解决所谓的"黑店"问题,南部各州的议会还通过了禁止乡村商人与种植园的黑人在日落到日出之前从事各项交易的"日落法"(sunset law)。例如,1872年佐治亚州的第一个"日落法"就规定,禁止"在日落到日出之间购买、出售、接受或运送……棉花、玉米、小麦、奶牛、豇豆、燕麦、黑麦、大麦",然而,这一法律却将这项禁令仅仅限于佐治亚州黑人集中的61个县。① 1875年阿拉巴马州的"日落法"除了限制日落到日出之前的交易外,还特别指出这项规定并不适用于种植园主和黑人在种植园主开设的商店内的交易。② 由于"日落法",乡村商人在种植园带的日常经营活动受到严重影响,从而在与种植园主围绕借贷业务的争夺中开始处于下风。

第三节　南部乡村借贷制度的地域分布新格局

19世纪70年代,随着南部各州代表种植园主利益的民主党人重新上台执政,南部各州议会相继通过了新的作物留置权法。这些法律最终对黑人分成农与租佃农作物收成的留置权问题进行了明确的界定,赋予种植园主的租金和借贷优先于乡村商人的借贷的作物留置权,从而使得种植园主在与乡村商人围绕借贷问题的斗争中占据主导地位。在这一法律规定的刺激下,大批的种植园主开始涉足借贷业务,而大批乡村商人则由于借贷业务的风险过高开始退出种植园带,前往南部的内地与山区寻找新的商机。19世纪80年代南部最终形成了种植园主控制种植园带黑人借贷业务和乡村商人控制内地与山区白人约曼自耕农借贷业务的新格局。

一、种植园主控制种植园带黑人借贷业务

19世纪70年代后,南部各州相继通过了新的作物留置权法,种植园主的租金与借贷最终获得了对租佃农作物收成的"第一留置权"。南卡罗来纳州的一位种植园主和邻近地区乡村商人的对话充分表明了种植园主在获得"第一留置权"后沾沾自喜的态度。"如果我们的租佃农向你出售棉花的

---

① Charles L.Flynn Jr., *White land, Black Labor: Property, Ideology, and the Political Economy of Late Nineteenth-Century*, p.94.

② Jonathan M.Wiener, *Social Origins of the New South: Alabama, 1860-1885*, p.94.

话,那就请你先开一张支票给我。我对他们的租金和日用必需品持有索取权(claim),在我的索取权得到满足之前,我不希望他们从棉花销售中得到一分钱。"①1877年南部重建结束后,随着南部各州由民主党人控制的议会继续制定并通过一系列有利于种植园主的留置权法和其他法律规定,越来越多的种植园主开始涉足乡村借贷业务,而乡村商人的借贷业务则遭受到沉重打击。这主要有三个原因:第一,新的留置权法赋予种植园主的租金和借贷对租佃农的作物收成享有"第一留置权",这使得在种植园主和乡村商人同时向租佃农提供借贷的情况下,种植园主可以首先从租佃农的作物收成中支取相当于租金和借贷的部分作物,然后,乡村商人才能从中支取相当于自己借贷的部分作物。在这种情况下,如果租佃农生产的作物不足以同时支付种植园主与乡村商人的租金与借贷,乡村商人必然会承受严重的经济损失。第二,由于新的南部习惯法区分了分成农与租佃农的权利,特别是规定分成农对自己的作物收成并不享有所有权与留置权,而是由提供土地与生产资料的地主享有,因此,分成农已经无权利用自己对作物收成留置权从乡村商人处获得借贷。这样,占黑人农业劳动者大多数的分成农的借贷业务最终完全由种植园主控制与垄断。第三,由于许多种植园主通常把借贷业务与租佃合同绑定在一起,甚至以拒绝签订租佃合同威胁种植园的黑人租佃农只接受种植园主提供的借贷而拒绝乡村商人提供的借贷。在这种情况下,乡村商人在与种植园主争取租佃农借贷业务的竞争中已经明显居于劣势。

正是在这一背景下,大批乡村商人开始离开种植园带,前往南部的内地与山区寻找新的商业机会。例如,韦纳对1860—1880年阿拉巴马州种植园带与山区乡村商人数量的统计发现,19世纪60—70年代,乡村商人的数量在种植园带出现了迅速增长的趋势,而19世纪70年代后,则开始迅速减少。1860—1870年种植园带乡村商人的数量一度从136人增长到247人,增长率为81.6%,而1870—1880年种植园带的乡村商人数量则减少了将近40%,只剩下148人。与此同时,每10,000名居民拥有乡村商人的数量也从21人减少到14人,减少了33.3%。1860—1870年种植园带出现的193名开设乡村商店的乡村商人在1870—1880年只剩下86人仍在继续经营。②

---

①　Thomas D.Clark,"In the Southern Retail Trade after 1865",*The Journal of Economic History*,Vol.3,Supplement:The Tasks of Economic History(Dec 1943),p.40.

②　Jonathan M.Wiener,*Social Origins of the New South:Alabama,1860-1885*,p.115.

在这种情况下，种植园主最终控制了南部种植园带的黑人借贷业务。这些种植园主大多在自己的种植园内开设商店，然后在种植园商店以借贷的方式向种植园的黑人分成农和租佃农出售各种生产与生活必需品。除此之外，种植园主有时也会以自己的作物与动产作为抵押，委托一名商人向种植园的分成农或租佃农提供借贷。1880 年后，种植园主通常是南部种植园带黑人分成农和租佃农的最直接的借贷来源。布兰能对南部种植园借贷问题的研究证明了这一点。在对 1920 年南部种植园带的 237个种植园的调查中，布兰能发现，其中 61% 的分成农与租佃农直接由种植园主提供借贷，而只有 39% 的分成农与租佃农由种植园主委托本地的商人提供借贷。①

随着越来越多的种植园主开设商店、兼营借贷业务，种植园主与商人的界限开始变得日益模糊。许多种植园主在介绍自己的职业时甚至自称为商人。在这一背景下，一个新的种植园主—商人（planter-merchant）群体开始在南部种植园带形成。②

二、乡村商人控制内地与山区白人约曼自耕农的借贷业务

乡村商人退出种植园带后，大多选择前往白人约曼自耕农聚居的内地与山区寻找新的商业机会。这使得内地与山区的地方借贷业务获得迅速发展，乡村商人与乡村商店的数量开始不断增长。例如，韦纳对阿拉巴马州山区的劳伦斯县（Lawrence County）研究发现，1870 年从事借贷业务的乡村商人数量为 36 人，1880 年则增长到 59 人，增长率为 64%，而每 10,000 名居民拥有乡村商人的数量则从 22 人增长到 28 人，增长率为 27%。③ 此外，1870—1880 年佐治亚州内地的商人数量从 481 人猛增长到 949 人（亚特兰大的商人除外），拥有商店的地方从 114 个增长到 199 个。④

---

① C.O.Brannen, *Relation of Land Tenure to Plantation Organization, with Development since 1920*, pp.61-62.

② 当然，这里有必要指出的是，借贷商人并没有完全退出种植园带。这是因为，南部种植园带还存在少量拥有小块土地的白人约曼自耕农和黑人小农场主，他们大多是通过借贷商人获得借贷的。此外，还有一些种植园主无力自己解决种植园黑人分成农与租佃农的借贷，因此，他们大多委托借贷商人代为向种植园的黑人分成农与租佃农提供借贷。当然，这种情况在南部的种植园带并不是普遍的，而且种植园主在其中依然占据主导地位。关于这一情况的分析，详见本书第三章第一节"一、种植园主提供借贷的方式"部分。

③ Jonathan M.Wiener, "Planter-Merchant Conflict in Reconstruction Alabama", p.90.

④ David F.Weiman, "The Economic Emancipation of the Non-Slaveholding Class: Upcountry Farmers in the Georgia Cotton Economy", *The Journal of Economic History*, Vol.45, No.1(Mar 1985), p.86.

随着借贷制度在南部内地与山区的发展,越来越多的白人约曼自耕农开始陷入沉重的债务,并由此失去土地,转变为租佃农,甚至分成农。随着越来越多约曼自耕农的土地流入乡村商人手中,乡村商人与大土地所有者的区别日益模糊。正是在这一背景下,一个新的商人—地主(merchant-landlord)群体开始在南部的内地与山区形成。

1880 年人口普查局发布的《美国棉花生产报告》对南部各州借贷制度的发展状况进行了专门调查与简要概括,从中我们可以看出借贷制度在黑人聚居区(种植园带)的主导地位,以及在白人聚居区(南部的内地与山区)的发展。在这里,我们集中考察阿拉巴马州与佐治亚州的情况。

1880 年在阿拉巴马州的梅塔莫菲克地区(Metamorphic Region),共 7 个县,其中 5 个县白人人数占绝大多数,另外 2 个县黑人人数略超过白人,"土地所有者常常会拥有价值相当于作物收成一半左右的借贷"。在库萨和边远的山谷地区(Coosa and Outlying Valleys Region),共 6 个县,其中 5 个县白人人数占绝对优势,1 个县黑人人数略超过白人,"借贷主要在有限的几个地方才能获得"。在科尔菲德地区(Coalfield Region),所有 7 个县白人人数都占据绝对优势,"借贷制度则刚刚发展起来"。在田纳西山谷地区(Tennessee Valleys Region),其中 7 个县白人人数占优势,1 个县黑人人数占优势,在奥克和派恩高地地区(Oak and Pine Upland Region),共 9 个县,其中 6 个县白人人数占优势,2 个县黑人人数占优势,1 个县白人与黑人人数相当,在中部平原地区(Central Prairie Region),12 个县黑人人数占据绝对优势,在长叶松林(Long-leaf Pine Region)地区,共 6 个县,其中 4 个县白人人数占绝对优势,2 个县白人人数略高于黑人,"借贷是普遍的,通常会耗费劳动者的所有作物"。①

佐治亚州也出现了同样的情况。在白人占大多数的佐治亚北方地区,除白人人数占绝对优势的卡图萨县(Catoosa County)与戈登县(Gordon County)之外,"其他 8 个县'在非常大的程度上'"借贷制度都是普遍的。在梅塔莫菲克地区(Metamorphic Region),共 65 个县,其中 23 个县黑人人数占据绝对优势,32 个县白人人数占据绝对优势,5 个县白人人口占据微弱优势,4 个县黑人人口占据微弱优势,1 个县白人与黑人人数相当,所有的县都存在借贷制度。其中白人人口占据绝对优势的尤宁县(Union County)、哈特县(Hart County)、班克斯县(Banks County)、哈勒尔森县(Haralson)、富尔顿县(Fulton),借贷制度只是"小规模地存在","但是在所有其他县"借贷

---

① U.S.Bureau of the Census, *Report on Cotton Production in the United States*, *Part II*, p.165.

数量则通常达到了"一半或四分之三的作物收成价值的程度"。在黑人占绝大多数的中部棉花带（Central Cotton Belt）的 26 个县，"除了马里恩县（Marion County）（黑人人数只比白人多 7 人）存在有限规模的借贷之外"，所有其他的县借贷制度都极为普遍。其中，"大约有一半的农场主获得相当于一半到四分之三作物收成价值的必需品、日用品和衣服"。在白人数量占据绝对优势的长叶松林地区（Long-leaf Pine Region）和海岸地区（Coast Region）的 33 个县，只有卡姆登县（Camden County）根本没有借贷制度存在；在白人人数占绝对优势的阿普灵县（Appling County）、科菲县（Coffee County）、贝林县（Berrien County）、蒙哥马利县（Montgomery County）、威尔科克斯县（Wilcox County）、韦恩县（Wayne County）、克林奇县（Clinch County）、埃科尔斯县（Echols County）与黑人人数占绝对优势的查塔姆县（Chatham County）、利伯蒂县（Liberty County），借贷制度制只是"在有限规模存在"；"在其他县，借贷制度则以非常大的规模存在，一半或一半以上的农场主获取占他们大部分作物价值的借贷"。①

　　从上面的分析来看，1880 年借贷制度在南部黑人聚居的种植园带基本占据了主导地位，与此同时，在白人约曼自耕农聚居的内地和山区，借贷制度也获得了长足发展。虽然内地与山区借贷制度的发展程度尚远远不及种植园带，而且借贷制度在内地与山区内部的发展也存在一定的地域差异，但是从发展趋势来看，南部已经基本形成了种植园主控制种植园带的黑人借贷业务和乡村商人控制内地与山区白人约曼自耕农借贷业务的地域格局。

　　在此之后，南部的借贷制度继续不断扩展与深入，内地与山区和种植园带在借贷制度发展程度方面的差距，以及内地与山区内部借贷制度发展的地域差异不断缩小，最终导致大多数南部的黑人农业劳动者和大批的白人农业劳动者都陷入"借贷的泥沼"。南部的农业现代化启动由此长期深陷困境。关于这一点，我们将在下面两章进行深入分析。

---

① U.S, Bureau of the Census, *Report on Cotton Production in the United States*, *Part II*, pp, 335-424, 440.

第三章　借贷制度与内战后南部
种植园经济的发展困境

1873年后随着民主党在南部各州重新上台,共和党人主导下的国会重建在各州陆续结束。民主党控制下的南部各州立法机构相继通过了赋予种植园主的租金与借贷"第一留置权"地位的作物留置权法,这使得南部的种植园带最终确立了由种植园主垄断和控制的借贷制度。作为种植园主剥削与控制黑人农业劳动者的重要手段,借贷制度对内战后南部种植经济发展的深刻影响一直延续到20世纪30年代的罗斯福新政时期。这一点主要体现在三个方面:首先,通过借贷制度的双重价格体制,种植园主榨取了种植园黑人农业劳动者的大部分剩余产品,从而使得他们长期深陷贫困与债务,甚至由此陷入"劳役偿债"的陷阱;其次,由于借贷制度造成的贫困,南部的黑人农业劳动者始终难以通过积累财产,转变为拥有土地的约曼自耕农,而只能作为分成农与租佃农长期依附于种植园主,由此长期被锁定在面积狭小的租佃农场;再次,通过借贷制度,种植园主牢牢控制了种植园黑人农业劳动者的作物选择,从而造成了他们在内战后近70年的时间里始终难以摆脱棉花生产为主体的畸形单一种植结构。

上述三个方面的困境,在很大程度上导致农业机械化和现代农业生产技术在内战后的南部农业中很难得到应用与推广,以及大部分农业人口长期被锁定在缺乏效率的农业生产,难以实现剩余农业人口向收入水平更高的东北部与中西部、西部城市与工业部门转移,南部种植园带的农业现代化启动由此长期深陷困境。

第一节　内战后南部种植园主的借贷制度

重建结束后,南部的种植园主通过作物留置权法成功地实现了对种植园带黑人借贷业务的垄断或控制。虽然种植园主曾经强烈反对乡村商人的借贷制度,但是种植园主控制与垄断下的借贷制度与重建时期乡村商人的借贷制度在资金来源、经营方式等方面并没有本质的区别。这表明种植园主实际上并非反对借贷制度,而只是反对乡村商人控制与垄断借贷业务。19世纪70年代后期,随着越来越多的种植园主开始从事借贷业务,种植园主与借贷商人的职业界限变得日益模糊,一个新的种植园主—商人阶级开始在种植园带形成。

一、种植园主提供借贷的方式

内战后南部种植园主提供借贷的方式主要有两种:(一)种植园主直接向种植园的黑人分成农与租佃农提供借贷。在每年的生产季节前,种植园主通常首先使用自己的作物与其他个人财产作为抵押从本地的银行获得贷款,然后利用贷款从批发商或供应商手中购买各种商品,之后通过自己在种植园内开设的杂货店(general store)以赊销的方式将这些商品出售给种植园的黑人分成农与租佃农。正如哈特所指出的,"在种植园,种植园主通常自己向他的劳动人手提供借贷,并且出于这个目的,经营一家店铺或'种植园商店'(plantation store)"。① 1900年密西西比州的棉花种植园主凯尔在接受国会调查时对种植园商店的功能做出解释,"种植园商店就是种植园里的商店。种植园主通常拥有并经营这种商店,并向劳动者预支各种日用必需品"。"种植园商店有时是一家杂货店,但是……,严格意义上来讲,它是一家种植园商店。它仅仅向种植园的劳动者提供各种日用必需品"。这位种植园主承认,种植园的劳动者在作物出售以前大多以借贷的方式从种植园商店获得必需用品。② 为了刺激黑人农业劳动者在种植园商店的借贷,种植园主通常在生产季节向种植园的黑人农业劳动者发放"兑换券"作为赊购的凭证,而这些"兑换券"通常只能在种植园主开设的种植园商店使用。③ (二)种植园主通过少量继续留在种植园带城镇的借贷商人向种植园的黑人分成农与租佃农提供借贷。这种借贷方式主要发生在种植园主不能从银行或批发商手中获得贷款和借贷的情况下。这种借贷方式主要存在两种形式:1.种植园主通常委托一名关系密切的借贷商人直接向种植园的分成农与租佃农提供各种(实物)借贷,并在保留租金留置权的情况下,通过成文的"背书"(indorsement)④将自己对分成农或租佃农作物收成的借贷留置权转让给借贷商人。要求通过正式的"背书"转让借贷留置权的做法体现了借贷商人试图规避风险的诉求。这是因为,虽然在种植园主不

① Albert Bushnell Hart, *The Southern South*, New York: Negro Universities Press, 1910, p.268.
② United States Industrial Commission, *Report of the Industrial Commission on Agriculture and Agricultural Labor*, p.470.
③ Harold D.Woodman, *New South? New Law: The Legal Foundations of Credit and Labor Relations in the Postbellum Agricultural South*, p.88.
④ 所谓的"背书"就是种植园主转让作物留置权的契约。

提供借贷的情况下,种植园主对租佃农的作物收成没有借贷留置权,但是种植园主对租佃农借贷的"第一留置权"仍然保留。这使得借贷商人对种植园的黑人租佃农提供借贷的业务承担了巨大的潜在风险。这是因为,一旦种植园主在生产季节向租佃农提供借贷的话,根据留置权法,借贷商人的借贷留置权依然滞后于种植园主的借贷留置权。此外,由于根据南部的习惯法,分成农对作物收成并无所有权和处置权,因此,在种植园主没有正式承诺转让留置权的情况下,借贷商人对分成农提供借贷并不能获得对后者作物收成的留置权。在这种情况下,借贷商人大多要求种植园主与之签订转让借贷留置权的背书,从而减少潜在的经营风险,保证借贷商人的借贷对分成农或租佃农的作物收成持有留置权(这种留置权依然滞后于种植园主的租金留置权,但优先于其他一切借贷留置权)。
2.种植园主委托借贷商人直接向种植园的分成农与租佃农提供各种(实物)借贷,并为他们的借贷提供担保。分成农与租佃农的所有借贷都记在种植园主的账上,并在作物收获后,由种植园主向借贷商人偿还。借债的黑人农业劳动者除了向种植园主缴纳租金和支付与借贷价值相当的作物收成外,还需要附加一笔中介费用。[1]

　　种植园主通过借贷商人向种植园的黑人分成农与租佃农提供借贷的方式在种植园带并不占据主导地位。由于借贷业务的高额利润,南部的种植园主大多并不愿意放弃这一业务。正如田纳西州孟菲斯的一位种植园主所指出的,"我更愿意提供实际的生活必需品,而不是放弃(借贷)留置权,也就是说我会在他们种植作物时,向他们提供肉和玉米粉"。[2]

　　19世纪70年代后半期,随着南部各州的作物留置权法相继确立了种植园主的租金和借贷对黑人分成农与租佃农作物收成的"第一留置权"地位,大批乡村商人开始退出种植园带,前往内地与山区寻找新的商业机会。在这一背景下,种植园主开始大规模地进入借贷业务,[3]并最终成为种植园的黑人分成农和租佃农最主要的借贷来源。1877年佐治亚州农业委员会的年度报告指出,在佐治亚州的种植园带,黑人获得生产与生活必需品的来

[1]　Harold D.Woodman, *New South? New Law : The Legal Foundations of Credit and Labor Relations in the Postbellum Agricultural South*, p.42. C.O.Brannen, *Relation of Land Tenure to Plantation Organization ,with Development since 1920*, pp.61–62.

[2]　United States Industrial Commission, *Report of the Industrial Commission on Agriculture and Agricultural Labor*, p.475.

[3]　Roger L.Ransom and Richard Sutch, *One Kind of Freedom : the Economic Consequences of Emancipation*, p.146.

源有三个:种植园主、商人、银行。其中,种植园主是他们最主要的借贷来源。商人提供借贷只是存在于那些外居地主(absentee landlord)所处的地区和缺乏严密组织的地方。① 1901 年佐治亚州的农业局局长史蒂文斯也指出,"地主向租佃农提供贷款和借贷是普遍的"。"这种制度在我们的地区一直是普遍的事情。不仅在黑人租佃农当中,而且在白人当中也是普遍的"。② 1920 年布兰能对南部种植园带借贷制度的调查发现,黑人租佃农与分成农的借贷最直接的来源是种植园主。在对其中 237 个种植园的抽样调查发现,大约有 61%的种植园主直接向种植园的农业劳动者提供借贷,只有 39%的种植园主通过当地商人提供借贷。③

从上面的数据来看,19 世纪 80 年代后,种植园主基本上控制了种植园带黑人农业劳动者的借贷业务,成为种植园的黑人分成农与租佃农的最主要借贷来源,而传统的乡村商人则大多退出了种植园带的地方借贷市场。另一方面,上述数据也表明,19 世纪 80 年代后,确实还有一部分南部种植园主采用委托借贷商人向种植园的黑人农业劳动者提供借贷的方式。然而,在这种借贷方式下,种植园主已经不再像内战后初期那样被乡村商人排挤于借贷业务之外,而是对借贷业务持有相当高的主导权和控制权。这一主导权与控制权主要体现在以下几个方面:

第一,由于获得借贷商人的借贷需要种植园主提供借贷担保或者签订转让借贷留置权的背书,黑人分成农与租佃农实际上并不能随意选择借贷商人,而是必须征得种植园主的同意,或者由种植园主指定人选。同样,由于作物留置权法的限制,借贷商人也不能随意越过种植园主向黑人分成农与租佃农提供借贷,而是必须事先得到种植园主的同意。在这种情况下,种植园主对借贷商人的人选具有最终的决定权。种植园主通常会指定一位让自己满意的借贷商人作为种植园黑人农业劳动者的借贷供应商。

第二,许多向种植园农业劳动者提供借贷的城镇借贷商人都与种植园主存在亲密的关系。这种关系有时是家庭亲属关系,有时则是朋友或合作

① Georgia Dept of Agriculture,*Annual Report of the Commissioner of Agriculture of the State of Georgia for the Year 1882*,Atlanta,Ga.:State of Georgia,p.95.

② United States Industrial Commission,*Report of the Industrial Commission on Agriculture and Agricultural Labor*,p.907.

③ C.O.Brannen,*Relation of Land Tenure to Plantation Organization*,with Development since 1920,pp.61-62.

者的关系。根据 R.G.邓恩代理商行(R.G.Dun Mercantile Agency)①的记录,许多本身并非土地所有者的借贷商人往往与种植园主存在紧密的家庭关系。例如,密西西比州兰金县一位年轻的乡村商店店主巴特(H.H.Batte)的父亲就是一位种植园主。蒂尼卡县(Tunica County)的种植园主泰特(A.A.Tate)的儿子是一名从事借贷业务的商人。② 种植园主格里姆鲍尔(Grimball)的儿子开设了一家乡村商店,成为一名向种植园的黑人农业劳动者提供借贷的商人。虽然格里姆鲍尔本人极力反对,但最终还是同意了儿子的要求,因为他认为"这总要比他完全无所事事好得多"。③ 除此之外,还有些种植园主作为合作者与城镇借贷商人共同投资开设商店。他们大多采取入股的方式进行投资,兰瑟姆与萨奇将其称为"沉默的投资人"(silent investor)。密西西比州兰金县的一家商店就有两位投资人是种植园主,他们每人的不动产价值至少 10,000 美元。另外一家商行的入股人之一则是一位拥有 20,000 美元不动产的种植园主。④

　　第三,在种植园主为黑人农业劳动者借贷提供担保的情况下,为了确保这些黑人农业劳动者能够偿还债务,种植园主通常会对借贷商人提供借贷物品的种类、数量、价值进行严格控制,并通过账目严格监视借贷商人与黑人农业劳动者的交易。1901 年 4 月 12 日,阿拉巴马州的农业局局长普尔(Robert Ransom Poole)在国会的调查听证会上的证言证明了这一点。"他(借贷商人)对分成农的作物份额持有留置权。他会不断地询问种植园主以得到他的允许。他会说,'吉姆·琼斯(Jim Jones)希望从我这里得到借贷;你有什么反对意见吗?同意还是不同意。你认为多少数额对他来说是合适的'。"⑤

　　第四,在借贷商人提供借贷的情况下,种植园主通常会向种植园的黑人

---

① R.G.邓恩代理商行是东北部的一个信用评价机构。它利用遍布南部各地的信用报告人对南部乡村商人的信用与其他信息做出记录与评估。东北部的银行、批发商与制造商在向南部的乡村商人和种植园主提供借贷前,大多从 R.G.邓恩代理商行购买相关的信息作为选择不同候选人的参考。Roger L.Ransom and Richard Sutch, *One Kind of Freedom: the Economic Consequences of Emancipation*, pp.121-122.

② Roger L.Ransom and Richard Sutch, *One Kind of Freedom: the Economic Consequences of Emancipation*, p.147.

③ James L.Roark, *Masters without Slaves: Southern Planters in the Civil War and Reconstruction*, p.152.

④ Roger L.Ransom and Richard Sutch, *One Kind of Freedom: the Economic Consequences of Emancipation*, p.147.

⑤ United States Industrial Commission, *Report of the Industrial Commission on Agriculture and Agricultural Labor*, p.926.

农业劳动者征收一笔借贷的中间费用或担保费用。①

　　1893年1月3日，阿拉巴马州马伦戈县（Marengo County）的种植园主阿利森（John M. Allison）委托该县借贷商人布朗（John C. Brown）向他的分成农普韦尔（Frank Prowell）夫妇（黑人）提供借贷的一封信件是种植园主委托借贷商人向种植园的黑人分成农和租佃农提供借贷的典型形式：②

　　　　这封信由弗兰克·普韦尔转交给你，今年他想与我一起工作。他有一份成文的合同，烦请你向他宣读，并让他在上面签上名字。烦劳你让他获得5美元的商品，并向我收取费用，这样我就能随时看到他的账目。此外，弗兰克·普韦尔的妻子夏洛特（Charlotte）也打算在我这里耕种一小块地。我打算向她提供足以生产两包以上棉花的土地，这样她就可以至少获得一包棉花。请你向她提供这块田地所需的一些东西——当然，会由我来负担。我会在几天之内对我这一年的抵押做出安排。烦劳让她拥有5美元价值的物品，并记入她——夏洛特·普韦尔（Charlotte Prowell）的账目中。

　　除此之外，克拉克也记载了南部种植园主委托借贷商人向他的黑人租佃农提供借贷的例子，从中我们可以更加形象地看出种植园主在这种借贷方式中的主导地位：③

　　　　在整个生产季节，他们（种植园的黑人租佃农）以作物留置权的方式购买商品，他们大多都有一个借贷限额，并用红色的字母潦草地写在他们个人账户的标题上。一位种植园主在他的租佃农的留置权账户上写道："他的留置权不应该超过60美元。我想让你（借贷商人）做的只是通知他，他的留置权限额已经超出……"另外一些种植园主会要求借贷商人严格限制租佃农的借贷数量，以确保他们在秋天能够偿付债务。一位处事谨慎的阿拉巴马州种植园主写信给一位阿拉巴马州的商人，"请将诺厄·科利尔（Noah Collier）在11月（的借贷）限制在4美元的总量"。另一位种植园主则要求借贷商人向租佃农布莱克（Blake）

①　Thomas D. Clark, "The Furnishing and Supply System in Southern Agriculture since 1865", p.32. Glenn N. Sisk, "Rural Merchandising in the Alabama Black Belt, 1875–1917", p.706. Harold D. Woodman, "Post-Civil War Southern Agriculture and the Law", p.330.

②　Thomas D. Clark, *Pills, Petticoats, and Plows: The Southern Country Store*, p.277.

③　Thomas D. Clark, *Pills, Petticoats, and Plows: The Southern Country Store*, pp.277–278.

提供数量严格限制的口粮:2.5蒲式耳玉米,1蒲式耳粗玉米粉,10磅熏猪肉,并要求这位商人"请逐条登记他(布莱克)的账目,我想看到他正在购买什么"。

二、种植园主的借贷合同

"国会重建"结束后,虽然南部各州通过新的作物留置权法大多规定,种植园主不需要书面的租佃合同就可以对分成农和租佃农的作物收成持有"第一留置权",[①]但是,在实际生活中,为了防止留置权纠纷的产生,许多种植园主还是会选择与分成农和租佃农签订书面的租佃合同(包括分成合同)和借贷合同。种植园主的书面借贷合同通常存在两种形式:(一)借贷合同的条款附属于分成合同或租佃合同之中;(二)种植园主与租佃农签订单独的作物留置权合同。种植园主往往根据分成农或租佃农的不同情况,选择不同的借贷合同形式。

由于种植园主既是土地所有者,又是借贷提供者,因此,许多种植园主通常选择将借贷业务直接与分成制合同或租佃合同绑定在一起,也就是将借贷合同的条款写入分成制合同和租佃合同中。

1886年北卡罗来纳州韦克县的种植园主米阿尔与分成农鲍威尔签订的分成制合同就是一个典型的借贷业务与分成制合同直接绑定的例子(关于借贷的条款已经加黑标出):[②]

> 这份合约由北卡罗来纳州韦克县的阿朗索·T.米阿尔和芬纳·鲍威尔双方共同制定和达成。
>
> 兹证明—芬纳·鲍威尔已经和阿朗索·T.米阿尔进行了谈判并同意在1886年作为一名分成农在自己所居住并由米阿尔所有的那块土地上工作……芬纳·鲍威尔同意忠实而勤劳地工作,不会有任何不必要的时间浪费,同意在这个农场上从事米阿尔有可能指派的各种工作,

---

① 参见本书第二章第二节"二、种植园主—乡村商人的利益冲突与作物留置权法"部分。

② Alonzo T.and Millard Mial Papers, *North Carolina Department of Archives and History*, quoted in Roger L.Ransom and Richard Sutch, *One Kind of Freedom:the Economic Consequences of Emancipation*, p.91.另一个典型的例子是南卡罗来纳州种植园主苏珊·J.希尔与黑人分成农阿尔文·汤普森(Alvin Thompson)、米尔顿·T.钱尼(Milton T.Chaney)、勒迪·贾维斯(Ludie Javais)的分成制合同,见Rosser H.Taylor, "Post-Bellum Southern Rental Contracts", pp. 125-127.

并在行为举止上对米阿尔保持恭敬。米阿尔同意免费向鲍威尔提供骡子及其饲料和用于种植作物的所有工具和种子,并给予鲍威尔其所种植收获的所有作物收成的一半(棉籽除外)。**米阿尔同意每个月向鲍威尔预支 50 磅熏猪肉、两大袋粗玉米粉,以及偶尔临时预支一些面粉,这些东西要用鲍威尔作物收成的份额来偿付。**我们双方在 1886 年 1 月 6 日的签字和印章作为证明。

证人   A.T.米阿尔[签字]
W.S.米阿尔[签字]   芬纳·鲍威尔[画押]

1908 年南卡罗来纳州的种植园主希尔(John S.Hill)与种植园的黑人租佃农图姆布林一家签订的租佃合同则是一个典型的借贷合同与租佃合同直接绑定的例子(关于借贷和留置权的条款已经加黑标出):①

南卡罗来纳州劳伦斯县
    这项合同由南卡罗来纳州劳伦斯县的第一方约翰·S.希尔与第二方詹姆斯·M.图姆布林、T.R.图姆布林、W.D.图姆布林制订和达成,第二方所有人都来自劳伦斯县。兹证明:1909 年第一方租给第二方位于南卡罗来纳州格雷考特附近的迪尔斯镇(Dials Township)劳伦斯县的一个农场。根据以下条款:
    上述第一方同意提供或租给第二方下述地方的农地。……
    第二方同意很好地耕种上述土地,保证使所有道路都得到很好地修整,第二方同意不砍伐任何林木…… **第一方同意以 1 美元/蒲式耳的价格卖给第二方 75 蒲式耳玉米,同时还以 2 美元/100 捆左右的价格提供 2500 捆草料,以 1 美元/包的价格提供 25 包干草。第一方同意从 1909 年 2 月 1 日到 7 月的 6 个月内每月向图姆布林德预支 30 美元,8 月份预支 20 美元。**
    第二方同意为使用土地支付给第一方 5 包严格意义的中绒棉(作为租金),每包重 500 磅。租金用上述土地上首次收获的棉花支付。
    接下来的一项内容是,第二方同意使用缴纳租金后收获的所有棉花或作物来满足或偿付第一方对借贷给第二方的钱和日用必需品的索取要求。

① Rosser H.Taylor, "Post-Bellum Southern Rental Contracts", pp.127-128.

　　第二方也同意给第一方作物收成的第一留置权和抵押权来保证上述债务的安全。第二方同意自备牲畜和农具来耕种作物。

我们在 1908 年 12 月 10 日的签字和印章作为证明。

证人：W.H.麦金尼　　　　　　约翰·S.希尔

　　　　A.W.希尔　　　　　　詹姆斯·M.图姆布林［印章］

　　　　C.W.泰勒　　　　　　W.D.图姆布林［印章］

　　　　S.L.柯里　　　　　　T.R.图姆布林［印章］

　　除此之外，有些种植园主为了减少借贷的风险，防止借债的分成农或租佃农在不能偿还债务情况下否认债务的情况发生（特别是在法庭审理类似案件时），也会在租佃合同之外与借贷的分成农或租佃农签订一份单独的作物留置权合同（crop lien bond）。为了减少潜在的纠纷，这种留置权合同通常对借贷双方在借贷过程中各自的权利（特别是在借债人无力偿还债务的情况下，种植园主对借债人私有财产的处置权利）和各自承担的责任、义务做出极为详细的规定。

　　1876 年北卡罗来纳韦克县的种植园主—商人米阿尔与种植园的梅德林（A.Robert Medlin）签订的一份留置权合同非常具有典型性：①

北卡罗来纳州韦克县

　　协议的条款：北卡罗来纳州韦克县的阿朗索·T.米阿尔（第一方）与 A.罗伯特·梅德林（第二方）根据北卡罗来纳州制宪会议的法案——"出于农业目的获取借贷的法案"达成一项农业留置权合同。

　　由于 A.罗伯特·梅德林正在耕种土地，但是缺乏必要的生产资料，阿朗索·T.米阿尔同意提供给 A.罗伯特·梅德林不超过 150 美元

---

① Alonzo T.and Millard Mial Papers, *North Carolina Department of Archives and History*, in Roger L. Ransom and Richard Sutch, *One Kind of Freedom: the Economic Consequences of Emancipation*, p. 124.值得注意的是，虽然兰瑟姆与萨奇使用了这一资料，但是他们却将阿朗索·T.米阿尔视为传统意义的乡村商人，将这份留置权合同视为乡村商人的留置权合同。实际上，米阿尔并非传统意义上的乡村商人，他在内战前以及内战后初期一直是一名种植园主，只是后来成功地转变为一名从事借贷业务的种植园主—商人。除了出租土地之外，他还在自己的种植园开设种植园商店，并向种植园的分成农与租佃农提供各种借贷，而并非是兰瑟姆与萨奇所说的单单从事借贷业务的乡村商人。关于内战后种植园主米阿尔的租佃合同，详见 Joseph D.Reid, Jr., "Sharecropping As an Understandable Market Response: The Post-Bellum South", pp.107–108, 116–117.

的商品与日用必需品，以使他能在 1876 年进行耕种和收获作物。

考虑到上述因素，1876 年 A.罗伯特·梅德林给予阿朗索·T.米阿尔下述土地所有收获作物的留置权：A.罗伯特·梅德林的土地，临近尼尔森·D.佩恩·塞缪尔·班奇（Nelson D.Pain Samuel Bunch）和其他的土地。

此外，由于 A.罗伯特·梅德林接受了借贷，借贷的收据已经证明了这一点，……A.罗伯特·梅德林就要交易、出售、转让给阿朗索·T.米阿尔及他的继承人、财产受让人下述的不动产与个人财产：所有的马、绵羊和肥猪——马车与厨具。阿朗索·T.米阿尔和他的继承人、财产受让人可以持有上述财产以及这些财产的附属财产。

如果在 1876 年 11 月 1 日之前到期的借贷账目没有偿清的话，A.罗伯特·梅德林对上述财产的持有就变得无效：阿朗索·T.米阿尔和他的遗产管理人、遗嘱执行人，以及财产受让人就有权依法占有上述作物、个人财产，并且在登出广告 15 天后出售这些财产以获得现金。由此获得的收益将用于偿清留置权账目，以及销售上述财产的成本与支出，剩余的钱将支付给 A.罗伯特·梅德林或者他的合法代理人。

证据：1876 年 2 月 29 日上述双方都按了手印并盖了章。

A.罗伯特·梅德林

阿朗索·T.米阿尔

证人：L.D.古德洛

最后有必要指出的是，从上面的三个合同来看，虽然第一个合同规定种植园主米阿尔向分成农鲍威尔提供各种借贷，并要求鲍威尔用作物收成的份额来偿还，但是并没有明确提及米阿尔的借贷对鲍威尔作物收成的留置权问题。这与种植园主希尔与图姆布林签订的租佃合同，以及米阿尔与梅德林签订的作物留置权合同中明确规定提供借贷的种植园主对租佃农的收获物持有"第一留置权"形成了较大差异。其实，这并不是种植园主米阿尔的疏忽，而是因为根据南部重建结束后各州新的习惯法，分成农的性质是工资劳动者，对于作物收成并没有任何留置权和处置权，种植园主对分成农的所有作物收成拥有明确的所有权和处置权，因此，种植园主对分成农的所有作物收成持有完全意义上的留置权。由于南部的习惯法规定租佃农对自己的作物收成持有所有权和留置权，因此，种植园主只能通过借贷的方式使租佃农将作物留置权转让给种植园主，所以第二个租佃合同和第三个留置权合同才会对此明确地多次予以说明。

三、种植园主借贷业务的经营方式与剥削机制

虽然种植园主曾经强烈反对乡村商人的借贷制度,但是在控制与垄断了种植园带的借贷业务后,他们却变得越来越"商人化",并采取了与乡村商人几乎完全一样的经营方式与剥削机制。

第一,种植园主大多通过土地与财产抵押从南部的银行获得贷款。19世纪70年代后,随着种植园主经济实力的恢复,许多种植园主开始通过土地与财产(包括棉花收成)抵押从南部的银行(主要是州立银行和私立银行)获得贷款,从而在很大程度上解决了种植园主资金不足的问题。1901年阿拉巴马州的一位种植园主指出,"我们的银行设施在过去的25年有了很大的改善。拿我的县为例……25年前只有一家银行,那个时候,农场主们(指种植园主——笔者注)从莫比尔(Mobile)和塞尔马(Selma)的代销商那里借钱,并保证把棉花运到这些商人那里。现在我们的县有6家银行,任何品质优良,被认为有能力偿还债务的人都可以到任何一家银行,写下借据并以8%的利率获得他所需要的钱"。[1] 1920年布兰能对南部种植园带借贷问题的调查发现,"种植园经营者的借贷几乎完全依赖于本地的银行机构。在大多数情况下,如果贷款规模相对较大的话,就需要用不动产和个人财产作为抵押"。[2] 尼尔森对亚祖—密西西比河三角地的调查也发现,内战后至20世纪20年代,银行是种植园主的短期借贷的最重要来源。其中,密西西比州和阿肯色州种植园主50%—80%的短期借贷来自于银行。[3]

第二,种植园主通常从南部大城市的批发商或代理商手中直接购买或者以借贷的方式购入各种商品,然后在自己开设的种植园商店中将这些产品出售(主要是赊销的方式)给种植园的黑人分成农与租佃农。1901年孟菲斯的一位代理商在接受国会调查时的证言证明了种植园主与南部的批发商及代理商的密切关系,"我们直接或间接与河谷低地的种植园主开展业务,而山区的业务则主要或完全与乡村商人开展"。[4] 根据

---

[1]　United States Industrial Commission, *Report of the Industrial Commission on Agriculture and Agricultural Labor*, p.926.

[2]　C.O.Brannen, *Relation of Land Tenure to Plantation Organization*, *with Development since 1920*, pp.61-62.

[3]　Aksel Evald Nielsen, *Production Credit for Southern Cotton Growers*, p.53.

[4]　Michael Schwartz, *Radical Protest and Social Structure*; *The Southern Farmers' Alliance and Cotton Tenancy*, *1880-1890*, p.56.

尼尔森的调查,1920 年密西西比州和阿肯色州种植园主分别有将近 20%和 5%—10%的借贷来自于批发商。而在亚祖—密西西比河三角地的杂货批发公司有 50%—90%商品都销给经营种植园商店或杂货店的种植园主。[①]

第三,与乡村商人的借贷制度一样,种植园主向种植园的黑人分成农与租佃农提供的借贷大多为 6 个月(3—9 月份)左右的短期小额借贷。借贷数额的具体大小通常取决于种植园主根据借债人种植棉花的数量,以及对未来棉花价格的判断。1920—1921 年,布兰能对南部种植园 724 个分成农的抽样调查发现,人均借贷规模为 289 美元,而对 506 个种植园的租佃农抽样调查则发现,人均借贷规模为 506 美元。[②]

第四,南部种植园主向黑人农业劳动者提供的借贷主要由个人消费资料和生产资料两个部分组成,其中个人消费资料占据了借贷支出的大部分。一项对北卡罗来纳州 1024 个黑人农业劳动者的研究发现,他们平均的借贷总额是 182.4 美元,50.9%的人需要食物和家庭日用必需品。其中黑人土地所有者的借贷中用于个人消费的比重在 43.8%,而租佃农用于个人消费的比重则高达 62.4%。[③] 在个人消费资料的借贷中,食物,特别是南部最主要的两种食物——玉米和熏猪肉占了大部分的比重,除此之外,还包括面粉、大米、盐、烟草、衣服、鞋子等消费品。在农业生产资料的借贷中,化肥构成了最主要的项目,除此之外,还包括饲料、农具、牲畜等。正如一位种植园主对国会调查者指出的,"留置权首先是基于生活必需品,其次是化肥,在一定程度上才是基于骡子和农具"。[④]

第五,种植园主在向种植园的黑人分成农与租佃农提供借贷的时候,依然采取作物留置权体制。他们同样会要求借债人首先种植固定数量的棉花作为借贷的抵押,除此之外,有时也会要求他们增加其他作物或个人财产作为附属抵押。

第六,种植园主在提供借贷时同样采取现金价格与借贷价格的双重价格机制。19 世纪 70 年代,南部各州的立法机构纷纷通过了"高利贷法"(u-

①　Aksel Evald Nielsen, *Production Credit for Southern Cotton Growers*, p.54.

②　C.O.Brannen, *Relation of Land Tenure to Plantation Organization*, *with Development since 1920*, p.62.

③　Thomas J. Woofer, *Landlord and Tennant on the Cotton Plantation*, Washington, D. C.: Work Progress Administration, Division of Social Research, 1936, p.220.

④　United States Industrial Commission, *Report of the Industrial Commission on Agriculture and Agricultural Labor*, p.518.

sury laws）。高利贷法禁止从事高利贷业务，并将最高借贷利率限定在6%—11%左右。① 在这种情况下，从事借贷业务的种植园主与商人一样大多选择将借贷利率定在11%以下，而在实际经营中主要通过收取高额的借贷价格榨取利润。

　　除此之外，与乡村商人的借贷业务一样，种植园主控制的借贷业务同样具有账目复杂、剥削形式隐蔽和地域垄断性（针对种植园的黑人分成农与租佃农）的特点。②

　　1899年6月21日，佐治亚州霍金斯维尔县的种植园主洛夫乔伊在接受国会众议员利文斯顿调查时，详细描述了他的借贷业务的经营方式与剥削机制。洛夫乔伊早在内战前就是一名种植园主，但是在接受利文斯顿的调查时却自称"是一名佐治亚州的商人和种植园主"。一方面，洛夫乔伊在自己的种植园内实行分成制、租佃制和雇佣工资制，"我们向他们中的一些人出租土地，与一些人实行作物分成，向另外一些人支付工资"。另一方面，他也开设种植园商店从事针对黑人农业劳动者的借贷业务。洛夫乔伊告诉利文斯顿，他主要通过国内的经纪人从中西部购入熏猪肉和玉米，然后再以赊销的方式出售给种植园的黑人农业劳动者。在玉米与熏猪肉价格上涨的时节，他也会在种植园内组织工资劳动者种植一些玉米、饲养一些牲畜，以此向种植园内的分成农与租佃农提供借贷。洛夫乔伊的种植园商店实际上是一家杂货店，主要出售纺织品、各种食品，以及其他日常生活用品。洛夫乔伊承认，种植园商店出售的同一种商品往往会有两种不同的价格：销售价格（selling price）与借贷价格（price on credit）。销售价格实际上就是现金价格。1898年他的种植园商店以53美分/蒲式耳的批发价格从中西部购入玉米，然后以60美分/蒲式耳的现金价格或者75美分/蒲式耳的借贷价格出售给种植园的黑人农业劳动者。此外，种植园商店出售的熏猪肉的现金价格是6美分/磅，而借贷价格通常需要7.5—10美分/磅。洛夫乔伊承认，他对于信誉好的借债人通常会收取较低的借贷价格，而对于信誉差的借债人，往往会收取较高的借贷价格。最后，洛夫乔伊指出，他在提供借贷时只要求"获取棉花作物

---

① 例如，19世纪90年代，田纳西州最高合法借贷利率是6%，阿拉巴马州是8%，北卡罗来纳州是6%，后来又变为8%，佐治亚州是8%，阿肯色州是9.44%，密西西比州9.74%，佛罗里达州是10.74%。United States Industrial Commission, *Report of the Industrial Commission on Agriculture and Agricultural Labor*, pp.516,926,432,912.理查德·富兰克林·本塞尔：《美国工业化的政治经济学 1877—1900》，第33页。

② 参见本书第二章第一节"三、乡村商人借贷业务的经营方式与剥削机制"部分。

的抵押"。① 下面是国会调查者利文斯顿与洛夫乔伊的谈话节录:②

　　利文斯顿:你以借贷的方式向棉花种植者提供借贷吗?

　　洛夫乔伊:是的。

　　利文斯顿:你对借贷的商品收取多少差价呢?

　　洛夫乔伊:我们通常对信誉差的人(cheap men)收取稍高(pretty good)的差价,这是因为我们偶尔会碰到这样的人。

　　利文斯顿:大概多少呢?

　　洛夫乔伊:大概 25%。

　　利文斯顿:你向你所称之为信誉好的人收取多少费用呢?

　　洛夫乔伊:我们以 10% 的差价卖给信誉好的人(good men)。

　　利文斯顿:这就是你向棉花种植者收取如此高的差价的原因吗?

　　洛夫乔伊:是的。你看,我们承担了所有的风险。……除了作物以外,我们没有什么抵押担保,如果他们的作物生产歉收,或者发生一些事情使得他们不能耕种,就会带来显而易见的损失,因此,你要知道我们不得不考虑让所有人来支付这一损失。

　　虽然洛夫乔伊宣称对于信誉好的人只征收 10% 的差价,但是这位种植园主—商人也承认,由于"你无法分辨谁是信誉好的人;一个人可能今年信誉好,明年的信誉就变差了",因此,实际上"一个信誉良好的人不得不为信誉差的人支付账目,虽然这是不应该的"。③

　　洛夫乔伊在接受国会议员利文斯顿的调查时很有可能出于种种顾虑隐瞒了借贷价格的实际水平,但是从他的借贷业务的资金来源、经营方式、剥削机制等方面来看,与内战后初期乡村商人的借贷制度显然并没有区别。由此我们可以看出,南部的种植园主实际上并不反对作物留置权体制与借贷制度,他们真正反对的是乡村商人对借贷业务的把持与垄断。在通过法律途径夺取了种植园带借贷业务的主导权后,南部的种植园主并没有废弃乡村商人的借贷制度,而是将其几乎原封不动地保留下来。正是在这样的

---

① United States Industrial Commission, *Report of the Industrial Commission on Agriculture and Agricultural Labor*, pp.75—77.

② United States Industrial Commission, *Report of the Industrial Commission on Agriculture and Agricultural Labor*, p.77.

③ United States Industrial Commission, *Report of the Industrial Commission on Agriculture and Agricultural Labor*, p.77.

背景下,越来越多的南部种植园主开始转变为种植园主—商人。

第二节　借贷制度与内战后南部黑人
种植园经济的发展困境

借贷制度是内战后美国南部种植园主控制与剥削黑人分成农或租佃农的重要机制。正是通过借贷制度,种植园主迫使内战后美国南部大多数黑人分成农与租佃农长期深陷贫困与债务、长期被锁定为分成农或租佃农的地位,以及长期维系以棉花为主体的畸形单一种植结构,由此最终陷入了"棉花→债务→更多棉花→更多债务……"的恶性循环。而种植园主则凭借借贷制度的剥削使得他们在棉花价格不断下降的情况下依然能够榨取高额利润。这在很大程度上造成了南部的绝大多数黑人农业劳动者长期被绑定在面积狭小的租佃农场,难以实现农业人口的非农化转移,以及现代科学技术(如农业机械化)和现代经济管理方法(如农业产业化)很难在内战后的南部黑人种植园经济中得到推广与应用。南部种植园带的农业现代化启动由此长期深陷困境。

一、借贷制度与南部种植园黑人农业劳动者的贫困与债务

作为南部种植园主剥削与控制种植园的黑人农业劳动者的重要机制,借贷制度对于内战后南部种植园经济发展造成的一个重要影响就是使得种植园的黑人分成农与租佃农长期深陷贫困与债务,甚至由此陷入了"恶性的债务循环"。在种植园的生产体制中,租佃制往往与借贷制度直接或间接地绑定在一起,因此,种植园的黑人分成农与租佃农,除了交付 1/4—1/2 的作物收成或者固定数量的现金(作物收成)作为租金之外,还需要向种植园主支付高额的借贷价格购买各种生产与生活必需品(其中,玉米、熏猪肉与肥料是三项最主要必需品)。正是通过借贷制度,种植园主—商人榨取了黑人农业劳动者大部分剩余产品,从而使得内战后南部种植园的黑人分成农与租佃农长期深陷贫困,甚至由此陷入"恶性的债务循环"。

由于南部种植园的黑人农业劳动者在获得解放时大多"一无所有",并没有足够的现金购买农业生产必需的粮食、猪肉、农具、肥料等生产与生活必需品,因而,内战后大多数黑人农业劳动者都需要通过借贷来获得这些生产与生活必需品。哈蒙德的研究发现,19 世纪 90 年代,整个南部将近 75% 的种植园租佃农(包括分成农)需要使用借贷方式购买粮食等生活必需品,

其中,阿拉巴马州90%的棉花种植者需要用借贷的方式购买粮食、肉类、化肥等商品。[①] 1920年布兰能的抽样调查也发现,98%的黑人分成农与租佃农和90%的白人农场主需要通过借贷的方式购买粮食与熏猪肉。[②]

与乡村商人一样,种植园主在借贷业务中同样使用成本价格(批发价格)、现金价格与借贷价格的差价来榨取黑人分成农与租佃农的剩余产品。为了防止南部银行对种植园主的贷款征收过高的利率,内战后南部各州的立法机构纷纷通过了严禁高利贷业务的高利贷法。这些高利贷法将南部各州借贷业务的最高利率限定在6%—11%左右。[③] 然而,在这种情况下,高利贷法对种植园主和乡村商人的借贷业务实际上也形成了某种约束。南部的种植园主与乡村商人很轻松地便在这些高利贷法中找到了明显的漏洞。他们通常在借贷业务中规定的利率并不会超过各州合法的借贷利率(6%—11%),甚至有些种植园主与乡村商人在提供借贷时并不收取借贷利息,而在实际经营中,他们主要通过实行现金价格与借贷价格的双重价格体制榨取农业劳动者的剩余产品。[④] 例如,佐治亚州种植园主史蒂文斯在向分成农和租佃农提供借贷时,就根本不承认借贷利率的存在,而是反复强调他所收取的只是"时间价格"(time price)。[⑤]

研究内战后南部农业的学者哈蒙德认为,借贷价格与现金价格的差价代表着种植园主和乡村商人借贷业务的剥削水平和利润率。内战结束后,南部种植园内各种商品的借贷价格与现金价格的差价通常在20%—200%之间,平均在50%以上。[⑥] 1899年南卡罗来纳州的种植园主尤曼斯公开承认,自己开设的种植园商店年利润率(现金价格与借贷价格的平均差价)为50%。[⑦] 布尔对北卡罗来纳州黑人租佃农的抽样调查也发现,种植园主提供的11项主要商品的平均借贷价格要高出现金价格55.3%,其中最高差价

① Matthew B.Hammond,"The Cotton Industry:An Essay in American Economic History:Part I.The Cotton Culture and the Cotton Trade",p.155.

② C.O.Brannen,*Relation of Land Tenure to Plantation Organization*,with Development since 1920, p.63.Matthew B.Hammond,"The Cotton Industry:An Essay in American Economic History:Part I.The Cotton Culture and the Cotton Trade",p.155.

③ 理查德·富兰克林·本塞尔:《美国工业化的政治经济学 1877—1900》,第33页。

④ 理查德·富兰克林·本塞尔:《美国工业化的政治经济学 1877—1900》,第73页,注释42。

⑤ United States Industrial Commission,*Report of the Industrial Commission on Agriculture and Agricultural Labor*,p.912.

⑥ Matthew B.Hammond,"The Cotton Industry:An Essay in American Economic History:Part I.The Cotton Culture and the Cotton Trade",p.152.

⑦ United States Industrial Commission,*Report of the Industrial Commission on Agriculture and Agricultural Labor*,p.118.

是 89.6%,最低差价是 26.7%。① 根据伍尔弗对 1928 年北卡罗来纳州种植园的抽样调查,60%的分成农以借贷的方式从种植园主手中接受日用必需品,现金价格与借贷价格的差价高达 53%;在种植园主不能提供借贷的情况下,租佃农在种植园主的担保下从种植园主指定的商人那里获得借贷。现金价格与借贷价格的差价高达 71%。②

　　然而,笔者以为,现金价格与借贷价格的差价并不能完全代表种植园主和乡村商人对借债人的实际剥削水平。这是因为,南部的种植园主和乡村商人通常能以较便宜的批发价格从批发商手中购入中西部的玉米、猪肉与肥料等生产与生活必需品,因此,批发价格才是种植园主出售这些日常必需品的成本价格。为了迷惑黑人农业劳动者,掩盖自己的剥削,种植园主和乡村商人有时将现金价格与借贷价格的差价定得并不太离谱,却将现金价格与成本价格的差价定得较高。例如,布兰能对 1920 年南部种植园带的抽样调查就发现,有时在种植园商店,各种日用必需品的现金价格通常高于成本价格 20%—35%,而借贷价格则通常高于现金价格 10%。③ 这种方式实际上是种植园主与乡村商人掩盖剥削的一种手段。在这种情况下,借贷价格与现金价格的差价实际上并不能完全反映种植园主与乡村商人借贷业务的真实利润或剥削水平,因此,只有借贷价格与成本价格(批发价格)的差价才代表了种植园主—商人借贷业务的真实利润和剥削水平。由于内战后南部各种商品批发价格的数据比较缺少,因此,我们将人口普查局记录的美国各项产品的市场销售价格作为南部种植园主和乡村商人通过批发商从中西部和东北部购买各项商品的成本价格。④

　　以南部最主要的食物——玉米为例,1870 年美国的玉米市场销售价格(成本价格)是 52 美分/蒲式耳,⑤与此同时,密西西比州一家商店零售玉米的现金价格却是 75 美分/蒲式耳,借贷价格是 150 美分/蒲式耳。借贷价格与市场销售价格(成本价格)的差价为 188.4%。⑥

　　兰瑟姆与萨奇对 1880 — 1889 年佐治亚州玉米的农场交货价格(farm-gate price)、现金价格和借贷价格的统计,为我们考察这一时期种植

---

① Jacqueline P.Bull,"The General Merchant in the Economic History of the New South",p.49.

② Thomas J.Woofer,*Landlord and Tennant on the Cotton Plantation*,p.61.

③ C.O.Brannen,*Relation of Land Tenure to Plantation Organization*,*with Development since 1920*,p.65.

④ 笔者以为,由于南部的种植园主和乡村商人从批发商手中购置商品时属于批量购买,因此实际的批发价格应该低于美国市场的商品销售价格。

⑤ U.S.Bureau of the Census,*Historical Statistics of the United States*:*Colonial Times to 1970*,p.512.

⑥ Robert Somers,*The Southern States Since the War*,*1870-71*,p.241.

园主对黑人农业劳动者的真实剥削水平提供了重要的材料。

表 11   1881-1889 年佐治亚州玉米的农场交货价格、现金价格、借贷价格

单位：美分/蒲式耳

年份 \ 价格类别	农场交货价格	现金价格	借贷价格
1881	69	89	112
1882	97	113	138
1883	65	72	95
1884	67	90	114
1885	70	74	98
1886	58	67	92
1887	60	68	92
1888	63	79	98
1889	60	66	87
平均	67.7	79.8	102.9

资料来源：Roger L.Ransom and Richard Sutch，*One Kind of Freedom：the Economic Consequences of Emancipation*，p.129.

然而，笔者以为，由于兰瑟姆与萨奇考察的农场交货价格是佐治亚州本地生产的玉米在当地市场的销售价格，因此，这一价格并不能代表种植园主和乡村商人购买玉米的成本价格。由于南部的粮食生产成本高，南部本地生产的玉米市场销售价格（农场交货价格）通常高于美国市场的玉米销售价格，因此，种植园主和乡村商人大多选择通过批发商从中西部购买玉米。在这种情况下，美国的玉米市场销售价格才比较接近种植园主和乡村商人从中西部购买玉米的成本价格。下面是 1881 — 1889 年美国市场的玉米销售价格和佐治亚州玉米借贷价格的统计。

表 12   1881-1889 年美国市场的玉米销售价格和佐治亚州玉米借贷价格

单位：美分/蒲式耳

年份 \ 价格类别	销售价格	借贷价格	差价（%）
1881	63	112	77.8
1882	48	138	187.5
1883	42	95	126.2

续表

价格类别 年份	销售价格	借贷价格	差价(%)
1884	35	114	225.7
1885	32	98	206.3
1886	36	92	155.6
1887	43	92	114
1888	33	98	197
1889	28	87	210.7
平均	40	102.9	157.2

资料来源：Roger L.Ransom and Richard Sutch,*One Kind of Freedom：the Economic Consequences of Emancipation*,p.129.United States.Bureau of the Census,*Historical Statistics of the United States：Colonial Times to 1970*,p.512.

　　除了玉米之外，熏猪肉也是南部农业劳动者最主要的食物和借贷的最主要支出项目之一。根据人口普查局的统计，1879—1880 年美国的熏猪肉市场价格是 7 美分/磅，[1]与此同时，佐治亚州熏猪肉的现金零售价格和借贷零售价格则分别高达 9 美分/磅和 10.8 美分/磅。借贷价格与市场价格（成本价格）的差价为 54.3%。[2] 关于 1881—1889 年美国市场的熏猪肉销售价格或佐治亚州种植园主和乡村商人购买熏猪肉的批发价格，我们很难找到相关的统计数据，因此只能列出这一时期熏猪肉的现金价格和借贷价格进行比较。

表 13　1880-1889 年佐治亚州熏猪肉的现金价格与借贷价格

单位：美分/磅

价格类别 年份	现金价格	借贷价格	差价(%)
1881	——	——	——
1882	14	17	21.4
1883	10.2	12.9	33

---

① U.S.Bureau of Census,*Tenth Census of United States*,*1880*,Vol.3,Washington D.C.：Government Printing Office,1884,p.xxvii.http://www2.census.gov/prod2/decennial/documents/1880a_v3-01.pdf　01/17/2009(以下网址省略)

② Matthew B.Hammond,"The Cotton Industry：An Essay in American Economic History：Part I.The Cotton Culture and the Cotton Trade",p.153.

续表

年份 \ 价格类别	现金价格	借贷价格	差价(%)
1886	8	11.4	42.5
1887	8.9	11.6	30.3
1888	9.7	12.3	26.8
1889	7.9	10.3	30.4
1890	7.5	9.7	29.3
平均	9.5	12.2	28.4

资料来源:Matthew B.Hammond,"*The Cotton Industry:An Essay in American Economic History:Part I.The Cotton Culture and the Cotton Trade,*"p.153.

　　这样看来,1881—1889 年佐治亚洲的种植园主通过以借贷的方式出售玉米获取的平均利润(借贷价格与成本价格的差价)为 157.2%。换而言之,种植园的黑人农业劳动者在棉花种植生产期间需要花费支付高出美国其他地区 157.2%以上的价格购买玉米。同样,他们也需要支付高出其他地区许多的借贷价格购买熏猪肉(至少在 29%以上)。

　　除此之外,由于玉米既是南部农业劳动者的主要食物,又是南部农业最主要的役畜——骡子的主要饲料,而根据一位南部种植园主的估计,一头骡子年消费玉米在 75 蒲式耳左右,[1]因此,对于南部的黑人农业劳动者而言,放弃或大规模减少玉米生产,而选择以借贷购买的方式满足家庭人口与牲口的食物和饲料消费需求的代价无疑是巨大的。

　　作为生产资料,肥料是仅次于玉米和熏猪肉的支出项目。1880 年《美国棉花生产报告》指出,"留置权首先是基于必需品,其次是化肥,在一定程度上才是骡子和农具"。[2] 19 世纪 70 年代肥料开始在南部,特别是深南部植棉州迅速推广与使用。例如,1880 年南卡罗来纳州使用的肥料是 86,400吨,1891 年则增长到 130,000 吨,佐治亚州 1875 年使用了 48,600 吨,1891年增长到 306,700 吨。[3] 由于棉花生产极为消耗地力,因此,肥料对于棉花生产变得日益重要。一位南卡罗来纳州的种植园主指出,"没有肥料的帮助,我们的大多数土地都不能生产 1/10—1/8 包/英亩的棉花。没有肥料,

---

① United States Industrial Commission,*Report of the Industrial Commission on Agriculture and Agricultural Labor*,p.490.

② U.S.Bureau of the Census,*Report on Cotton Production in the United States,Part II*,p.518.

③ Roger L.Ransom and Richard Sutch,*One Kind of Freedom:the Economic Consequences of Emancipation*,p.189.

我们可能会不得不退出棉花生产"。① 虽然美国肥料的价格在不断下降,但是对于从种植园主和乡村商人手中购买肥料的黑人租佃农而言,他们并没有获得肥料价格下降带来的好处。例如,1891 年南部每吨肥料的借贷价格与现金价格差距在 5—10 美元,此外还要加上 8%—10% 的利息。② 19 世纪 80、90 年代,随着棉花价格的下降,肥料已经成为南部农业劳动者的一项重要经济负担。哈蒙德指出,对于南部的租佃农而言,由于绝大多数肥料都是以借贷的方式购买的,因此,肥料的花费通常会达到作物总价值的12%—33%,这些肥料主要用于种植棉花。③

除了玉米、熏猪肉、肥料之外,种子、农具、面粉、盐、糖、衣服与鞋子等生产与生活必需品也是黑人农业劳动者的经常借贷项目,然而与玉米、熏猪肉和肥料的支出相比,这些项目的单项支出数额要相对低得多。

在考察了内战后南部黑人农场主最主要的各项借贷支出后,我们以佐治亚州为例,大致计算一下 1881—1889 年与 1900—1929 年一个种植棉花为主的普通黑人分成农或租佃农的实际年度收支情况。

内战后南部种植园的一个典型的黑人租佃农或分成农农场的改良土地面积通常在 31 英亩。④ 关于棉花与玉米种植面积各自的比重,我们以布兰能的调查数据为标准,分别为 68.3% 和 26.9%,⑤ 那么棉田与玉米田的面积分别为 21.1 英亩与 8.3 英亩。关于单位面积的棉花产量与玉米产量,1881—1889 年佐治亚州的棉花为 139 磅/英亩,玉米为 9.6 蒲式耳/英亩,1900—1929 年的棉花为 182 磅/英亩,玉米为 11.6 蒲式耳/英亩,⑥这样我

① Matthew B.Hammond,"The Cotton Industry:An Essay in American Economic History:Part I.The Cotton Culture and the Cotton Trade",p.180.

② Thomas D.Clark,Pills,Petticoats,and Plows:The Southern Country Store,p.283.

③ Matthew B.Hammond,"The Cotton Industry:An Essay in American Economic History:Part I.The Cotton Culture and the Cotton Trade",p.180.

④ 内战后南部种植园不再是一个完整的生产单位,而是分裂为众多个体家庭为基本劳动单位的小型租佃农场。1910 年的人口普查局对南部的种植园进行了第一次系统调查,调查结果发现,南部的种植园平均分化为 10 个左右的小型租佃农场,平均每个租佃农场的改良土地面积通常只有 31.2 英亩。U.S.Bureau of the Census,Plantation Farming in the United States,Washington,D.C.:Government Printing Office,1916,p.16

⑤ C.O.Brannen,Relation of Land Tenure to Plantation Organization,with Development since 1920,p.55.

⑥ 根据 U.S.Department of Agriculture,Agricultural Marketing Service,Cotton and Cottonseed:Acreage,Yield,Production,Disposition,Price,Value,by States,1866-1952,pp.10,25;U.S.Department of Agriculture,Agricultural Marketing Service,Corn Acreage,Yield,and Production of All Corn for Grain,Corn for Silage,and Acreage for Forage,by States,1866-1943,Washington,D.C.:Government Printing Office,1954,p.18.的数据计算得出的结果。

们就可以计算出,1881—1889 年每个黑人农场年均收获的棉花与玉米的产量分别为 2933 磅和 80 蒲式耳,1900—1929 年的产量分别为 3840 磅棉花和 96 蒲式耳玉米。关于租佃农缴纳的租金,分成租佃农是 1/3 的棉花与 1/4 的玉米,1881—1889 年现金租佃农是 4 美元/英亩,由于 1900—1929 年的棉花平均价格较之 1881—1889 年增长一倍,我们把现金租金水平也相应调整一倍,达到 8 美元/英亩。① 那么,1881—1889 年黑人分成租佃农年均获得 1955 磅棉花和 60 蒲式耳玉米,1900—1929 年则分别年均获得 1893 磅棉花和 72 蒲式耳玉米。而分成农的租金以 1/2 的作物收成来计算,那么 1881—1889 年黑人分成农年均获得 1467 磅棉花和 40 蒲式耳玉米,1900—1929 年则分别年均获得 1920 磅棉花和 48 蒲式耳玉米。棉花价格我们以 1881—1889 年美国的平均价格 8.9 美分/磅为标准,1900—1929 年的平均价格为 15.5 美分/磅。那么 1881—1889 年黑人分成农、分成租佃农、现金租佃农在缴纳租金后的收入分别为 131 美元、174 美元、142 美元,1900—1929 年黑人分成农、分成租佃农、现金租佃农在缴纳租金后的收入分别为 297 美元、293 美元、328 美元。根据兰瑟姆与萨奇的统计,内战后南部平均每个黑人租佃农家庭成员 5.24 人,黑人分成农家庭成员 5.17 人,内战后南部农业劳动者人均每年需要 15 蒲式耳玉米。② 为了计算方便,我们统统以 5 人计算(2 名成年男性,2 名成年女性,1 名儿童)每个黑人农业劳动者家庭人口数量。关于熏猪肉的消费量,我们根据种植园主米阿尔与 21 个黑人签订工资合同的口粮标准计算,每个 18 岁以上成年男性每月熏猪肉消费量 15 磅,每个 18 岁以上成年女性每月需要 12 磅熏猪肉,每名 17 岁以下的男性童工每月需要 12 磅熏猪肉。③ 此外,如果每个家庭都有一头骡子需要喂养的话,骡子每年通常会消耗 75 蒲式耳玉米。④ 这样,通过计算,每个分成农与租佃农家庭每年需要消费 150 蒲式耳玉米和 768 磅熏猪肉。根据哈蒙德的研究,佐治亚州黑人农业劳动者能够生产家庭消费熏猪肉总

---

① 现金租佃制(固定租金制)的租金的水平往往根据土地的质量与位置而变化。4 美元/英亩是内战后是 19 世纪 70 年代至 90 年代,南部比较常见的租金水平。参见本书第一章第一节"(二)分成制、分成租佃制与固定租金制(现金租佃制)"部分提供的相关数据。

② Roger L.Ransom and Richard Sutch,*One Kind of Freedom:the Economic Consequences of Emancipation*,pp.219,159.

③ Roger L.Ransom and Richard Sutch,*One Kind of Freedom:the Economic Consequences of Emancipation*,pp.58-59.

④ United States Industrial Commission,*Report of the Industrial Commission on Agriculture and Agricultural Labor*,p.490.

量的 63%，①那么，1881—1889 年每个黑人分成租佃农家庭每年需要购入
90 蒲式耳玉米（家庭生产每年可以提供 60 蒲式耳玉米）和 284 磅熏猪肉，
每个分成农家庭需要购入 110 蒲式耳玉米（家庭生产每年可以提供 40 蒲式
耳玉米）和 284 磅熏猪肉，每个现金租佃农家庭需要购买 70 蒲式耳玉米
（家庭生产每年可以提供 80 蒲式耳玉米）和 284 磅熏猪肉，1900—1929 年
每个黑人分成租佃农家庭每年需要购入 78 蒲式耳玉米（家庭生产每年可
以提供 72 蒲式耳玉米）和 284 磅熏猪肉，每个分成农家庭需要购入 102 蒲
式耳玉米（家庭生产每年可以提供 48 蒲式耳玉米）和 284 磅熏猪肉，每个
现金租佃农家庭需要购买 54 蒲式耳玉米（家庭生产每年可以提供 96 蒲式
耳玉米）和 284 磅熏猪肉。关于玉米和熏猪肉的借贷价格，我们分别以
1881—1889 年佐治亚州的平均借贷价格 1.03 美元/蒲式耳和 12 美分/磅
为标准，这样 1881—1889 年平均每年黑人分成农、分成租佃农和现金租佃
农用于购买玉米和熏猪肉的支出就分别为 147 美元、126 美元和 106 美元。
1900—1929 年我们很难找到玉米与熏猪肉的借贷价格统计数据，但是我们根
据布兰能在 1920 年对南部种植园抽样调查时发现的结果——种植园商店的
商品的现金价格通常高于成本价格 20%—35%（这里我们取中间数 27.5%），
借贷价格通常高于现金价格 10%，我们估算出借贷价格与成本价格的差价在
32%—48% 之间（这里我们取中间数 40%）。② 根据 1900—1929 年美国市场
玉米和熏猪肉平均销售价格分别为 83 美分/蒲式耳和 7.5 美分/磅③，我们
分别计算出 1900—1929 年玉米的平均现金价格和借贷价格分别为 1.06 美
元/蒲式耳和 1.16 美元/蒲式耳，而 1900—1929 年熏猪肉的平均现金价格
和借贷价格分别为 9.6 美分/磅和 10.5 美分/磅。这样，1900—1929 年平
均每年黑人分成农、分成租佃农和现金租佃农用于购买玉米和熏猪肉的支
出就分别为 148 美元、120 美元和 92 美元。

关于肥料的花费，哈蒙德认为，通常会达到作物总价值的 12%—
33%，④这里我们取中间数 22.5%，并且假设只有种植棉花使用肥料，并且

①　哈蒙德对佐治亚州的考察发现，1882 年农业家庭平均生产了年熏肉消费总量的 59%。
　　1883 年生产了 68%、1886 年生产了 62%、1887 年 62%、1888 年 62%、1889 年 63%。这里
　　我们取平均数 63%。Matthew B.Hammond，"The Cotton Industry：An Essay in American Eco-
　　nomic History：Part I.The Cotton Culture and the Cotton Trade"，p.153.

②　C.O.Brannen，*Relation of Land Tenure to Plantation Organization*，*with Development since 1920*，p.63.

③　U.S.Bureau of the Census，*Historical Statistics of the United States：Colonial Times to 1970*，pp.
　　511，521.

④　Matthew B.Hammond，"The Cotton Industry：An Essay in American Economic History：Part I.The
　　Cotton Culture and the Cotton Trade"，p.180.

考虑到黑人分成农只需要自备一半的肥料,分成租佃农通常需要自备2/3—3/4 的肥料的情况(这里我们取 2/3 这一数字),[1]这样 1881—1889年黑人分成农、分成租佃农和现金租佃农的年均肥料支出分别为 30 美元、40 美元和 60 美元。1900—1929 年黑人分成农、分成租佃农和现金租佃农的年均肥料支出分别为 62 美元、89 美元和 134 美元。

此外,根据美国产业委员会的调查,棉花种子的成本是 30 美分/英亩,[2]21.1 英亩棉田每年共计 6 美元。棉花轧棉与打包(不包括棉花打包需要的铁带)的费用为 2.5 美元/包,[3]1881—1889 年黑人分成农和租佃农(包括分成租佃农在内)各自年均费用分别为 7 美元和 15 美元,而 1900—1929 年黑人分成农和租佃农(包括分成租佃农在内)各自年均费用分别为 9 美元和19 美元。这样,1881—1889 年黑人分成农、分成租佃农、现金租佃农各自年均支出总额分别为 190 美元、197 美元和 172 美元,而 1900—1929 年黑人分成农、分成租佃农、现金租佃农各自年均支出总额分别为 225 美元、234 美元和232 美元。由于 1881—1889 年黑人分成农、分成租佃农、现金租佃农在缴纳租金后的年均收入分别为 131 美元、174 美元和 142 美元,而 1900—1929 年黑人分成农、分成租佃农、现金租佃农在缴纳租金后的收入分别为 297 美元、293美元和 328 美元。这样在扣除了上述食物和其他各项支出后,1881—1889 年黑人分成农、分成租佃农、现金租佃农家庭的年均结余分别为-59 美元,-23美元和-30 美元,而 1900—1929 年南部黑人分成农、分成租佃农、现金租佃农家庭的年均结余分别为 72 美元、60 美元和 96 美元。

从上面的分析来看,1900 年以前南部黑人农业劳动者的经济状况比较恶劣,遇到入不敷出的情况应该是比较常见的,而 1900—1929 年,特别是第一次世界大战爆发后,由于棉花价格的不断升高,农业劳动者的经济状况得到明显改善。但是,需要说明的是,这里我们只考察了黑人农业劳动者的基本生存支出和主要的生产成本,如果再考虑到黑人农业劳动者家庭每年必须购买的糖、盐、面粉、蜂蜜、衣服、煤油、咖啡、肥皂、蔬菜等日常生活必需用品和教育、疾病、丧葬等各项支出,[4]以及贫困的黑人租佃农向种植园主租

---

① 参见本书第一章第一节表 5。

② United States Industrial Commission, *Report of the Industrial Commission on Agriculture and Agricultural Labor*, p.478.

③ United States Industrial Commission, *Report of the Industrial Commission on Agriculture and Agricultural Labor*, pp.478,489.

④ 托马斯·D.克拉克列出了各项商品的借贷价格,鞋子 1.25—2.25 美元/双,衣服 10—25美元/件,面粉 5—9 美元/桶(196 磅),熏猪肉 13 美分/磅。Thomas D. Clark, *Pills, Petticoats, and Plows: The Southern Country Store*, pp.135,283.

赁牲口和农具的费用(这在 20 世纪 20 年代是较为普遍的事情,布兰能估计该项支出每年在 25—40 美元左右①),即便在 1900—1929 年经济形势好转的情况下,大部分黑人农业劳动者也极有可能常年入不敷出,或者至少处于债务的边缘。

此外,上面的分析也显示出,内战后南部黑人分成农与租佃农的绝大部分收入都被用于支付满足生产与生活需要的必需品。阿拉巴马州的统计数据也证明了这一点。根据人口普查局的统计,1880 年阿拉巴马州的中部棉花带的 26 个黑人县,"除了马里恩县存在有限规模的借贷之外,其他所有的县"借贷制度都极为普遍。其中,"大约有一半的农场主获得相当于一半到 3/4 作物收成价值的必需品、日用品和衣服"。在梅塔莫菲克地区的 23 个黑人县,借贷数量则通常达到了"一半或 3/4 的作物收成价值的程度"。②在这种情况下,大多数黑人分成农和租佃农陷入债务是必然的。这样看来,1880 年《美国棉花生产报告》指出的,在南部,"小租佃农场主,主要是黑人,遇到竭尽全力都无法偿还的债务情况是普遍的经历"③这一判断确实是可信的。

由于黑人租佃农在借贷的时候大多根据种植园主的要求放弃了对作物收成的留置权与财产豁免权④,因而,一旦陷入债务,他们就会丧失租佃农对自己财产与作物收成的所有权和留置权,从而陷入了彻底的贫困之中。

哈蒙德记录的阿拉巴马州蒙哥马利县一个种植园的留置权合同详细地描述了种植园的黑人租佃农陷入债务后丧失个人财产的情形:⑤

一个阿拉巴马的留置权合同

---

① C.O.Brannen,*Relation of Land Tenure to Plantation Organization*,*with Development since 1920*,p.43.

② U.S.Bureau of the Census,*Report on Cotton Production in the United States*,*Part II*,pp.335-424.

③ U.S.Bureau of the Census,*Report on Cotton Production in the United States*,*Part II*,p.518.

④ 关于南部农场主的财产豁免权及在内战后的废除,详见本书第四章第一节"三、内战前南部保护约曼自耕农经济的习惯法与成文法律",以及第二节"四、借贷制度与内战后南部约曼自耕农公共权利的丧失"。

⑤ Matthew B.Hammond,"The Cotton Industry:An Essay in American Economic History:Part I.The Cotton Culture and the Cotton Trade",pp.147-148.由于哈蒙德在记录该项借贷合同时用省略号省略了借债双方的姓名,为了更好地理解该项合同,笔者在翻译该项合同时分别加上了"借贷人"和"借债人"。

阿拉巴马州

蒙哥马利县

······阿拉巴马州······189X 年

在 1899 年的 X 天或 X 天之前,借贷人承诺为借债人支付或订购价值为 XX 美元的马、骡子、牛、重要的生活必需品、农具、工具,或者由借贷人支付给借债人一笔钱购买上述东西,以使 189X 年借债人能够在蒙哥马利县种植作物,由此,我们就可以宣布借债人所获得的上述借贷确实用于种植作物的目的。没有这些借贷,借债人就无法获得必要的马车、生活必需品、农具来种植作物。借债人同意放弃所有的豁免权(exemption)······,借贷人有权利根据宪法和阿拉巴马州的法律,收回与上述借贷物品相等数量的钱,或者收回借债人这一年所欠的钱,以及获得收取债务的成本。

证人:XXXX

XXXX

XXXX

现在,为了获得(借债人)对上述借据的支付······,这个借据包括总计 XX 美元的应支付债务。由于上一次结算后的结欠(已经得到承认),以及借债人要向借贷人支付债务,或者借债人在 189X 年拖欠借贷人的债务,······因此,无论借贷人是否(继续向借债人)提供未来的借贷,借债人都要向借贷人转让、交易、出售······所有他和家人种植的棉花、玉米、棉籽、饲料、大豆、马铃薯,或者借债人和他的家人在种植园中应得的份额······

借贷人和他的继承人与受让人可以永久持有上述财产。然而,在下述条件下:如果借债人很好地并确实支付了上述借据,以及偿还了所有拖欠的债务,那么在秋天到来时,上述财产的转让(的规定)将变得无效。然而,如果借债人没有支付上述债务,那么借贷人就有权或被授权占有上述任何一项或所有的作物与个人财产,并在他认为合适的时间与地点出售这些作物与财产获取现金。他也可以在阿拉巴马州蒙哥马利县的 Arteaiicn Basin 拍卖上述地产换取现金,并提前 4 周在这个城市的任何一家报纸上插登广告告知销售的时间、期限、地点。对于上述财产出售的收益,他(借贷人)应该首先用于支付上述活动以及由此附带产生的费用,然后拿出足够的部分用于支付上述的借据与利息,以及借债人可能拖欠他的债务,剩余的收益将转还给借债人。借贷人由此有权利购买上面的不动产与个人财产,就如同他也是这些财产转让的其他买主一样。如果他购买了这些财产,执行销售的拍卖商就有权利或得到指示实施转让财产的契约,将借债人所有的财产转让给借贷人,并与借贷人以及借贷人的继承人或财产受让人签订转让财产的契约,……为了便于支付到期的借据,减少花费,借贷人由此放弃了上面所提及的个人财产在销售前需要登广告的合法权利,这样他就可以将销售的收益首先用于支付包括律师收债与调解在内的所有费用,以及对借据进行全额支付……

为了证明此事,借贷人于 189X 年 X 日在这项合约上签了字,并盖了章。

XXX

XXX

XXX

那么,南部种植园究竟有多少黑人农场主完全陷入了债务呢? 由于无论是联邦人口普查局还是各州的统计局都没有对这一问题进行充分调查,因此,我们很难计算出 1876—1930 年黑人农场主陷入债务的精确数字。根据人口普查局的数据和我们对黑人农业劳动者主要借贷支出项目总额的计算,我们能够大致计算出 1899 年黑人农场主入不敷出的比重。根据 1900 年人口普查数据,1899 年南部有 378,908 个黑人农场主家庭生产的农产品价值在 250 美元以下,占南部黑人农场总数的 51%。[①] 考虑到这些黑人农场主绝大多数都是分成农、分成租佃农、现金租佃农,因而他们最终得到收入通常还要减去 1/2 或 1/3。这样,他们的年度实际收入最多为 125—167 美元。根据上面我们对黑人农业劳动者主要借贷支出项目的分析,这样的收入水平肯定是入不敷出的,也就是说,1899 年至少 51%的黑人农场主完全陷入债务。除此之外,虽然一些黑人农业劳动者有可能在年底偿还债务,但通常所剩无几,因此,在新的生产季节,他们不得不继续向种植园主借贷,从而又开始了新的"债务循环"。例如,施瓦茨通过对 1892 年佐治亚州

---

① U.S. Bureau of Census, *Twelfth Census of United States*, 1900, Vol. 5, Washington D. C.: Government Printing Office, 1902, p. 30. http://www2. census. gov/prod2/decennial/documents/33398096v5ch3.pdf 12/18/2008

农业委员会的调查报告考察发现,虽然 1890 年佐治亚州 207 个县只有 60%的农场主无力偿还债务,但是另外还有 30%的农场主由于缴纳了租金和偿清债务后所剩无几,依然会陷入借债或者处于债务的边缘,只有 10%的农场主完全摆脱了债务。①

二、借贷制度与南部种植园黑人农业劳动者的"劳役偿债"和地域迁移困境

黑人农业劳动者由于借贷而陷入债务后,种植园主通常会在年终结算时告诉他们,由于未能偿还债务,他们不能离开种植园,其债务将会自动转移到下一年。在这种情况下,这些陷入债务的黑人农业劳动者只能选择延长租佃合同,继续待在种植园并按照种植园主的要求种植更多的棉花来偿还债务和获取新的借贷。由于棉花价格的下降,以及种植园主收取高额的借贷价格,这些黑人农业劳动者通常很难在第二年偿清所有的债务。这使得他们在来年不得不继续待在种植园为种植园主生产更多的棉花,并且由于新的借贷陷入更深的债务。如此循环往复,他们的债务像"滚雪球"一样不断积累,最终形成了"恶性的债务循环"。在此过程中,拖欠债务的黑人分成农与租佃农实际上丧失了自由迁徙的权利,从而陷入了长期的"劳役偿债"②之中。

1900 年 3 月,北卡罗来纳州第二选区的一位众议员代表怀特在接受国会议员利文斯顿调查时指出了"恶性的债务循环"与"劳役偿债"在黑人租佃农中的普遍性:③

> 利文斯顿:在生产季节的年末,假设租佃农不能偿清留置权的债务,那么会怎样呢?
> 怀特:通常,他们将不得不再次抵押,并延长(租佃期限)。
> 利文斯顿:由于糟糕的生产季节、疾病或者其他可能发生在租佃农身上的事情,他会经历债务的累积吗?
> 怀特:在绝大多数情况下(我不想给你留下印象:这是普遍的,但是大

---

① Michael Schwartz, *Radical Protest and Social Structure: the Southern Farmers' Alliance and Cotton Tenancy*, 1880–1890, p.79.

② "劳役偿债"源于墨西哥的农奴制(serfdom),这种制度的主要原则是,如果雇工欠了雇主债务,那么他就必须继续为雇主工作,直到偿还债务为止。如果另一个雇主愿意替拖欠债务的雇工偿还债务,这个雇工对前雇主的债务就被转移给新雇主,而雇工必须为新雇主工作直到偿还新雇主的债务。Albert Bushnell Hart, *The Southern South*, p.279.

③ United States Industrial Commission, *Report of the Industrial Commission on Agriculture and Agricultural Labor*, p.419.

多数的情况下确实是这样）债务会转移到下一年,他永远也不能摆脱。

1901 年 3 月佐治亚州农业局局长史蒂文斯在接受国会议员克拉克的询问时,也对黑人租佃农由于债务不断累积而陷入"劳役偿债"的情形进行了描述:[1]

> 克拉克:现在,如果一个人有持续不断的债务,并在 10—15 年内耗尽了土地的地力,那么,实际上他就像处于奴隶制之中吗?
> 史蒂文斯:是的。我认为是这样的。
> 克拉克:他被绑缚得如此牢固以至于不可能逃脱债务吗?
> 史蒂文斯:是的。我认为是这样。
> 克拉克:持续不断的债务一个接一个,就像一条没有尽头的链锁,这个人就没有希望了?
> 史蒂文斯:在许多情况下,这是真实的。
> 克拉克:一个非常好的生产季节,以及作物价格增长到异常高的时候,有可能使他摆脱债务,是不是?
> 史蒂文斯:是的。
> 克拉克:通常情况下他们可能不会摆脱债务吗?
> 史蒂文斯:通常他们可能根本不会摆脱债务。许多租佃农可能会继续待在这些土地上耕种,比如说 5 年……

通过对内战后南部棉花价格的考察,我们可以发现,史蒂文斯所说的棉花"价格增长到异常高"的情形,在内战后的南部(1876—1910 年)实际上在并不存在,因而,在这种情况下,南部的黑人农业劳动者通常很难摆脱债务造成的"劳役偿债"。即使 1910—1929 年由于棉花价格上涨使得黑人农业劳动者经济状况有所改善的情况下,在偿清每年的借贷和支出其他必要的费用后,大多数黑人农业劳动者往往也会所剩无几,因而,在新的生产季节,依然不得不重新以借贷的方式从种植园主手中购买新的生产与生活必需品,从而陷入"新的债务循环"。正如 20 世纪初佐治亚州的一位农场主指出的,即使"大多数人在每年的 10 月摆脱了债务,但是在 1 月又开始了新

---

[1]　United States Industrial Commission, *Report of the Industrial Commission on Agriculture and Agricultural Labor*, p.908.

的债务”，因而，他们“实际上并不能”摆脱债务。①

那么，陷入债务的黑人分成农与租佃农有没有可能同时从其他商人或种植主手中以更低的价格获得借贷，进而最终偿清债务，摆脱对种植园主的“劳役偿债”呢？这同样是不可能的。由于重建结束后南部各州的作物留置权法赋予种植园主对租佃农作物收成的“第一留置权”，因此，其他借贷人向种植园的分成农或租佃农提供借贷必须征得种植园主的同意，并由种植园主提供签字的背书将自己的借贷留置权转让给借贷人之后才能得到法律承认。由于借贷业务的高额利润，凡是有能力提供借贷的种植园主当然不会轻易将这项业务转让给他人。② 此外，内战后南部各州的法院大多认同了农业劳动者未能偿清的租金与借贷可以自动转为地主下一年持有的债务，并对劳动者来年的作物收成继续持有留置权的原则，并使之成为审理同类案件遵循的“判例”和习惯法。③ 这使得即便拖欠债务的黑人农业劳动者来年不再向种植园主借贷，种植园主依然对于他们的作物收成继续持有“第一留置权”。在这种情况下，其他借贷人自然不敢冒风险向这些已经拖欠种植园主债务的黑人农业劳动者提供借贷。

正因为如此，当1900年3月国会议员利文斯顿询问种植园主凯尔其种植园内的黑人租佃农是否被迫在其经营的种植园商店进行交易，如果这些黑人租佃农能够到另一家种植园商店进行交易，他是否会干预时，凯尔回答到，“我想，如果他们（黑人租佃农——笔者注）有其他担保的话，可以这样做。但是密西西比州的法令使种植园主对租佃农生产的所有收获物持有留置权……这使得黑人租佃农与种植园主在一起时总是可以获得借贷，如果他不与种植园主在一起，就可能不会获得借贷”。④

此外，种植园主通过借贷制度使得黑人农业劳动者陷入债务后，他们通常会利用有意提高借贷价格的方法控制种植园黑人农业劳动者的债务，从而达到使后者在很长一段时间内难以摆脱债务的目的。在此过程中，黑人分成农与租佃农由于不能从其他途径获得借贷，只能被动地接受这一借贷

① United States Industrial Commission, *Report of the Industrial Commission on Agriculture and Agricultural Labor*, p.381.

② 关于这一点详见本书第二章第二节“二、种植园主—乡村商人的利益冲突与作物留置权法”。

③ Harold D.Woodman, *New Law? New Law: The Legal Foundations of Credit and Labor Relations in the Postbellum Agricultural South*, pp.331—332.

④ United States Industrial Commission, *Report of the Industrial Commission on Agriculture and Agricultural Labor*, p.470.

价格。1900 年 3 月佐治亚州的种植园主凯尔在接受国会议员利文斯顿询问时的回答有力证明了这一点：[1]

> 利文斯顿：如果地主随便找个理由提高面粉、肉或其他生活必需品的价格，租佃农们会由此感到自己是被迫进行交易吗？
> 凯尔：我并不知道是否他(们)会感到自己被迫那样做，但是他的环境可能就是这样，这可能迫使他到(地主)那去交易。

那么，陷入"恶性债务循环"的黑人农业劳动者既然在大多数情况下无法通过农业生产摆脱债务和"劳役偿债"，他们是否可以通过暗中逃跑的方式来摆脱种植园主的控制呢？这同样是不大可能的。这是因为，1877 年民主党在整个南部重新掌权后，种植园主凭借强大的经济与政治力量迫使南部各州议会通过了一系列新的旨在防止与惩罚黑人农业劳动者拖欠、拒不偿还债务或通过逃跑来逃避债务的立法。这些立法与内战结束后初期("总统重建"时期)南部各州制定的"黑人法典"极为相似，[2]主要包括："合同实施法"(contract enforcement statue)、"欺诈法"(false pretense laws)、"反引诱法"(anti‐enticement statue)、"移民—代理人法"(emigrant‐agent statue)、流浪法(vagrancy acts)、"罪犯—担保人制度"(criminal surety system)，等等。[3]　其中，"合同实施法"规定，如果分成农与租佃农在合同期间擅自离开种植园将会丧失所有应得的工资或作物收成，并以市场价值偿付种植园主所有的损失，甚至还要遭受罚款或监禁的惩罚。"欺诈法"将为了摆脱债务而逃跑的欺诈行为定性为一种严重的犯罪，并规定做出这种行为的人一旦被抓到，将会面临严厉的惩罚：一方面，他们通常会遭受罚款，并在种植园主或其他雇主为其支付罚款和担保金的情况下遭还或出租给种植园主或其他雇主以偿还拖欠的债务；另一方面，由于他们的身份是罪犯，因此，在为种植园主和其他雇主"劳役"的过程中，他们将失去人身自由与其他权利，从而任凭种植园主或雇主奴役。这些黑人罪犯劳动者通常被称为"苦

---

[1]　United States Industrial Commission, *Report of the Industrial Commission on Agriculture and Agricultural Labor*, p.470.

[2]　"黑人法典"在共和党主导的南部各州"国会重建"时期大多被废除。

[3]　关于重建结束后南部各州制定的这些旨在防止与惩罚黑人拖欠、拒不偿还或通过逃跑来逃避债务的立法的详细内容，见 William Cohen, "Negro Involuntary Servitude in the South, 1865‐1940: A Preliminary Analysis", *The Journal of Southern History*, Vol.42, No.1(Feb1976), pp.31‐60.

役工"(chain gangs)。① 一位黑人社论评论人对 1906 年佐治亚州黑人苦役工的调查发现,黑人苦役工所受的判决相当残酷,其中,25% 的人被判终生服刑,60% 的人需要服刑 10 年以上。② "反引诱法"规定,禁止种植园主雇用已经与其他种植园主签订合同的劳动者,或者与之签订新的合同,违者将受到严厉的罚款。例如,路易斯安那州的法律就明确规定"对离开雇主之人劝说或引诱、提供食物或窝藏的所有人"都会遭受惩罚。③ "移民—代理人法"规定,严格限制本州之外的招聘者在州内招聘劳动力的行为,并对其征收一笔较重的职业税或招聘资格费。例如,1876 年佐治亚州的"移民—代理人法"规定向每个县的招募者每年征收 100 美元募工税,1877 年这笔募工税增长到每年 500 美元。1891 年南卡罗来纳州与北卡罗来纳州两个州规定向每个县的招募者每年征收 1000 美元招聘资格费,违反这一法律的人将会被处以 5000 美元的罚款或者两年的监禁。④ "流浪法"规定,任何没有职业的人将会遭受罚款,或被投入监狱从事苦力劳动。例如,北卡罗来纳州对流浪者施以 50 美元的罚款或从事一个月苦力劳动的惩罚。阿拉巴马州则对流浪者设定了 50 美元的最高罚款限额。佛罗里达州对流浪者虽然没有罚款,但是规定了 6 个月苦力劳动的惩罚措施。⑤ "罪犯—担保人制度"的相关立法规定,允许各州政府将监狱内的罪犯出租给私人雇主,雇主为此需要支付一笔担保金(或租金)。例如,1874 年佐治亚州的相关法律就规定允许将轻刑犯出租给本州的所有支付担保金的雇主。到 1880 年,除了弗吉尼亚州以外,其他 10 个南部州都制定了完备的罪犯出租方案。⑥

　　笔者以为,虽然 19 世纪 70 年代后南部各州通过的这一系列旨在防止与惩罚黑人拖欠、拒不偿还或逃避债务的立法与内战前的奴隶制相比,残酷程度要小得多,而且这些立法在南部的实施程度有待进一步考证,但是从这些法律实施的案例来看,遭受惩罚的黑人劳动者的处境大多是极为悲惨的,因而,这必然在心理层面上对黑人农业劳动者形成一种强大的

---

① William A.Sinclair, *The Aftermath of Slavery*, New York: Arno Press, 1969, p.232.

② *Alexander's Magazine*, Vol.1, No.11(Mar 1906), p.18.

③ William Cohen, "Negro Involuntary Servitude in the South, 1865 – 1940: A Preliminary Analysis", p.35.

④ William Cohen, "Negro Involuntary Servitude in the South, 1865 – 1940: A Preliminary Analysis", p.39.

⑤ William Cohen, "Negro Involuntary Servitude in the South, 1865 – 1940: A Preliminary Analysis", pp.47–48.

⑥ William Cohen, "Negro Involuntary Servitude in the South, 1865 – 1940: A Preliminary Analysis", pp.53,55.

威慑,从而使他们在陷入债务后不敢随意违反合同,逃离种植园。从这一意义上来说,这些立法作为一种直接的强制惩罚手段至少达到了间接强制的效果。

20世纪初研究南部历史的学者哈特记述了一个极端例子,体现了黑人劳动者因违反合同遭受审判的悲惨结局。一位黑人妇女在法庭被控告了一项违反合同的罪名。虽然她是否真的违反合同无人所知,但是法庭还是判决让她缴纳15美元的罚款。种植园主特纳替她交了罚款后,法庭就指派她通过为特纳无偿劳动来偿还这笔债务。特纳向这位黑人妇女指定了极为繁重的体力劳动。当这位黑人妇女未能完成这些工作时,特纳就用鞭子抽打她。最终,这位黑人妇女被特纳毒打致死。[①]

虽然我们并没有具体的资料证明诸如此类种植园主动用私刑致人死亡的极端例子在南部的普遍性,但是黑人劳动者因违反合同或为摆脱债务逃离种植园而受到相关法律的严厉惩罚,以及他们被遣返回种植园或在"劳役营"从事苦役的案例确实非常多。霍伊特对1907年佐治亚州的"劳役偿债"案例的调查发现,33.3%拥有5—100名劳动人手的种植园主通过法院逮捕或遣返那些在债务偿清前逃离种植园的黑人劳动者。[②] 笔者以为,这些案例虽然并没有涉及绝大多数黑人劳动者,但是至少给大多数拖欠债务的黑人劳动者造成心理的恐惧与震慑,从而使得他们通常不敢冒着遭受各州法律严厉惩罚的代价,违反合同,或者为了摆脱债务,逃离种植园。

除了借贷制度、"劳役偿债",以及南部各州政府制定旨在维护这一制度的一系列黑人立法以外,内战后美国南部城市化与工业化发展缓慢,南部城市中种族隔离与种族歧视严重,黑人与白人在收入、就业、教育、政治权利等方面存在严重的不平等,以及东北部与中西部、西部的企业雇主大多偏爱来自欧洲、拥有一定技术与文化水平的白人移民也是大多数黑人自由民长期难以实现地域迁移的重要原因。这些因素的存在使得南部大部分黑人农业劳动者即便摆脱了种植园主的借贷控制,同样难以迁移到南部城市或工资水平更高、种族歧视并不严重的东北部或中西部、西部城市。这种情况在第一次世界大战爆发后才发生了明显的变化。实际上,虽然内战后大多数南部黑人农业劳动者长期受到种植园主的控制,但是依然有少量黑人通过各种方式成功脱离种植园向美国东北部与中西部、西部迁移。据统计,

---

① Albert Bushnell Hart, *The Southern South*, pp.284-285.

② Peter Daniel, *The Shadow of Slavery: Peonage in the South*, *1901-1969*, Urbana: University of Illinois Press, 1990, p.22.

1870—1880 年,迁出南部的黑人移民人口净额(迁出人口减去迁入人口)为
68,000 人,1880—1890 年为-88,000 人(迁出人口少于迁入人口),1890—
1900 年为 185,000 人,1900—1910 年为 194,000 人。① 然而,单从这些数
字来看,在长达 40 年的时间里,黑人迁出南部的规模并不算大。内战后南
部黑人第一次大规模向外迁移实际上发生在第一次世界大战爆发后至 20
世纪 20 年代末。据统计,1910—1920 年迁出南部的黑人移民人口净额为
555,000 人,1920—1930 年则达到 903,000 人。②

　　然而,通过深入分析,我们又会发现,第一次世界大战爆发后至 20 世纪
20 年代末美国南部出现的黑人人口大迁移实际上对南部黑人农业发展的
影响比较有限。赖特认为,第一次世界大战爆发后,向美国其他区域迁移的
南部黑人超过一半是来自南部城市与城镇、具有一定技术水平的工人,而来
自南部乡村的黑人迁移者则大多是由于棉铃象甲虫(cotton boll weevil)灾
害与洪涝灾害而被种植园主不得不放弃的黑人租佃农、分成农与工资劳动
者。种植园带的黑人租佃农与分成农实际上并没有大规模地离开南部前往
东北部与中西部、西部城市。③ 笔者以为,赖特的认识有一定的合理性。首
先,1910—1930 年南部黑人农业人口数量的下降幅度并不大。从表 14 的
数据来看,从内战结束后至 1910 年,南部黑人农业人口的绝对数量一直呈
现出迅速增长的趋势。1870—1910 年南部黑人人口的外迁显然没有影响
这一趋势。虽然第一次世界大战后,随着黑人的大规模外迁,南部黑人农业
人口的绝对数量出现了下降,但是下降的幅度并不大。根据表 14 的统计,
1910 年、1920 年、1930 年南部 12 个州(包括肯塔基州)黑人农业劳动者的
人数分别为 6,592,505 人、6,358,584 人、6,072,896 人,从 1910—1930 年
的 20 年中,只减少了 7.9%(519,609 人),其中 1910—1920 年只减少了
3.5%(233,921 人),1920—1930 年减少了 4.5%(285,688 人)。其次,从内
战结束后直到 1930 年,农业人口一直占据了南部黑人总人口的大部分比
重。虽然 1910—1930 年黑人农业劳动者绝对数量有所下降,但是依然没有
改变黑人农业人口占据南部黑人总人口大部分比重的情况。其中,1910
年、1920 年、1930 年这一比重分别为 80.5%、76.7%、70.3%。再次,根据人

---

① Gavin Wright, *Old South, New South: Revolutions in the Southern Economy since the Civil War*, p.
201. Table 7.1

② Gavin Wright, *Old South, New South: Revolutions in the Southern Economy since the Civil War*, p.
201. Table 7.1

③ Gavin Wright, *Old South, New South: Revolutions in the Southern Economy since the Civil War*, pp.
204-205.

口普查局的相关统计数据,1910—1930 年南部绝大多数黑人农业劳动者仍然为租佃农或分成农,其中 1910 年的比重为 75.3%,1920 年为 76.2%,1930 年为 79.2%,比重不仅没有下降,反而略有上升。^① 从这些分析来看,第一次世界大战到 20 世纪 20 年代末南部出现的黑人人口大迁移对南部黑人农业发展的影响显然是有限的。

表 14　1860-1930 年美国南部黑人农业人口数量与比重的变化

年份 人口 数量及比重	1860	1870	1880	1890	1900	1910	1920	1930
黑人农业人口数量	3,699,519	3,822,402	5,197,264	5,524,826	6,316,078	6,592,505	6,358,584	6,072,896
黑人人口数量	3,890,037	4,161,242	5,631,749	6,386,663	7,471,323	8,189,756	8,291,698	8,633,437
农业人口比重	95.1%	91.9%	92.3%	86.5%	84.5%	80.5%	76.7%	70.3%

* 除了参加内战的 11 个州以外,这里的南部还包括肯塔基州。

资料来源:T.Lynn.Smith,"The Redistribution of the Negro Population of the United States,1910-1960",p.163.Table I

笔者以为,对于第一次世界大战爆发后至 20 世纪 20 年代末,美国南部黑人人口向东北部与中西部、西部的大迁移,应该从以下几个方面来分析:

第一,第一次世界大战爆发后,由于世界市场与美国国内市场对棉花的需求大大增加,这在很大程度上刺激了棉花价格的不断上涨。据统计,1915—1919 年美国棉花的平均价格达到 24 美分/磅。虽然 1920 年后,随着战时经济繁荣的消退,棉花价格有所下降,并出现了一定波动,但是 1920—1929 年美国棉花的平均价格依然高达 19.44 美分/磅。这使得以种植棉花为主的黑人分成农、租佃农在一定程度上缓解了贫困状况,甚至一些黑人分成农与租佃农由此还清了拖欠种植园主的债务。^② 在这种情况下,他们有可能脱离种植园主的借贷控制,摆脱"恶性的债务循环"。

第二,1910—1930 年南部部分地区经历了严重的棉铃象甲虫灾害与洪涝灾害,虽然这些自然灾害并没有影响整个南部棉花生产规模与产量的扩大和增长趋势,但是在局部地区却造成了大规模的棉花减产。由此,一些种植园主不得不削减来年的棉花种植规模,并放弃了部分黑人租佃农、分成农

---

① U.S.Bureau of the Census,*Historical Statistics of the United States:Colonial Times to 1970*,p.465.

② Gilbert C.Fite,*Cotton Fields No More:Southern Agriculture*,*1865-1980*,p.94.

与工资劳动者。

　　第三,1877 年南部重建结束后,重新执政的民主党人通过各州议会制定并通过了一系列在南部公共场所实行种族隔离制度(吉姆·克劳制)的"吉姆·克劳法"(Jim Crow Law)①,这些法律实际上剥夺了黑人在内战后获得的公民权。与此同时,南部各州立法机构通过制定缴纳人头税、限定财产与文化水平标准,乃至"祖父条款"②来确定选民资格的方式剥夺了大部分黑人的选举权。除此之外,南部的黑人与白人在教育、收入与就业等方面也存在严重的不平等。较之白人,黑人劳动者的教育水平与收入水平往往更低,大多只能从事繁重的体力劳动。这些不利的状况使得脱离种植园主控制的黑人自由民与城市中的黑人工人大多更愿意前往工资水平更高、种族歧视相对并不严重的东北部或中西部、西部城市的工业部门寻求新的就业机会。然而,第一次世界大战爆发前,这些地区的城市工业部门对劳动力的需求更多是依靠源源不断的国际移民来满足的。相对于南部的黑人,东北部与中西部、西部城市的企业主更加偏向于雇用来自欧洲,拥有一定文化和技术水平的白人移民。这是南部黑人向东北部与中西部、西部迁移所面临的另一个重要限制因素。

　　第四,第一次世界大战爆发后,由于来自欧洲的白人移民数量大大减少,与此同时,庞大的战争需求极大刺激了东北部与中西部、西部工业的迅速发展,这使得这些地区的工业部门出现了严重的劳动力短缺。在这种情况下,大批负责为东北部与中西部、西部工业企业招募劳工的代理人开始涌入南部的城市与乡村。他们用相对于南部更高的工资、免费提供路费(这在很大程度上解决了黑人劳动者迁移的路费问题)、更好的居住环境等优惠条件吸引黑人劳动力前往东北部与中西部、西部的工业企业工作。正是在这种情况下,南部乡村中摆脱种植园主控制的一些黑人农业劳动者和城市中大批的黑人技术工人开始离开南部前往工资水平相对更高、种族歧视与种族隔离现象相对不算严重的东北部与中西部、西部。

　　第五,第一次世界大战结束后,由于美国国会在 1921 年与 1924 年相继通

---

①　吉姆·克劳(Jim Crow)是美国种族主义者对黑人的蔑称,源自 1835 年左右的一首黑人流行歌曲。

②　"祖父条款"规定,凡在 1867 年享有选举权的成年男子及其后代得以免除教育、财产和纳税的限制行使投票权,否则无权参加选举。由于确立黑人选举权的"第 15 条宪法修正案"在 1870 年才正式生效,1867 年以前黑人实际上并没有选举权。因此,这一规定就把大部分黑人"名正言顺"地排除在选举之外,除非他们符合各州制定的教育、财产和纳税的选举标准。

过了两部《移民法案》,开始实行限制欧洲移民和全面排斥亚洲移民的政策,因此,20世纪20年代前往美国的欧洲与亚洲移民数量继续呈现出大幅度下降的趋势。① 这使得东北部与中西部、西部工业企业对南部黑人劳动力依然保持了比较强烈的需求。在这种情况下,南部黑人劳动者向这些地区的大规模人口迁移得到了延续,并一直持续到1929年经济大萧条才暂时被中断。

三、借贷制度与南部种植园黑人农地制度的变化

内战后南部乡村借贷制度的发展对种植园的黑人农地制度造成了深刻影响。具体说来,这一影响主要体现在以下三个方面:

首先,借贷制度阻遏了南部黑人分成农与租佃农通过长期的财富积累获得土地,进而转变为拥有小块土地的约曼自耕农的通道。本书前文的研究已经表明,由于借贷制度的剥削,内战后南部大多数黑人农业劳动者长期深陷贫困与债务。根据希格斯与马戈对内战后南部黑人的财产累积状况的研究,1880年佐治亚州黑人人均财产仅为8美元,1910年则增长到26.59美元,其中黑人人均拥有的农场地产、牲畜、农业工具、家具的价值1880年分别为1.5美元、2.1美元、0.2美元、0.5美元,1910年则分别达到9.9美元、7.7美元、1.6美元、3.2美元。② 1895—1910年阿肯色州黑人人均个人财产从29.96美元增长到49.14美元。1890年路易斯安那州与北卡罗来纳州黑人人均个人财产分别为16.46美元与14.07美元,1910年则分别为16.31美元与33.12美元。③ 从这些数据来看,内战后南部的黑人农业劳动者显然长期处于极度贫困的状态。在这种情况下,大多数黑人农业劳动者实际上根本没有能力购置土地(30—40英亩的农场)、牲畜、肥料、农具、种子,成为独立的小农场主,而是只能选择作为分成农与租佃农长期依附于拥有土地的种植园主。这在很大程度上造成了内战后南部黑人分成制与租佃制长期占据主导地位,大多数黑人农业劳动者作为分成农与租佃农长期被束缚在面积狭小的租佃农场。例如,以内战前后南部黑人和种植园最为集中的深南部6个州为例,④直到1900年和1910年,黑人土地

---

① 关于19世纪后半期至20世纪30年代美国的欧洲移民的具体情况,详见:邓蜀生:《世代悲剧"美国梦":美国的移民历程及种族矛盾1607—2000》,中国社会科学出版社2001年版,第18—38页。

② Robert Higgs, "Accumulation of Property by Southern Blacks before World War I", p.730.

③ Robert A.Margo, "Accumulation of Property by Southern Blacks before World War I: Comment and Further Evidence", p.770.

④ 这6个州包括:阿拉巴马州、阿肯色州、佐治亚州、路易斯安那州、密西西比州、南卡罗来纳州。

所有者的比重只有 12.9% 和 13.9%,而分成农与租佃农的比重则高达 85.4% 和 83%。① 实际上,由借贷制度的剥削而造成的长期贫困与债务,不仅使得大多数黑人分成农与租佃农很难通过自己的劳动积累财富、购置土地,进而转变为独立经营的约曼自耕农,甚至还使得他们即使在有机会获得土地的情况下,也由于缺乏经济实力,难以独立自主经营而不能充分利用这样的机会。1866 — 1876 年《南部宅地法》的失败有力地证明了这一点。1866 年美国国会通过了《南部宅地法》,旨在通过无偿分配联邦政府持有的南部公地的方式解决黑人自由民的土地问题。这一法令为黑人自由民获得土地提供了难得的机遇。如果他们能够抓住这一机遇,内战后南部农业发展的历史很有可能会被改写,困扰内战后南部农业现代化启动的诸多问题极有可能一并得到解决。然而,虽然《南部宅地法》制定了对黑人申请者相对有利的宅地申请条件,但是这一法令的实施效果并不理想,直到 1876 年《南部宅地法》废除,南部只有极少数的黑人农业劳动者利用这一法令申请宅地并最终获得宅地所有权。从本书前文的分析来看,黑人农业劳动者长期深陷贫困实际上是他们难以充分利用《南部宅地法》制定的有利条件申请宅地,以及绝大多数登记在册的宅地申请者最终没能达到坚持耕种或居住满 5 年的规定从而获得宅地所有权的深层次原因。② 而通过本章对内战后南部借贷制度与黑人农业劳动者深陷贫困与债务关系的分析,我们可以从中推导出借贷制度与内战后《南部宅地法》失败之间的内在逻辑关系——由于受到借贷制度的沉重剥削,内战后南部大多数黑人农业劳动者长期深陷贫困,这使得他们难以利用《南部宅地法》的有利条件,难以支付申请并经营宅地满 5 年所需的各项成本,最终导致《南部宅地法》未能解决黑人的土地问题。从这一逻辑关系的分析来看,借贷制度是内战后《南部宅地法》最终失败的更深层次原因。

其次,借贷制度是内战后南部种植园主根据棉花价格的变动和经营风险实施不同农地制度的有力保障。本书前文的研究已经表明,在内战后长达 65 年的时间里,南部只有相对少数的黑人农业劳动者通过积累财产获得土地,绝大多数黑人农业劳动者只能以租佃形式(分成制和租佃制)从事农业生产。内战后南部种植园黑人农地制度最大的变化是分成制与租佃制的发展与演变:1867—1880 年南部种植园确立了以分成制为主的混合农地制

---

① U.S.Bureau of Census,*Twelfth Census of United States*,1900,Vol.5,pp.4–16.U.S.Bureau of Census,*Thirteenth Census of United States*,1910,Vol.5,pp.212–213.

② 参见本书第一章第二节"二、1866 年《南部宅地法》的土地分配方案"。

度;1880—1900年租佃制(包括分成租佃制、现金租佃制、固定租金制)迅速发展,最终取代分成制,成为南部种植园中黑人最主要的农地制度;1900—1930年分成制再次迅速发展,最终取代租佃制(包括分成租佃制、现金租佃制、固定租金制),成为南部种植园中的黑人最主要的农地制度。1880—1930年南部种植园黑人农地制度的变化与棉花价格的变动存在紧密的联系。其中1880—1900年从分成制向租佃制的转变实际上是种植园主在棉花价格不断下降,且长期处在低水平的情况下,为转移经营风险采取的对策,而1900—1930年从租佃制向分成制的大规模转变则是因为棉花价格长期维持在较高水平,种植园主的投入所承担的风险大大减少,在这种情况下,他们自然倾向于选择自己更为偏爱和利润更高的分成制方式。① 然而,这里显然存在诸多疑问。例如,根据南部习惯法,租佃农通常享有更多的独立自主的经营权,而且一般情况下,较之分成制,种植园主从租佃制中获得的利润率要更少,那么,在实行租佃制的情况下,种植园主是如何规避这些潜在的缺陷呢? 此外,在种植园主选择从分成制向租佃制,以及从租佃制向分成制的转换过程中,为什么租佃合同的另一方——黑人农业劳动者对于种植园主做出不利于自己的选择而"无动于衷"呢? 借贷制度为种植园主解决这两个问题提供了有力的保证。在前文的分析中,我们已经看到,正是由于借贷制度的剥削,南部的黑人农业劳动者长期陷入"恶性的债务循环",甚至由此陷入长期的"劳役偿债"。在这种情况下,这些深陷债务的黑人农业劳动者实际上根本没有其他的选择,而只能继续依附于种植园主。他们自然对选择何种租佃形式并没有发言权,而只能听从种植园主的安排。

再次,借贷制度使得内战后南部种植园的分成农与租佃农之间差异变得越发模糊。根据重建结束后南部各州的习惯法,分成农与租佃农通常享有不同的权利。租佃农在作物选择、生产决策、产品销售方面享有自主权,并对作物收成持有所有权、处置权与留置权。分成农通常被视为工资劳动者,其生产活动受到地主严格管理与控制。此外,分成农对作物收成并没有所有权、销售权、处置权、留置权。在收获季节,作物收成往往被地主全部取走,在估量价值后,再按照分成比例分给分成农。② 虽然1880—1900年南部大多数黑人农业劳动者实现了从分成制向租佃制的转变,但是由于借贷制度的控制与剥削,黑人租佃农不仅与分成农一样深陷贫困与债务,而且丧

---

① 参见本书第一章第一节"内战后南部种植园黑人农地制度的演变"。

② Harold D. Woodman, "Class Structure and Economic Development in the American South, 1865-1955;Comments", p.999.Charles L.Flynn, Jr., *White Land*, *Black Labor*: *Caste and Class in Late Nineteenth-Century Georgia*, p.72.

失了南部习惯法赋予租佃农的各项权利,从而变得与分成农并没有本质的区别。① 第一,由于借贷制度的剥削与控制,黑人租佃农实际上丧失了自主经营权,特别是自主选择种植作物的权利。由于作物留置权体制的存在,以及常年深陷债务,黑人租佃农实际上陷入了"棉花→债务→更多棉花→更多债务……"的"恶性循环",从而只能按照种植园主的意志长期维系以棉花生产为主体的畸形单一种植结构,并在此基础上不断增加棉花生产规模。甚至在1865—1900年棉花价格不断下降,并长期维持在低水平,以及粮食零售价格很高的极为不利的情况下,黑人农业劳动者依然被迫继续扩大棉花生产规模。第二,种植园主通过借贷制度(作物留置权制度)控制了黑人租佃农大部分作物收成的留置权。由于作物留置权制度要求租佃农用部分作物收成作为借贷抵押,这使得种植园主的租金与借贷实际上获得了黑人租佃农大部分作物收成的留置权。随着黑人租佃农因为借贷制度而深陷债务,而这些债务在来年继续对租佃农的作物收成拥有留置权,如此循环往复,种植园主通过债务完全控制了黑人租佃农作物收成的留置权。在这种情况下,黑人租佃农与分成农一样,实际上丧失了作物收成的所有权、留置权、处置权。第三,当作物收获后,如果黑人租佃农不能及时偿清所有债务,便会与拖欠债务的分成农一样不得不继续留在种植园为种植园主劳动,直到偿清债务为止。由于高额的商品借贷价格,以及不断下降的棉花价格,大批黑人租佃农陷入长期的"恶性债务循环"。在这种情况下,他们与同样陷入债务的分成农一样被束缚在种植园面积狭小的租佃农场,失去了自由迁徙的权利,从而陷入了长期的"劳役偿债"。第四,借贷制度使得黑人租佃农的生产与经营活动与分成农一样受到种植园主的严格监督。由于借贷制度的剥削,大批种植园的黑人租佃农深陷债务,在这种情况下,他们的生产经营活动实际上已经不再是独立自主,而是受到种植园主的严格监督。内战后关于南部种植园的许多抽样调查都证实了种植园黑人租佃农的这一变化。例如,1913年美国农业部农场管理局对亚祖—密西西比河三角地的调查显示,在这一地区,"租佃农常常由于预支日用必需品而陷入债务,因此,

①　内战后南部各州的法院区分分成农与租佃农的习惯标准通常是:租佃农除了提供自己的劳动外,还需要提供土地以外的一切生产资料;而分成农只提供自己的劳动,其他一切生产资料由地主提供。Oscar Zeichner,"The Legal Status of the Agricultural Laborer in the South",p.416. A.B.Book,"A Note on the Legal Status of Share-Tenants and Share-Croppers in the South",pp.539—541.Rupert B.Vance,"Human Factors in the South's Agricultural Readjustment Law and Contemporary Problems",pp.266—267.Fred A.Shannon,*The Farmer's Last Frontier:Agriculture,1860-1897*,pp.88-89.

除了种植园主认为可靠的现金租佃农以外,他(种植园主)对(其他)现金租佃农进行了监督"。① 1920 年布兰能对南部种植园的调查也发现,"在近些年,在大多数地区,租佃农受到严格的监督"。②

正是在上述情况下,内战后南部黑人分成农与租佃农的界限变得日益模糊,二者陷入了几近相同的命运。

四、借贷制度与南部黑人农业劳动者的棉花"过量生产"

内战结束后,"棉花过量生产"(cotton overproduction)是借贷制度的发展对南部农业劳动者造成的最深刻影响之一。其中,1865—1900 年南部农业劳动者的"棉花过量生产"甚至是一种发生在棉花价格不断下降,并长期维持在低水平,以及粮食零售价格水平极高的不利情况下的"反常供给"现象。内战后南部棉花生产的扩张与"过量生产"从内战结束后一直延续到 20 世纪 30 年代罗斯福政府实施大规模限制棉花种植规模的措施为止。正是通过借贷制度的作物留置权体制,南部种植园主迫使种植园的黑人分成农与租佃农不得不长期维系以棉花生产为主体的畸形单一种植结构,这在很大程度上造成了内战后南部棉花生产的"过量生产"与"反常供给"。

(一) 内战后南部棉花生产的恢复与扩张

1861—1865 年的南北战争对美国南部的棉花生产造成了严重的破坏,内战期间,南部的棉花产量与种植规模大大减少。据统计,1859—1860 年是内战前南部棉花种植规模与产量最高的年份,这一年南部的棉花种植规模在 1200—1300 万英亩左右,棉花产量则高达 22.47 亿磅。由于内战的破坏,1866 年南部棉花种植规模下降到 730.9 万英亩,棉花产量则只有 142.4 万包(7.12 亿磅)。③ 内战结束后,南部的棉花生产开始迅速恢复。1876 年南部的棉花种植规模恢复到 866.6 万英亩,产量恢复到 19.24 亿磅。④ 1879 年南部棉花种植面积略少于 1200 万英亩,基本上恢复到内战前的水平,而棉花产量则略微超过 20 亿磅(400 万包)。1880 年南部的棉花产量

① Ernest Augustus Boeger, *A Study of the Tenant Systems of Farming in the Yazoo - Mississippi Delta*, pp.6-7.

② C.O.Brannen, *Relation of Land Tenure to Plantation Organization*, with Development since 1920, p.8.

③ U.S.Department of Agriculture, Agricultural Marketing Service, *Cotton and Cottonseed: Acreage, Yield, Production, Disposition, Price, Value, by States, 1866-1952*, pp.7-18.

④ Matthew B.Hammond, "The Cotton Industry: An Essay in American Economic History: Part I.The Cotton Culture and the Cotton Trade", p.134.

基本上恢复到内战前的水平,达到 20.6 亿磅。此后,南部的棉花产量与种植规模继续扩大。1890 年棉花产量达到 30.5 亿磅,1895 年棉花产量 40.79 亿磅,种植面积在 2300 万英亩左右。① 1900 年棉花种植面积增长到 2407.1 万英亩,棉花产量 973.9 万包(48.70 亿磅)。1910 年的种植面积 2998.7 万英亩,棉花产量 1061.6 万包(53.08 亿磅)。1920 年种植规模达到 3196.3 万英亩,棉花产量 1183.2 万包(59.16 亿磅)。1929 年经济危机来临时棉花种植规模增长到 3912.9 万英亩,棉花产量达到 1294.6 万包(64.73 亿磅)。② 1860—1929 年的 69 年中,南部的棉花种植规模增长了 3 倍以上,而棉花产量则增长了 1.6 倍。如果从内战后算起,1866—1929 年南部的棉花种植规模增长了 4.35 倍,棉花产量则增长了 8.09 倍。

内战后南部的棉花生产扩张是以牺牲粮食生产的自给自足和农业生产的多样化为代价的。内战前南部的粮食生产基本上是自给自足的。一方面,内地与山区的白人约曼自耕农大多以自给自足的粮食作物生产为主,另一方面南部的种植园除了从事棉花生产之外,也大多能够生产足够的粮食作物和肉类满足奴隶的消费需求。③ 据统计,1860 年南部 9 个州(得克萨斯州与佛罗里达州除外)分别有 44% 和 38% 的田地用于种植棉花与玉米。④ 内战后,由于棉花生产的不断扩张,大多数农田被用于棉花生产,这在很大程度上造成了南部粮食种植面积的不断下降(相对于棉花种植面积而言)。图 7 是 1866—1890 年南部南卡罗来纳、佐治亚、阿拉巴马、密西西比、路易斯安那 5 个州玉米与棉花种植面积比重的变化趋势。

虽然内战后南部粮食作物(特别是玉米)种植面积和产量的绝对数量确实实现了一定增长,但是增长速度远远落后于棉花生产与人口增长的速度。例如,1860—1890 年南部人口增长了 87%,玉米作物的产量却只增长了 30%,并且几乎所有的增长都来自得克萨斯与阿肯色州。⑤

① Matthew B.Hammond, "The Cotton Industry:An Essay in American Economic History:Part I.The Cotton Culture and the Cotton Trade", pp.166-167.

② U.S.Department of Agriculture, Agricultural Marketing Service, *Cotton and Cottonseed:Acreage, Yield, Production, Disposition, Price, Value, by States, 1866-1952*, pp.19-32.

③ 关于内战前南部白人约曼自耕农的自给自足经济,详见本书第四章第一节。关于内战前南部种植园的粮食与肉类生产能够实现自给自足的研究,详见 Robert E.Gallman, "Self-Sufficiency in the Cotton Economy of the Antebellum South", pp.5-23.

④ John Solomon Otto, *Southern Agriculture during the Civil War Era, 1860-1880*, Westport:Greenwood Press, 1994, p.13.

⑤ Matthew B.Hammond, "The Cotton Industry:An Essay in American Economic History:Part I.The Cotton Culture and the Cotton Trade", p.173.Note1.

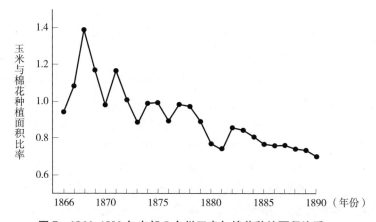

图 7　1866—1890 年南部 5 个州玉米与棉花种植面积比重

资料来源：Roger L.Ransom and Richard Stuch，*One Kind of Freedom：the Economic Consequences of Emancipation*，p.155.

1900—1910 年南部黑人农业劳动者的数量增长了 20.2%，[1]而黑人农业劳动者的玉米(南部最主要的粮食作物)种植面积却只增长了 4.9%，小麦、稻米的种植面积则分别减少了 53.1% 和 40.9%，与此同时，棉花种植面积却增长了 33.6%。[2] 南部的粮食生产显然难以满足不断增长的人口消费需求。

　　从个体农场的视角来看，内战后南部棉花生产的主导地位同样十分明显。以南部的阿拉巴马州、佐治亚州、南卡罗来纳州、密西西比州、路易斯安那州、阿肯色州 6 个州为例，1880 年平均每个农场棉花种植面积占农场耕地面积的比重为 49.1%，1890 年为 53.0%，1900 年为 44.4%，1910 年为 46%，1920 年 41.9%，1930 年为 50.6%。[3] 其中，小农场主的棉花种植面积比重更高。根据兰瑟姆与萨奇的统计，1880 年南部农田面积小于 50 英亩的小农场占所有农场的比重 78.3%。在这些小农场中，自有农场、租佃农场和分成制农场，分别平均有 45.7%、57.8%、53.2% 的土地用于棉花生产。[4] 布兰

[1]　U.S.Bureau of Census，*Thirteenth Census of United States*，1910，Vol.5，p.197.

[2]　Robert Higgs，*Competition and Coercion：Blacks in the American Economy 1865—1914*，p.70.

[3]　根据 Gilbert C.Fite，*Cotton Fields No More：Southern Agriculture*，1865—1980，p.225.TableA2，Table A 3.提供的 1880—1900 年南部各州农场数量(A)和每个农场平均耕地面积(B)，以及 U.S.Department of Agriculture，Agricultural Marketing Service，*Cotton and Cottonseed：Acreage*，*Yield*，*Production*，*Disposition*，*Price*，*Value*，*by States*，1866—1952，pp.19—33.提供的南部各州棉花种植面积(C)的数据计算而成。我们用 D 来代表平均每个农场棉花种植面积占农场耕地面积的比重，计算方法是：$D = C/A * B$

[4]　Roger L.Ransom and Richard Sutch，*One Kind of Freedom：the Economic Consequences of Emancipation*，pp.69，157.

能对 1920 年南部 161 个棉花种植园的分成农与租佃农的抽样调查则发现,分成农、分成租佃农、现金租佃农、固定租金农棉花种植面积占各自农场耕地面积的比重分别为 72.8%、68.6%、72.3%、77%。[1]

除了粮食生产之外,南部牲畜养殖业的发展也由于棉花生产的不断扩张而遭受严重阻碍。虽然内战后南部牲畜的绝对数量有微弱的增长,但是这一增长其实主要发生在得克萨斯州。以南卡罗来纳州、北卡罗纳州、佐治亚州、阿拉巴马州、密西西比州为例,1900 年猪与奶牛的数量只是略微超过 1860 年的水平。[2] 兰瑟姆与萨奇对 1860—1890 年阿拉巴马州、佐治亚州、南卡罗来纳、密西西比州、路易斯安那州 5 个南部州的人均粮食作物产量与人均饲养牲畜数量变化的统计,可以使我们清晰地看出内战后南部农业劳动者粮食生产自给自足与农业生产多样化的衰落。

表 15   1860-1890 年南部 5 个州的人均粮食作物产量*与牲畜数量**

种类＼年份	1860	1870	1880	1890
玉米	29.6	14.7	15.6	16.3
其他粮食作物	6.3	2.6	3.9	2.7
总粮食作物	35.8	17.3	19.5	18.9
猪	1.64	0.73	0.88	0.73
其他牲畜	0.51	0.29	0.31	0.30
绵羊	0.31	0.26	0.24	0.22

*粮食作物除了玉米之外,还包括小麦、黑麦、稻米、燕麦、黑眼豆、大豆、爱尔兰马铃薯、甜马铃薯、荞麦等,其单位都被换算成与玉米相同的蒲式耳。
**牲畜的单位:只。
资料来源:Roger L.Ransom and Richard Sutch,*One Kind of Freedom:the Economic Consequences of Emancipation*,p.152.

由于内战后南部的粮食生产与肉类生产难以满足人口的消费需求,南部开始从中西部各州大量输入玉米、小麦等粮食作物和肉类产品。在中西部的辛辛那提、路易斯维尔、芝加哥、得梅因、印第安纳波利斯等大城

---

[1]   C.O.Brannen,*Relation of Land Tenure to Plantation Organization,with Development since 1920*,p.56.

[2]   Gilbert Courtland Fite,*Cotton Fields No More:Southern Agriculture,1865-1980*,p.8.

市每天都有大批的粮食运到南部的罗马(Rome)、多尔顿、塞尔马等城市。南部的熏猪肉则大多来自于伊利诺伊、俄亥俄、衣阿华、印地安纳等中西部州。1872年一位当地人描述了这一情形:"塞尔马、罗马、多尔顿的镇上堆满了货物。成百上千车来自西北部的肉类和粮食产品运来运去。辛辛那提、路易斯维尔、芝加哥和印第安纳波利斯运来了好几艘船的粮食来满足棉花种植者的需要。"①内战后南部铁路交通运输的发展为南部和中西部之间的粮食贸易创造了条件。据统计,1880年佐治亚州1/4的玉米、1/3熏猪肉、1/2的面粉都是通过铁路从中西部输入的。② 正因为如此,《亚特兰大宪报》(Atlanta Constitution)的一位编辑夸张地指出,"4/5的南部农场主可能会理解这一点:他们的身体与其说是阿拉巴马、密西西比、佐治亚、或南卡罗来纳人的身体,倒不如说是密苏里、俄亥俄、衣阿华、伊利诺伊人的身体"。③

(二) 内战后南部棉花生产的"反常供给"

内战后南部棉花生产的扩张不仅是以牺牲农业劳动者粮食生产的自给自足为代价的,而且更令人难以理解的是,这一扩张在1865—1900年实际上是一种发生在棉花价格不断下降,长期处于低水平,以及粮食零售价格很高情况下的"反常供给"现象。

由于南部的棉花生产主要用于满足国内市场和世界市场的需求,因此,根据商品经济的价格原理,棉花价格通常应该是南部棉花生产扩张的推动力量。然而,通过对内战后美国市场和世界市场棉花价格变化趋势的考察,我们发现,实际情况并不完全如此。1865—1900年美国的棉花价格总体上处于下降的状态。由于内战期间北方军队对于南部棉花出口的封锁,世界市场的棉花供给大大减少,这使得世界市场和美国市场的棉花价格迅速增长。1864年纽约市场的棉花价格达到101.5美分/磅,1865年的棉花价格虽然有所下降,但是仍然高达83.38美分/磅。④ 内战结束后,世界市场和美国市场的棉花价格开始不断下降。据统计,1872年美国的棉花价格是20.48美分/磅,1873年下降到18.15美分/磅,⑤1876年下降到9.71美分/磅。1880—1899年棉花价格跌落到10美分/磅以下,其中1880—1889年平均价格只有8.998美分/磅,1890—1899年的平均价格

①　Thomas D.Clark, *Pills, Petticoats, and Plows, the Southern Country Store*, p.128.

②　U.S.Bureau of the Census, *Report on Cotton Production in the United States, Part II*, p.520.

③　Thomas D.Clark, *Pills, Petticoats, and Plows: The Southern Country Store*, p.130.

④　James L.Watkins, *King Cotton: A Historical and Statistical Review 1790 to 1908*, p.30.

⑤　James L.Watkins, *King Cotton: A Historical and Statistical Review 1790 to 1908*, p.30.

只有 8.24 美分/磅,而 1894 年与 1898 年的价格甚至曾经跌落到 4.59 美分/磅与 5.73 美分/磅。虽然 1900—1910 年美国的棉花价格有所增长,但是依然在大多时间处于 10 美分/磅的水平之下。只有 1915—1929 年美国的棉花价格才真正实现了持续、稳定的增长,并且平均价格在保持 18.46 美分/磅的水平。①

图 8　1865-1929 年美国国内市场棉花价格的变化趋势
(单位:美分/磅)

资料来源:James L.Watkins,*King Cotton:A Historical and Statistical Review 1790 to 1908*,pp.30-31;United States Bureau of the Census,*Historical Statistics of the United States:Colonial Times to 1970*,pp.517-518.

与此同时,世界市场的棉花价格也保持了相同的变化趋势。下面是 1865—1908 年美国棉花最大出口国,也是当时世界上最大的棉花进口国——英国的利物浦棉花市场的棉花价格统计②。

通过对内战后美国棉花价格和世界市场棉花价格的考察,我们会发现,从 1865 年到 1929 年经济危机期间,南部的棉花生产真正具备高价格刺激的时期是在 1915—1929 年(虽然这一时期棉花价格也有波动),而在 1865—1900 年,棉花价格持续下降,特别是 1876—1900 年棉花价格甚至跌落到 10 美分/磅以下,因而这段时期的棉花价格并不具备刺激南部不断扩大棉花生产规模的条件。然而,令人感到疑惑的是,1876—1900 年南部的棉花产量却从 19.24 亿磅增长到 48.6995 亿磅,增长率超过了 153.12%,种

---

① United States.Bureau of the Census,*Historical Statistics of the United States:Colonial Times to 1970*,pp.517-518.
② 利物浦棉花市场是当时美国棉花最大出口国,也是当时世界上最大的棉花进口国——英国最主要的棉花市场。Gavin Wright,"Cotton Competition and the Post-Bellum Recovery of the American South",p.611.

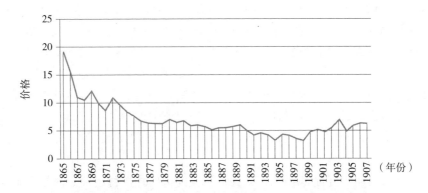

图9　1865—1908年英国利物浦棉花市场棉花价格（单位：便士/磅）

资料来源：James L.Watkins, *King Cotton：A Historical and Statistical Review 1790 to 1908*, pp.30-31.

植面积也从866.6万英亩增长到2407万英亩，增长率超过了177.75%。

除此之外，19世纪90年代至20世纪20年代，南部出现了棉铃象甲虫灾害。1892年这场灾害从墨西哥蔓延到得克萨斯州。此后，继续向东和向北推进。1903年到达路易斯安那州，1907年到达密西西比州，1912年到达阿拉巴马州，到1921年，棉铃象甲虫已经蔓延到了整个南部。然而，1900—1910年，除了路易斯安那州以外，棉铃象甲虫对南部棉花种植业的影响并不大。虽然由于棉铃象甲虫的影响，1900—1910年南部增加了玉米种植面积，并放慢了棉花生产扩张的速度，但是南部的棉花产量和种植规模并没有因此减少（路易斯安那州除外），而是继续保持增长势头，只是增长的速度较1900年前有所放慢。据统计，1900—1910年除得克萨斯州外的南部10个州棉花与玉米种植面积的比率从1∶1.04下降到1∶1.33，但是棉花的种植面积还是增长了591.6万英亩，棉花产量也增长了4.38亿磅（876,100包），其中黑人农业劳动者和白人农业劳动者的棉花种植面积分别大约增长了244.1万英亩和347.5万英亩。[1]

面对南部棉花价格的不断下降，并长期处于低水平，以及棉铃象甲虫的灾害，南部的许多农业科学家、农业组织（如格兰其和南部农场主联盟）、农业试验站竭力倡导减少棉花种植规模，实行多样化生产，并努力推广相关技术，然而这些努力的实际效果并不明显。虽然南部的玉米等作物的种植规模有所增长，但是棉花生产的主导地位始终没有被撼动。[2]

那么，在棉花价格不断下降，并长期处于低水平，以及南部遭受自然灾

---

① Robert Higgs, *Competition and Coercion：Blacks in the American Economy, 1865-1914*, p.70.

② Gilbert Courtland Fite, *Cotton Fields No More：Southern Agriculture, 1865-1980*, pp.68-119.

害的不利情况下，为什么南部农业劳动者依然会选择继续扩大棉花生产规
模呢？为什么南部的棉花生产扩张会出现这种令人不解的"反常供给"现
象呢？笔者以为，由于内战后南部形成的特殊农地制度——分成制与租佃
制，以及小土地所有制（主要是南部的白人约曼自耕农）的存在，我们应该
从大土地所有者与小农场主两个方面来考察这一问题。大土地所有者既包
括种植园主，又包括内地与山区占有大量土地的地主（商人—地主）。小农
场主主要指种植园的黑人分成农与租佃农，以及内地和山区的白人约曼自
耕农、分成农、租佃农。

　　从大土地所有者的角度而言，他们选择种植何种作物所考虑的最主要因
素是利润。19 世纪 60 年代中期后，由于《宅地法》和其他联邦土地政策造成
家庭农场数量和规模不断增加，再加上节约劳动型农业机器的推广与使用，
铁路运输业的发展和得天独厚的自然地理条件，中西部的玉米与小麦等粮食
作物的种植面积和牲畜饲养规模迅速增长，中西部很快成为美国的"小麦王
国"、"玉米王国"和"畜牧王国"。这使得中西部的粮食与肉类生产成本远远
低于其他地区。相比之下，由于农业生产技术落后，以及缺乏自然条件优势，
南部的粮食与肉类生产成本更高，因此，很难在这方面同中西部竞争。正如
19 世纪 90 年代佐治亚州农业协会主席布朗所指出的，"我们不可能与（中）西
部竞争出售玉米、小麦、燕麦和猪肉。我们的乡村并不特别适于种植小麦和
饲养牲畜，也不适于生产粮食作物"。[1] "商人不会接受并使用玉米；他不能
用玉米向银行支付；如果他有一车玉米的话，他必须在与（中）西部的竞争
中运送它，无论什么时候这样做，他们都不会获得任何收益"。[2]

　　在这种情况下，由于南部的自然条件更适于大规模种植棉花，南部棉花
品质优于其他国家的棉花品种，[3] 再加上内战前南部的棉花销售已经形成
了稳定、成熟的国内与国际市场，因此，内战后棉花依然是南部唯一具有绝对
比较优势的经济作物，也是唯一能够给种植园主和其他大土地所有者、商人
带来大规模收益的经济作物。虽然 1865—1900 年美国市场和世界市场的棉
花价格持续下降，但是由于南部根本无法在粮食生产与畜牧业方面与中西部
竞争，因此，南部的种植园主与其他大土地所有者大多只能通过不断扩大棉
花生产规模，增加棉花产量来弥补棉花价格下降带来的损失。由于这一时期

①　United States Industrial Commission, *Report of the Industrial Commission on Agriculture and Agricultural Labor*, p.61.

②　United States Industrial Commission, *Report of the Industrial Commission on Agriculture and Agricultural Labor*, p.71.

③　Gavin Wright, "Cotton Competition and the Post-Bellum Recovery of the American South", p.618.

美国国内和英国以及欧洲大陆国家、日本、英属印度等国棉纺织业的发展,美国国内市场和世界市场对美国棉花的需求一直呈现出稳定增长的态势。① 这使得南部的种植园主和其他大土地所有者可以通过扩大棉花生产规模,增加棉花产量弥补棉花价格下降造成的损失。

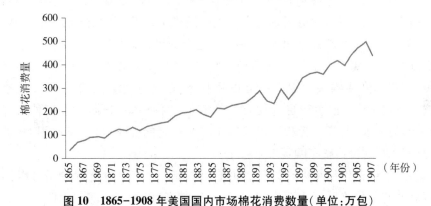

图 10　1865—1908 年美国国内市场棉花消费数量(单位:万包)

资料来源:James L.Watkins,*King Cotton:A Historical And Statistical Review 1790 to 1908*,pp.30-31.

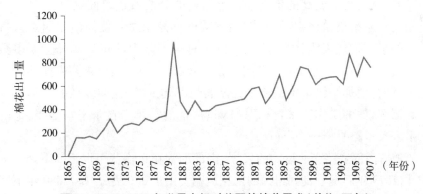

图 11　1865—1908 年世界市场对美国的棉花需求(单位:万包)

资料来源:James L.Watkins,*King Cotton:A Historical and Statistical Review 1790 to 1908*,pp.30-31.

---

① 这一时期随着英国工业结构的转型,英国对美国棉花的进口增长缓慢,与此同时,欧洲大陆国家、日本、英属印度由于棉纺织业的发展对美国棉花的需求不断增长。1870—1900年英国棉花进口在美国棉花出口中所占的比重由 70% 下降到 50%。即便如此,英国依然是美国棉花的最大进口国。Gavin Wright,"Cotton Competition and the Post-Bellum Recovery of the American South",p.611.John R.Hanson,"World Demand for Cotton during the Nineteenth Century:Wright's Estimates Re-examined",*The Journal of Economic History*,Vol.39,No.4(Dec 1979),p.1016.

　　另一方面,随着内战后中西部与南部之间铁路运输业的发展,铁路的运输费用开始下降。这使得南部可以用相对便宜的价格(甚至低于南部本地生产粮食作物与肉类的成本价格)从中西部输入粮食与肉类。这也为南部的种植园主和其他大土地所有者将更多的土地集中于棉花生产创造了条件。以南部最主要的三种食物——熏猪肉、玉米、面粉为例,1899年南卡罗来纳州的种植园主—商人尤曼斯指出,"我不种植小麦……我可以用更便宜的价格获得面粉。在我们这个地区,种植棉花要比种植小麦更划算"。"我曾经花9—10美分/磅的价格购买熏猪肉,现在我可以花5美分/磅的价钱购买"。① "我可以用比5美分更便宜的价格购买熏猪肉——这比我自己生产更为便宜"。"在我的种植园,长期以来我种植棉花,购买玉米,这是因为我可以获得10美分/磅的棉花价格,可以用60美分/蒲式耳的价格整车购买玉米……"②

　　除了粮食作物和肉类以外,种植园主和其他大土地所有者还可以用相对便宜的价格购买中西部的骡子、马等牲畜,以及东北部与中西部的锄头、棉花包装袋、铁带、绳子、轧棉机、衣服、鞋子、化肥、干草等生产与生活必需品,然后再以较高的价格赊销给他们的分成农或租佃农。19世纪中后期的戏剧家格雷迪(Grady)在他的戏剧作品中对一位佐治亚州黑人自由民的形象描述表明,内战后南部的各种生产与生活用品实际上大多数都来自于中西部和东北部。"他穿着一套衣服,布料是由俄亥俄州的绵羊毛生产的,他那半饥半饱的骡子是从肯塔基输入的,他的破烂的马车来自马萨诸塞,他的工作靴来自林恩(Lynn),他的马具来自于辛辛那提,他的玉米来自圣路易斯……"③

　　随着南部铁路交通运输的发展,南部的棉花运输费用也不断下降。据统计,1873年新奥尔良到纽约的棉花运输费用是0.6美分/磅,1880年下降到0.45美分/磅,1892年下降到0.32美分/磅的水平。1886年亚特兰大到纽约的棉花运输费用是0.85美分/磅,1893年则下降到0.67美分/磅。④在这种情况下,由于能够从中西部和东北部以较为便宜的价格获得粮食和

① United States Industrial Commission,*Report of the Industrial Commission on Agriculture and Agricultural Labor*,p.118.

② United States Industrial Commission,*Report of the Industrial Commission on Agriculture and Agricultural Labor*,p.121.

③ Thomas D.Clark,*Pills*,*Petticoats*,*and Plows*:*The Southern Country Store*,p.129.

④ Matthew B.Hammond,"The Cotton Industry:An Essay in American Economic History:Part I.The Cotton Culture and the Cotton Trade",p.171.

其他生产与生活必需品，以及棉花的运输费用大大下降，南部种植园主和其他大土地所有者从事棉花生产的成本大大降低，再加上美国国内市场和世界市场对南部棉花的需求一直稳定增长，这就使得南部的种植园主和其他大土地所有者即使在南部棉花价格不断下降的情况下也能通过增加棉花产量维持一定的利润。赖特对 1866—1899 年南部单位面积的棉花与玉米的收益的研究也证明了内战后大规模生产棉花对种植园主是有利的。赖特发现，虽然棉花价格不断下降，但是单位面积的棉花还是要比单位面积的粮食作物（特别是内战前南部最主要的粮食作物玉米）更能盈利。例如，1866—1900 年除弗吉尼亚与佛罗里达之外的南部 9 个州平均每英亩棉花产量的价值为 18.52 美元，除去肥料、农具以及销售成本 5.12 美元，每英亩棉花的净价值为 13.40 美元。而同一时期，平均每英亩玉米产量的销售价值只有 8.52 美元。[1]

　　从个体农业生产者的视角来看，虽然种植易于销售的棉花有助于尽快改变自己与家庭的经济状况，但是在棉花价格持续下降，并长期处于低水平的情况下，以牺牲粮食生产的自给自足为代价大规模生产棉花，显然是极为不利的选择。这一点主要表现在三个方面：第一，随着棉花价格不断下降，农业劳动者种植棉花获得的收益不断下降。例如，1865—1870 年 100 磅棉花的平均价值是 39.34 美元，1876—1880 年为 9.31 美元，1881—1890 年为 8.87 美元，1891—1900 为 7.00 美元。[2] 第二，由于棉花生产者在棉花生产过程中需要购入肥料、农具、种子、牲畜、饲料以及承担轧棉与打包的各项费用，而 10 美分/磅的价格通常是农业劳动者种植棉花获利的最低价格，[3]因此，当 1876—1900 年绝大部分年份棉花价格低于 10 美分/磅的水平时，棉花生产者继续大规模种植棉花往往是"亏本"的。第三，虽然内战后美国粮食价格维持在较低水平，南部可以用较为便宜的批发价格从中西部购买粮

---

① Gavin Wright, *Old South*, *New South*: *Revolutions in the Southern Economy since the Civil War*, p.36.

② 根据 James L. Watkins, *King Cotton*: *A Historical and Statistical Review 1790 to 1908*, pp.30-31; U.S. Bureau of the Census, *Historical Statistics of the United States*: *Colonial Times to 1970*, pp. 517-518. 提供的棉花数据计算而成。

③ Miller Handley Karnes, "Law, Labor, and Land in the Postbellum Cotton South: The Peonage Cases in Oglethorpe County, Georgia, 1865-1940", Ph.D. dissertation, University of Illinois at Urbana-Champaign, 2000, p.64. 笔者以为，对于南部的分成农、租佃农而言，虽然在除去农具、肥料、牲畜、种子等各项生产资料投入后，通常 10 美分/磅的价格是种植棉花不亏本的最低获利价格，但是考虑到内战后南部大部分农业劳动者都需要通过借贷满足家庭的食物和其他生活资料消费需求这一现实，因此，如果将这些间接的投入计算在生产成本中的话，那么，南部农业劳动者种植棉花获利的最低价格必然要高于 10 美分/磅的水平。

食,但是这并不能保证南部的个体农业劳动者也能以相对便宜的零售价格购买这些粮食。以南部最主要的食物——玉米为例,1870年美国的玉米市场销售价格是52美分/蒲式耳,与此同时,密西西比州一家商店玉米的现金零售价格是75美分/蒲式耳,赊购零售价格是150美分/蒲式耳。① 1881—1889年美国的玉米市场销售价格下降到40美分/蒲式耳,而佐治亚州玉米的平均现金零售价格和赊购零售价格却分别高达79.78美分/蒲式耳和102.89美分/蒲式耳。② 1879—1880年美国的熏猪肉市场销售价格是7美分/磅,③与此同时,佐治亚州熏猪肉的现金零售价格和赊购零售价格则分别高达9美分/磅和10.8美分/磅。④ 由于内战后南部人均每年需要15蒲式耳玉米,一头骡子每年也会消耗75蒲式耳玉米,⑤此外,每名成年男性每年需要消费180磅熏猪肉,每个成年女性每年需要消费144磅熏猪肉,内战后南部农业劳动者的家庭规模通常在5—6人,⑥因此,南部的棉花生产者放弃粮食生产的自给自足,以零售价格,特别是高额的赊购零售价格购买家庭消费所需的大部分粮食和肉类,显然需要一大笔支出。这在棉花价格不断下降,棉花收益不断减少的情况下,对棉花生产者是极为不利的。笔者以为,在这种情况下,由于南部的农业劳动者一方面要以较高的零售价格购买粮食、肉类、肥料等生产生活用品,另一方面还要长年承受棉花价格不断下降并长期维持在低水平的压力,因此,对他们来说,增加粮食作物与牲畜的生产规模,首先满足家庭的粮食消费需求,然后再用剩余的农地从事面向市场的棉花生产才是合理、安全的选择。

　　兰瑟姆与萨奇对内战后南部小农场主生产棉花与玉米的不同收益进行了比较。他们发现1878—1880年南部典型的小农场主生产100磅棉花的农地通常可以生产11.7—14.0蒲式耳的玉米。这三年的棉花平均价格9.5美分/磅。而玉米大多由种植园主和乡村商人以批发价格从批发商手

①　U.S.Bureau of the Census, *Historical Statistics of the United States*: *Colonial Times to 1970*, p.512. Robert Somers, *The Southern States Since the War*, *1870-71*, p.241.

②　U.S.Bureau of the Census, *Historical Statistics of the United States*: *Colonial Times to 1970*, p.512. Roger L.Ransom and Richard Sutch, *One Kind of Freedom*: *the Economic Consequences of Emancipation*, p.129.

③　U.S.Bureau of Census, *Tenth Census of United States*, *1880*, Vol.3, p.xxvii.

④　Matthew B.Hammond, "The Cotton Industry: An Essay in American Economic History: Part I.The Cotton Culture and the Cotton Trade", p.153.

⑤　Roger L.Ransom and Richard Sutch, *One Kind of Freedom*: *the Economic Consequences of Emancipation*, p.159.United States Industrial Commission, *Report of the Industrial Commission on Agriculture and Agricultural Labor*, p.490.

⑥　Roger L.Ransom, *One Kind of Freedom*: *the Economic Consequences of Emancipation*, pp.58-59, 219.

中购买,然后再以零售价格——现金价格或借贷价格出售给分成农或租佃农。1878—1880年佐治亚州玉米批发价格是62.3美分/蒲式耳,现金价格73.5美分/蒲式耳,借贷价格95.3美分/蒲式耳。这样,100磅棉花的实际价值是9.5美元,而按照借贷价格计算,11.7—14.0蒲式耳的玉米的价值为11.15—13.34美元,平均12.90美元,按照现金价格计算,11.7—14.0蒲式耳的玉米的价值是8.60—10.30美元,平均9.45美元。在这种情况下,兰瑟姆与萨奇认为,那些种植棉花采用现金购买玉米的农场主与那些自己生产玉米的农场主的收入实际上基本相当,而种植棉花支付借贷价格购买玉米的农场主则要比自己生产玉米的农场主少获取29%的收入。由于南部的农业劳动者缺乏现金,大多只能采用借贷价格购买粮食与肉类,在这种情况下,兰瑟姆与萨奇认为,南部的小农场主应该放弃种植棉花作物,转向种植玉米。[①]

　　笔者以为,兰瑟姆与萨奇的研究确实很有见地,但是他的结论——"如果生产棉花并支付借贷价格的分成农与租佃农完全转向玉米生产就可以增加29%的收入"却存在一定的缺陷。兰瑟姆与萨奇的这一结论是建立在南部农业劳动者生产的玉米会以相当于借贷价格水平的市场销售价格出售这一假设基础上的。然而,兰瑟姆与萨奇并没有认识到,在西部、中西部已经开始大规模生产玉米和小麦等粮食作物,其生产成本远远低于南部的情况下,南部的农场主如果大规模种植玉米和其他粮食作物,是不可能以相当于借贷价格的价格水平出售它们的,其出售玉米和其他粮食作物的价格只有等于或低于从西部和中西部购入玉米与其他粮食的批发价格时才会有人购买。如果我们以1878—1880年美国玉米的平均市场销售价格35.33美分/蒲式耳[②]作为南部小农场主出售玉米的参考价格,那么,11.7—14.0蒲式耳玉米的价值仅为4.13—4.95美元,平均价值4.54美元,而同样的土地用于生产棉花则可以获得9.5美元。在这种情况下,笔者认为,南部的小农场主完全转向棉花生产(或者将绝大部分农地用于棉花生产)与完全转向粮食作物生产(或者将绝大部分农地用于粮食作物生产)都是不利的:前一种情况将使得他们不得不支付高额的零售价格购买粮食;后一种情况将造成他们不得不与西部和中西部农场主竞争,并以低于西部和中西部粮食销售价格的价格向市场出售粮食。因此,对于南部的小农场主而言,在美国的棉花不断下降或长时期保持低水平,而南部粮食的零售价格又维持在很高

①　Roger L.Ransom,*One Kind of Freedom*:*the Economic Consequences of Emancipation*,pp.167,396.

②　U.S.Bureau of the Census,*Historical Statistics of the United States*:*Colonial Times to 1970*,p.511.

水平的情况下，最合理的生产策略就是适当安排棉花与粮食作物（特别是玉米）的种植面积比例，首先生产满足整个家庭消费的粮食作物，然后再将剩余的农地用于棉花生产。同样，南部的农业劳动者也应该饲养一定数量的牲畜与禽类，特别是猪，满足家庭对肉类的消费需求，从而减少对种植园主和乡村商人的依赖。① 这种生产策略实际上是一种自给自足与面向市场生产之间的平衡。

从上面的分析来看，内战结束后，由于无法在粮食生产与牲畜饲养方面中西部、西部竞争，大规模种植棉花对于南部的种植园主和其他大土地所有者是相对有利的。即使在棉花价格下降的情况下，他们也大多希望继续扩大棉花生产规模，通过增加棉花产量来弥补棉花价格下降带来的损失。这既是一种最合理的选择，也是一种无奈的选择。1899 年南卡罗来纳州的种植园主——商人尤曼斯在接受国会议员调查时的证言表明了种植园主在棉花价格不断下降的情况下从事棉花生产的复杂感情：一方面，尤曼斯表现出对于棉花的偏爱之情，"我认为最有前景的作物还是棉花。我去年努力种植了棉花，但是赔了钱。今年 1 月当我开始（组织耕种）时，我再次考虑到这个作物，我认为棉花是最好的机会，我又一次种植了棉花"；另一方面他又表现出对种植棉花的无奈之情，"我很乐于将我的劳动力转到任何比种植棉花更赚钱的行业，当然如果我知道这个行业是什么的话"。②

然而，对于南部的分成农、租佃农和小土地所有者而言，由于需要支付较高的零售价格购买粮食，因此，"单一的棉花生产"对他们显然是不利的，这在棉花价格不断下降，长期处于低水平的情况下尤为如此。在这种情况下，他们应该首先增加粮食生产规模与牲畜饲养数量，实现家庭粮食与肉类消费的自给自足，然后在此基础上从事棉花生产。然而，南部的农业劳动者并没有种植足够的粮食作物和饲养足够的牲畜实现家庭食物消费的自给自足，而是以很高的零售价格购买粮食与熏猪肉。例如，1880 年佐治亚 1/4 的玉米、1/3 的熏猪肉、1/2 的面粉都主要是通过铁路从西北部输入的。③ 19 世纪 90 年代，阿拉巴马州 90% 的棉花种植者都以较高的零售价格（借贷价格）从种植园主和乡村商人手中购买粮食、肉类、化肥等商品。④ 1920 年布兰能对南部的抽样调查发现，98% 的黑人分成农与租佃农和 90%

---

① 这是因为玉米和熏猪肉是南部农业劳动者最主要的两种食物。

② United States Industrial Commission, *Report of the Industrial Commission on Agriculture and Agricultural Labor*, pp.117,120.

③ U.S.Bureau of the Census, *Report on Cotton Production in the United States*, *Part II*, p.520.

④ U.S.Bureau of the Census, *Report on Cotton Production in the United States*, *Part II*, p.155.

的白人农场主都以零售价格(借贷价格)从种植园主或商人手中购买粮食与猪肉。①

笔者以为,在这种情况下,南部的大多数黑人租佃农、分成农和相当一部分白人小农场主依然长期维系以棉花生产为主体的畸形单一种植结构,甚至在此基础上继续不断扩大棉花生产规模,这样看来,南部的种植园主和其他大土地所有者(包括商人—地主)势必通过某种剥削与控制机制将自己的意志强加给黑人与白人农业劳动者,从而迫使他们在极为不利的情况下始终坚持棉花生产的主体地位,并在此基础上继续维持或扩大棉花生产规模。通过对南部历史的考察,我们发现,借贷制度是他们控制南部农业劳动者作物选择的重要手段。

下文我们将侧重于考查内战后南部种植园主是如何通过借贷制度控制种植园内黑人农业劳动者的作物选择,使得他们在棉花价格不断下降,并长期维持在低水平,以及南部粮食零售价格很高的不利情况下始终坚持棉花生产的主体地位,甚至在此基础上继续不断增加棉花生产规模。关于南部内地与山区的商人—地主对白人约曼自耕农作物选择的控制则在第四章进行专门分析。

(三) 借贷制度与种植园黑人农业劳动者的棉花"过量生产"

借贷制度是内战后南部种植园主控制与剥削种植园黑人分成农与租佃农的最主要方式。通过借贷制度,南部的种植园主控制了种植园黑人农业劳动者的作物选择,并迫使他们将大部分耕地用于种植棉花,进而减少了粮食作物的生产规模。

由于棉花是内战后南部唯一具有绝对比较优势和唯一能够为种植园主—商人带来大规模收益的经济作物,因此种植园主在实施借贷制度的时候,通常采用作物留置权体制,即要求借贷的黑人分成农与租佃农种植固定数量的棉花作为借贷抵押。在这一点上,种植园主和乡村商人是一样的。当然,南部的种植园主和乡村商人并非仅仅要求种植棉花作为借贷抵押。除了棉花之外,他们偶尔也会要求其他作物、牲畜和个人动产作为借贷的附属抵押。然而,正如 1901 年北卡罗来纳州林肯县的种植园主格雷厄姆(William A.Graham)在接受国会调查时指出的,棉花作为借贷抵押优先于其他作物,"这一点是绝对的……如果你想经营一个农场,到镇上拿你的棉花作物作为抵押,就不会什么困难,但是我很少知道以谷物作为担保获得借

---

① C.O.Brannen,*Relation of Land Tenure to Plantation Organization*,*with Development since 1920*, p.63.

贷(的例子)"。①

　　作物留置权体制在 1880 年后的南部种植园带是相当普遍的。根据兰瑟姆与萨奇的考察,1879 年南部 63.1%的农场,71.8%的小农场(农田面积小于 50 英亩的农场)人均年玉米产量不足 15 蒲式耳(人均基本的年玉米消费需求),②因此,只能依靠借贷的方式获得消费不足的玉米。19 世纪 90 年代的研究者哈蒙德发现,整个南部 75%的种植园租佃农(包括分成农)需要通过种植棉花作为担保从种植园主手中获取粮食、化肥等生产与生活必需品。③ 他指出,在南部的种植园,"黑人只能种植棉花——不能种植玉米在南部确实很普遍"。"……他们仍然依靠未来的作物(棉花)获得借贷来生活"。④ 1900 年佐治亚州农业局局长史蒂文斯在接受国会调查时指出,"这种制度(作物留置权体制)在我们的地区一直很普遍。不仅在黑人租佃农当中,而且在白人当中都是普遍的"。⑤ 1920 年布兰能对南部 506 个种植园的抽样调查发现,98%的黑人分成农和租佃农需要借贷。⑥

　　正是在这种情况下,大多数种植园的黑人农业劳动者陷入了"为了获得借贷,不得不种植棉花"的状况。⑦ 1900 年佐治亚州的农场主黑尔在接受国会调查时指出了作物留置权体制与南部农业劳动者大量种植棉花的内在联系。"对那些没有商业经历与商业策略的人而言,它(作物留置权体制)是一种诱惑。……留置权本身只是确保债务的支付;但是由于黑人自己或白人农场主可以用他的作物收成得到借贷——以棉花作为担保获得借贷,这样他就被引诱种植更多的棉花,也许还被引诱购买超过他们应该购买数量的商品,也就是说超出他们的支付能力。"⑧1900 年北卡罗来纳州的种

① United States Industrial Commission, *Report of the Industrial Commission on Agriculture and Agricultural Labor*, p.436.

② Roger L.Ransom and Richard Sutch, *One Kind of Freedom: the Economic Consequences of Emancipation*, p.159.

③ Matthew B.Hammond, "The Cotton Industry: An Essay in American Economic History: Part I.The Cotton Culture and the Cotton Trade", p.160.

④ Matthew B.Hammond, "The Cotton Industry: An Essay in American Economic History: Part I.The Cotton Culture and the Cotton Trade", pp.187,191.

⑤ United States Industrial Commission, *Report of the Industrial Commission on Agriculture and Agricultural Labor*, p.907.

⑥ C.O.Brannen, *Relation of Land Tenure to Plantation Organization*, with Development since 1920, p.63.

⑦ Report of Committee on Agriculture and Forestry on Condition of Cotton Growers, in *Senate Reports*, 53rd Cong., 3rd Sess., No.986, 1895, Part.I, p.317.

⑧ United States Industrial Commission, *Report of the Industrial Commission on Agriculture and Agricultural Labor*, p.380.

植园主格雷厄姆也向国会众议员哈里斯指出,"有件事情想让你留下深刻印象:在这个国家借贷是在生产棉花的基础上获得的"。[1]

　　然而,由于内战后美国和世界市场的棉花价格不断下降,并长期维持在低水平,再加上种植园主—商人出售商品时收取的借贷价格又非常高,因此,黑人分成农与租佃农在作物收获后通常很难一次性偿清拖欠种植园主的所有债务。在这种情况下,为了偿还债务,他们不得不在来年继续接受种植园主—商人的要求——种植更多的棉花,同时继续从种植园主—商人手中以借贷的方式购买食物、化肥、种子、衣服等生产与生活必需品,并继续利用棉花收成作为抵押和偿还债务的手段。然而,棉花价格的不断下降和高额的借贷价格又使得他们陷入更深的债务之中。这样循环往复,债务不断累积,他们最终陷入了"棉花→债务→更多棉花→更多债务→更多棉花……"的"恶性循环"之中。1887年北卡罗来纳州劳工统计局的调查报告深刻指出了"借贷—棉花生产—债务"之间的内在关系,"按照时间价格(借贷价格)提供借贷的地主和商人不会让租佃农种植大量的谷物——他们需要的是棉花:由于租佃农不得不按照地主和商人所说的去做(种植棉花),不得不按照时间价格购买商品,因此,最终的结果是,他们常常不能偿清所有债务,即使他们能够这样做,也会所剩无几"。[2] 1890年《佐治亚州年度农业报告》提供的数据则从数量上证明了债务与黑人农业劳动者大规模从事棉花生产之间的内在关系。佐治亚州27个债务最严重的黑人县有90%的农场主由于借贷而负债。这27个债务最为严重的县与另外26个债务最少的县(只有16%的人负债)相比,种植了将近两倍的棉花。[3]

　　从上面的分析来看,正是通过借贷制度,南部的种植园主牢牢控制了黑人农业劳动者的作物选择,而正是借贷制度造成的"恶性债务循环"使得他们只能通过维持棉花生产的主体地位,甚至继续扩大棉花种植规模来偿还债务,从而最终导致了内战后南部种植园带棉花生产规模的持续扩大,并出现了"反常供给"现象。

　　那么,南部的黑人农业劳动者究竟在怎样的程度上卷入了棉花生产呢?

---

[1]　United States Industrial Commission, *Report of the Industrial Commission on Agriculture and Agricultural Labor*, p.436.

[2]　Roger Ransom and Richard Sutch, "Debt Peonage in the Cotton South after the Civil War", p.656.

[3]　Michael Schwartz, *Radical Protest and Social Structure: The Southern Farmers' Alliance and Cotton Tenancy, 1880-1890*, pp.77-78.

1920 年人口普查局的统计专家布兰能对于南部阿肯色、佐治亚、阿拉巴马、密西西比、路易斯安那、南卡罗来纳、北卡罗来纳 7 个州的 161 个种植园的抽样调查为我们认识这一问题提供了重要的参考。布兰能从种植规模方面考察了棉花生产在种植园黑人农业生产中的主导地位。布兰能发现,在 161 个种植园中,分成农与租佃农棉花种植面积占总耕地面积的 68.3%,玉米种植面积仅占 26.9%,其他作物种植面积占 4.8%。① 这些种植园的黑人分成农与租佃农人均种植棉花与玉米的规模如下:

表 16　1920 年南部 161 个种植园租佃农场棉花与玉米种植规模

单位:英亩

作物类型 农场类型	棉　花	玉　米	总　计
分成农	18.7	7	25.7
分成租佃农	24.7	11.3	36
现金租佃农	25.6	9.8	35.4
固定租金农	28.4	8.5	36.9
所有类别	22.3	8.8	31.1

资料来源:C.O.Brannen,*Relation of Land Tenure to Plantation Organization*,*with Development since 1920*,p.56.

最后,有必要指出的是,通过借贷制度,种植园主—商人不仅仅控制了黑人农业劳动者的作物选择,实现了大规模生产棉花的目的,而且高额的借贷利润还大大降低了种植园主—商人出售棉花盈利的最低价格。这是种植园主在棉花价格不断下降,长期处于低水平的情况下,依然能够获得利润的重要原因。例如,哈蒙德的研究发现,由于借贷的高额利润,19 世纪 80 年代 8 美分/磅的棉花价格获得利润甚至相当于以前 10 美分/磅的棉花价格获得的利润。② 1899–1901 年,美国产业委员会对南部种植园主的调查记录显示,大多数种植园主出售棉花盈利的最低价格通常是 5—6 美分/磅。③

---

① C.O.Brannen,*Relation of Land Tenure to Plantation Organization*,*with Development since 1920*,p.55.

② Matthew B.Hammond,"The Cotton Industry:An Essay in American Economic History:Part I.The Cotton Culture and the Cotton Trade",p.171.

③ 参见美国产业委员会对密西西比州种植园主约翰·C.凯尔,阿肯色州种植园主 L.C.布莱赫,田纳西州种植园主 F.M.诺弗莱特、杰罗姆·希尔和 J.R.戈德温,以及阿拉巴马州农业局局长(种植园主)罗伯特·兰瑟姆·普尔的调查。United States Industrial Commission,*Report of the Industrial Commission on Agriculture and Agricultural Labor*,pp.466,496,490,503,478,925.

当然,也有一些种植园主的棉花生产成本更低,产量更高,因而,从事棉花生产盈利的最低价格只有4—5美分/磅。① 笔者以为,正是由于这一原因,19世纪90年代美国棉花价格跌落到谷底时,南部的棉花种植园主和其他大土地所有者并没有赔本经营,反而依然盈利。例如,1900年田纳西州的种植园主戈德温在接受国会议员的调查时就承认,虽然19世纪90年代当地的棉花价格跌落到5—7美分/磅的水平,但是任何一年他的收益都不曾低于生产成本,每一年他的棉花成本价格都低于市场销售价格。②

与此同时,高额的借贷价格却大大增加了黑人农业劳动者生产棉花的成本。这使得19世纪末黑人农业劳动者生产棉花获利的实际最低价格不仅大大高于10美分/磅的水平(通常被认为是南部农业劳动者生产棉花的最低获利价格③),而且远远超出种植园主出售棉花盈利的最低价格,然而,1865—1900年美国的棉花价格不断下降,并在1880—1900年基本维持在10美分/磅以下的水平,这使得南部的黑人"租佃农不得不异常艰难地生活",④并长期处于贫困与负债的状态,甚至由此陷入了"恶性的债务循环"。

---

① United States Industrial Commission, *Report of the Industrial Commission on Agriculture and Agricultural Labor*, pp.118, 478.

② United States Industrial Commission, *Report of the Industrial Commission on Agriculture and Agricultural Labor*, p.479.

③ Miller Handley Karnes, "Law, Labor, and Land in the Postbellum Cotton South: The Peonage Cases in Oglethorpe County, Georgia, 1865-1940", p.64.

④ United States Industrial Commission, *Report of the Industrial Commission on Agriculture and Agricultural Labor*, p.507.

第四章　借贷制度与内战后南部约曼自耕农经济的发展困境

内战前的美国南部农业,除了种植园经济外,还存在着大量的白人小农场主经济。这些白人小农场主又被称为约曼自耕农,①他们大多居住在美国南部内地与山区,主要包括阿拉巴马州和密西西比州的北部,阿肯色州的山地,以及南卡罗来纳州和北卡罗来纳州的西部,佐治亚州的北部,田纳西州的中部地区,②也有少部分人居住在黑人带③。韦弗认为,在内战前的南部,约曼是一个"数量庞大,力量强大,自立的中间阶级群体"。④　与黑人种

---

① "yeoman"这个词在国内史学界通常被直接音译为"约曼"。然而,不得不指出的是,"yeoman"是一个在不同时代和文化背景下具有不同含义的词汇。"yeoman"这个词最早来源于中世纪的英国,主要指那些具有封地,对领主从事具有荣誉感而服役的扈从(retainer)、侍从(attendant)或者随员(servitor)。这一时期的"yeoman"作为一种职业更多的是一种身份和地位的象征。在近代早期的英国,"yeoman"的含义发生了巨大变化,不再是身份与地位的象征,而主要指中世纪晚期出现的大批富裕农场主。这些富裕农场主大多是追求经济效益的商业农场主。他们既包括土地所有者,也包括租佃农场主。他们通常采用雇用少量雇工的方式进行农业生产。作为商业化农场主,"yeoman"大多完全面向市场,为满足市场的需求而生产,与此同时,他们也会进行较大规模的市场交易,并以购买的方式获取饲养的牲畜。关于英国"yeoman"含义的演变与特征的概述,详见徐华娟:《约曼与英国资本主义的启动》,《史学集刊》2007年第3期。然而,不得不指出的是,在殖民地时期和19世纪的美国,"yeoman"一词的含义却并不相同。正如美国学者阿伦·库利科夫(Allan Kulikoff)所指出的,在美国,"yeoman"主要指那些生产家庭所需的大部分粮食作物,并在地方市场进行有限实物交换(barter)以满足家庭消费需求的小生产者。他们大多拥有自己的小农场和其他生产资料。"安全第一"的生存原则是殖民地时期和19世纪美国"yeoman"的主要特征。Allan Kulikoff, *The Agrarian Origins of American Capitalism*, Charlottesville and London: University Press of Virginia: 1992, pp.35-36. 本书所讨论的"yeoman"是美国语境下的"yeoman",指那些拥有小块土地,主要从事自给自足的粮食生产为主的小自耕农。正因为如此,笔者以为,将美国的"yeoman"翻译成"约曼"并不能突出美国"yeoman"区别于英国商业化"yeoman"的特性,而"约曼自耕农"的译法似乎更能体现美国的历史实际,而且也延续了已有的学术习惯。这里需要感谢李剑鸣教授提出的建议。

② Gilbert Courtland Fite, *Cotton Fields No More : Southern Agriculture*, 1865-1980, p.5.

③ "黑人带"指南部黑人与棉花种植园相对集中的地带,又被称为"种植园带"、"棉花带",其地域范围从南卡罗来纳州开始,通过佐治亚州中部和阿拉巴马州中部,横穿密西西比河流域中北部,向西远及阿肯色州、路易斯安那和得克萨斯州东南。见 Gilbert Courtland Fite, *Cotton Fields No More : Southern Agriculture*, 1865-1980, p.6.

④ Herbert Weaver, *Mississippi Farmers, 1850 - 1860*, Nashville: Vanderbilt University Press, 1945, p.13.

植园经济相比,白人约曼自耕农经济同样是内战前后南部农业经济的重要组成部分。这些白人约曼自耕农主要从事相对自给自足的家庭农业生产:他们普遍拥有规模相对较小的自有农场,而且绝大多数人并不拥有奴隶或是只是拥有少量的奴隶;①他们主要种植满足家庭消费的粮食作物(也会饲养一些牲畜以满足家庭对肉类的消费需求),除此之外,也会种植少量棉花作物,并在本地市场上用剩余的粮食作物和棉花进行有限的实物交换以满足家庭的消费需求。

内战结束后,借贷制度在南部的内地与山区获得深入发展。借贷制度对内战后南部约曼自耕农经济的发展造成了深刻影响:首先,由于借贷制度的剥削,大量的白人约曼自耕农长期深陷贫困与债务;其次,由于借贷制度造成的贫困与债务,大批的白人约曼自耕农由此失去作为借贷抵押的土地,转变为租佃农和分成农;再次,由于借贷制度,南部的白人约曼自耕农被迫放弃了传统的相对自给自足与多样化的粮食作物生产模式,越来越深入地转入以满足国内市场和世界市场需求为主的单一棉花生产模式。除此之外,由于实行借贷制度的种植园主与乡村商人的压力,内战后南部各州的立法机构废除了内战前南部习惯法和成文法律赋予白人约曼自耕农的各项公共权利。这些公共权利曾经是他们维系相对自给自足生活方式的重要辅助手段。

上述几个方面的困境在很大程度上造成了农业机械化和现代农业生产技术在很长时间内很难在内战后的南部内地与山区农业中得到应用与推广,以及相当一部分白人农业劳动者由于长期被锁定在缺乏效率的面积狭小的租佃农场,难以实现家庭剩余农业人口向收入水平更高的东北部与中西部、西部工业部门转移。与种植园带一样,内战后南部内地与山区的农业现代化启动同样长期深陷困境。

第一节　内战前南部的约曼自耕农经济

约曼自耕农经济是内战前南部农业经济的重要组成部分。据统计,内战前美国南部大约有 425 万黑人,主要从事种植园劳动,而白人大约有 800

①　例如,1860 年南部有 38.4 万名奴隶所有者,但同时有 151.6 万个自由白人家庭并不拥有奴隶。Kenneth M.Stampp,*The Peculiar Institution:Slavery in the Ante-bellum South*,New York:Knopf,1956,pp.39—40.转引自何顺果:《美国"棉花王国"史》,中国社会科学出版社 1995 年版,第 171—172 页。

万,主要是拥有少量土地的约曼自耕农。[1] 内战前南部的约曼自耕农,大多居住在南部的内地与山区,也有一部分人居住在黑人聚居的种植园带。正如安东尼·M.唐(Anthony Ming Tang)所指出的"山地是那些从事多样化与自给自足经济活动的(谷物和牲畜)小农场主的乐土"。[2] 与种植园经济一样,约曼自耕农经济也是内战前南部农业经济的重要形式。[3] 据统计,1860 年南部 63.9%的农场都是改良土地面积在 99 英亩以下的白人约曼农场。[4] 与此同时,当奴隶种植园经济在南部发展达到顶峰时,种植园的农田面积只占美国南部农田面积的 1/3,其余大部分农田都被白人约曼自耕农持有。[5] 1910 年深南部的阿拉巴马州、佐治亚州、路易斯安那州、南卡罗来纳州、密西西比州、阿肯色州(内战前后南部种植园数量最多的 6 个州,又被称为种植园州)种植园农田面积和改良土地面积仅仅占农田总面积的 37%和改良土地总面积的 38.9%,其余大多由白人小农场主所耕种。[6]

一、内战前南部约曼自耕农的农场规模与财产状况

内战前南部内地与山区白人约曼自耕农的家庭规模平均大约在 4.6—5.0 人左右,其中具有劳动能力的家庭劳动力的数量平均大约在 1.8—1.9 人左右,而男性家庭主人的平均年龄在 45 岁左右。[7] 他们绝大多数拥有自

[1] Theodore Saloutos, "Southern Agriculture and the Problems of Readjustment: 1865-1877", p. 58. Harold D. Woodman, "Class, Race, Politics, and the Modernization of the Postbellum South", *The Journal of Southern History*, Vol.63, No.1 (Feb 1997), p.4.

[2] Anthony Ming Tang, *Economic Development in the Southern Piedmont, 1860-1950: Its Impact on Agriculture*, Chapel Hill: University of North Carolina Press, 1958, p.28.

[3] 这里需要指出的是,虽然白人约曼自耕农经济与种植园经济同是内战前后美国南部农业经济的重要形式,但是由于人口普查局直到 1900 年才对南部的白人农场主单独立项进行调查,因此,我们不能精确计算出 1900 年以前南部白人小农场主在南部农业劳动者中的比重,只能通过相关的文献,认识到白人约曼自耕农经济与种植园经济一样都是内战前后南部农业经济的重要组成部分。此外,由于资料的缺乏,本书对内战后南部白人约曼自耕农经济的研究不如对内战后南部种植园经济发展的研究详尽。这是本书的一个不足之处。即便如此,这并不能掩盖白人约曼自耕农经济在内战前后南部农业经济中的重要性。

[4] Gavin Wright, "'Economic Democracy' and the Concentration of Agricultural Wealth in the Cotton South, 1850-1860", *Agricultural History*, Vol.44, No.1 (Jan 1970), p.71.

[5] Martin Ruef, "The Demise of an Organizational Form: Emancipation and Plantation Agriculture in the American South, 1860-1880", p.1366.

[6] Jay R. Mandle, "The Plantation States as Sub-Region of the Post-Bellum South", p.733.

[7] David Weiman, "Petty Commodity Production in the Cotton South: Upcountry Farmers in the Georgia Cotton Economy, 1840 to 1880", Ph.D. dissertation, Stanford University, 1984, p.302.

己的农场,①以佐治亚州的白人约曼自耕农聚居的内地为例,1860 年平均每 10 个自由家庭中有 6 个家庭拥有土地,其中佐治亚州内地的杰克逊县和卡罗尔县白人约曼自耕农占所有农场主人数的比重高达 88.7%与 87.7%。②

由于内战前美国南部的内地与山区地广人稀,白人约曼农场的规模实际上并不小。例如,1850 年在佐治亚州内地的阿巴拉契亚山谷和上皮特蒙特山区两大白人约曼自耕农聚居地区,农场的平均规模分别为 217.4 英亩和 254.6 英亩(由于这是平均数字,包括了少数大土地所有者在内,因此,典型的白人约曼农场的规模应该小于这一水平)。与此同时,处于种植园带的下皮特蒙特山区和中部的棉花带的农场平均规模(绝大多数为种植园)则分别为 423 英亩和 540 英亩。③ 然而,仅仅从农场规模来考察,并不能清楚地认识南部农业生产的实际状况。这是因为内战前的南部,由于地广人稀,农场规模一般都比较大。农场的土地通常分为两个部分:一部分是改良土地,主要用于农业耕作;另一部分是比较贫瘠的土地,大多被抛荒、休耕或是用于放牧。从这方面来看,真正对农场主农作物生产起到决定作用的因素并不是整个农场的规模,而是农场中改良土地的面积。这是因为只有改良土地才被用于农业耕种。在这种情况下,我们有必要考察内战前南部白人约曼自耕农拥有改良土地的规模。通过对 1850 年佐治亚州阿巴拉契亚山谷和上皮特蒙特山区两大白人约曼自耕农聚居区的考察,韦曼发现,每个农场的平均改良土地面积分别为 56.8 英亩和 71.7 英亩,平均每个农场改良土地的面积的比重分别为 26%和 28%。④ 赖特对人口普查数据的考察也表明,内战前南部改良土地面积在 0—49 英亩与 50—99 英亩的农场,其改良土地占农场面积的比重分别只有 17%和 23%。⑤ 表 17、表 18 的数据是以改良土地的面积为标准,统计 1860 年佐治亚州白人约曼自耕农聚居的内地和黑人聚居的种植园带,以及南卡罗来纳州白人聚居的山区各种农场的比重。

---

① Steven Hahn,the "Unmaking"of the Southern Yeomanry,the Transition of the Georgia Upcountry, In Steven Hahn and Jonathan Prude(eds.),*the Countryside In the Age of Capitalist Transformation*,Chapel Hill:University of North Carolina Press,1985,p.181.

② Steven Hahn,*The Roots of Southern Populism:Yeoman Farmers and the Transformation of the Georgia Upcountry*,New York:Oxford University Press,1983,p.93.

③ David Weiman,"Petty Commodity Production in the Cotton South:Upcountry Farmers in the Georgia Cotton Economy,1840 to 1880",p.197.

④ David Weiman,"Petty Commodity Production in the Cotton South:Upcountry Farmers in the Georgia Cotton Economy,1840 to 1880",p.197.

⑤ Gavin Wright,"'Economic Democracy' and the Concentration of Agricultural Wealth in the Cotton South,1850-1860",p.77.

表17　1860年佐治亚州内地与棉花带的各类农场的比重

改良土地面积 地 区	3—9 英亩	10—19 英亩	20—49 英亩	50—99 英亩	100—499 英亩	500 英 亩以上
内　地	1.5%	5.5%	31.5%	32%	28%	1.4%
棉花带	1%	2.5%	16.4%	23%	11.8%	49.2%

资料来源：David Weiman，"Petty Commodity Production in the Cotton South：Upcountry Farmers in the Georgia Cotton Economy，1840 to 1880"，p.276.

表18　1860年南卡罗来纳州上皮特蒙特山区各种农场的比重

改良土地面积	0—50 英亩	50—100 英亩	101—500 英亩	500 英亩以上
比　重	33%	30.9%	34.4%	1.6%

资料来源：Lacy K.Ford，"Rednecks and Merchants：Economic Development and Social Tensions in the South Carolina Upcountry，1865~1900"，p.300.

　　从上述数据中，我们可以看到，内战前佐治亚州和南卡罗来纳州的白人约曼自耕农聚居地(内地与山区)改良土地面积少于100英亩的农场分别占各自白人农场总数的70.5%和63.9%。其中佐治亚州内地拥有20—99英亩改良土地的农场则占白人农场总数的63.5%，而南卡罗来纳州山区的数字估计也在60%左右。这些拥有22—99英亩改良土地的白人农场主大致构成了内战前南部白人约曼自耕农的主体。

　　此外，除了拥有规模相对较小的农场外，内战前南部白人约曼自耕农家庭还积累了一定价值的动产和不动产，包括农具、牲畜、宅地等。表19是1860年佐治亚州内地的迪卡尔布县(De Kalb County)和弗洛伊德县(Floyd County)拥有100英亩以下改良土地的白人约曼自耕农家庭的财产状况。

表19　1860年佐治亚州内地的迪卡尔布和弗洛伊德县
白人约曼自耕农家庭平均财产

资产 类型 地区	改良土地等级 (英亩)	个人财产 (美元)	改良土地 (英亩)	农场总规模 (英亩)	农场价值 (美元)	非土地资本 (美元)	奴隶 (人)
迪卡尔布县	1—49	1014.4	31.2	162	814.7	326	0.7
	50—99	1312.8	63.8	175.7	1148.9	393.1	1
弗洛伊德县	1—49	1139.3	26.7	147.1	932.7	310	0.9
	50—99	3238.8	65.9	230.5	2209.3	615.2	2.4

资料来源：David Weiman，"Petty Commodity Production in the Cotton South：Upcountry Farmers in the Georgia Cotton Economy，1840 to 1880"，p.340.

二、内战前南部白人约曼自耕农经济的经营方式

社会学家斯科特认为,前资本主义社会的农民由于生活接近生存线的边缘、气候变化无常以及市场波动等因素,往往并不会追求新古典经济学所说的收益最大化,而是追求一种"安全第一"(safety-first)的生存伦理。这种"安全第一"的生存伦理使得传统社会的农民往往会最大限度地利用家庭生产来满足家庭的消费需求,同时尽可能规避市场波动带来的风险。为此,他们大多倾向于选择自给自足的生产方式。[①]

斯科特的研究虽然以东南亚地区的小农经济为个案,但是正如他所言,他所揭示的小农经济的理论同样适用于"大多数前资本主义的农业社会",并认为这是他们"生活在边缘地带的结果"。[②] 内战前的南部白人约曼自耕农经济同样属于"前资本主义农业社会"的范畴,它与斯科特所说的传统小农经济存在许多相似之处。这些南部的白人约曼自耕农大多住在远离市场、地域偏僻的内地与山区,其农业生产主要以满足家庭消费为主,而不是以市场交换为导向。然而,内战前南部的白人约曼自耕农经济又是一种不同于传统小农经济的特殊经济形态。这些白人小农场主大多从事的是一种相对自给自足的半生计型(semi-subsistent)农业生产。与传统的小农经济相比,这些约曼自耕农已经开始有限地参与市场交易,商品经济的要素已经渗入南部的约曼自耕农经济之中,并占据了一定的比重。这一点突出地表现为,南部的多数白人约曼自耕农开始种植用于销售的经济作物(特别是棉花),并在地方市场或本地的乡村商店以实物交换的方式销售剩余粮食、牲畜和棉花。从这一意义上而言,内战前的南部白人约曼自耕农经济实际上是一种介于传统小农经济与农业商品经济之间的特殊经济形态,处于二者之间的过渡阶段。具体而言,内战前南部白人约曼自耕农经济的生产方式主要包括以下几点:

第一,在作物选择方面,白人约曼自耕农家庭往往以种植满足家庭消费的各种粮食作物为主(其中最主要的作物为玉米),在此基础上,也会种植一些商品作物(主要是棉花、烟草)。1850 年佐治亚州内地的一个拥有 65 英亩土地的约曼自耕农的种植结构在内战前南部内地与山区的白人约曼自耕农中非常具有典型性。这名约曼自耕农将 20—30 英亩用于种植玉米,10—15 英亩用于种植小麦和燕麦,1—2 英亩用于种植甜马铃薯,1 英亩用

---

① 詹姆斯·C.斯科特:《农民的道义经济学》,第 19、23 页。

② 詹姆斯·C.斯科特:《农民的道义经济学》,第 3 页。

于种植棉花,剩余的田地除了种植少量蔬菜、水果和烟草满足家用外,基本上都处于抛荒状态。① 除此之外,内战前白人约曼自耕农当中流传的一些格言也充分证明以粮食作物为主体的种植结构在白人约曼自耕农经济中的普遍性。例如,"我们要种植自己的粮食,让棉花成为生产的剩余品"。"一定要生产足够的面包和肉,之后再尽可能种植棉花。""棉花收成是额外的,我们可以把它所带来的(收益)放入口袋。"②

表20　1860年佐治亚州内地和种植园带农业劳动力人均
粮食作物和棉花作物的产量

地　区	作物种类	玉　米（蒲式耳）	小　麦（蒲式耳）	豆　类（蒲式耳）	马铃薯（蒲式耳）	棉　花（包）
内　地	阿巴拉契亚山谷	41.9	7.2	0.7	4.4	0.08
	上皮特蒙特山区	29.4	6.0	0.8	4.5	0.33
种植园带	下皮特蒙特山区	30.8	1.1	2.0	5.9	0.90
	中部棉花带	37.3	0.9	2.5	9.4	1.27

资料来源:David Weiman,"Petty Commodity Production in the Cotton South:Upcountry Farmers in the Georgia Cotton Economy,1840 to 1880",p.211.

第二,除了大量种植粮食作物外,内战前南部的白人约曼自耕农还饲养了大量的牲畜用来补充家庭的食物消费。例如,1860年佐治亚州内地的主要地区——阿巴拉契亚山谷和上皮特蒙特山区,平均每个农场分别拥有绵羊8.4只和7.2只;马2.73匹和2.14匹;骡子1.19头和0.07头;人均拥有猪分别为1.80头和1.53头;奶牛0.19头和0.20头。③ 南卡罗来纳州的内地——上皮特蒙特山区的安德森县(Anderson County)每个不使用奴隶的家庭1859年平均拥有10.9头猪。④ 哈恩对佐治亚州内地的杰克逊县

---

① Steven Hahn,*The Roots of Southern Populism:Yeoman Farmers and the Transformation of the Georgia Upcountry*,p.29.

② 这三句格言的英文原文分别是"Raise our own supplies and let cotton be surplus";"Be certain to make enough of bread and meat,and afterwards as much cotton as possiple";"Then cotton crop is extra,and what it brings we can keep in our pockets". 参见 Gavin Wright,*Old South,New South:Revolutions in the Southern Economy since the Civil War*,p.107.

③ David Weiman,"Petty Commodity Production in the Cotton South:Upcountry Farmers in the Georgia Cotton Economy,1840 to 1880",pp.210,202,205.

④ Lacy K.Ford,"Yeoman Farmers in the South Carolina Upcountry:Changing Production Patterns in the Late Antebellum Period",*Agricultural History*,Vol 60,No.4(Fall 1986),p.17.

(Jackson County)和卡罗尔县(Carroll County)的考察更为具体。他以改良土地面积为标准划分了四个农场类型,分别考察每种类型农场养殖牲畜的数量。他的考察结果如下:

表21　1860年佐治亚州内地的杰克逊县和卡罗尔县各类农场牲畜数量

单位:只

农场类型* 地　区	1—24 英亩	25—49 英亩	50—99 英亩	100—199 英亩
杰克逊县	17	20	32	44
卡罗尔县	17	27	42	55

* 农场类型以改良土地的面积为标准。

资料来源:Steven Hahn, *The Roots of Southern Populism:Yeoman Farmers and the Transformation of the Georgia Upcountry*, p.150;其中,牲畜包括:马、骡子、奶牛、其他家畜、公牛、绵羊和猪。

除了饲养牲畜用于食用以外,根据韦曼的研究,内战前南部内地与山区的白人约曼自耕农家庭的肉类食物还有相当一部分来自在未开垦的土地上的狩猎和捕鱼。[1] 这是内战前南部白人约曼自耕农家庭食物来源的重要补充方式。

第三,内战前南部白人约曼自耕农主要从事自给自足的农业生产,其生产的粮食、肉类和其他作物主要用于满足家庭消费,部分剩余粮食、肉类和棉花用于在当地小城镇或村落的集市上进行实物交易或者获取少量现金。例如,1860年佐治亚州的内地与山区拥有1—100英亩改良土地的白人约曼自耕农家庭中大约有64%—75%的家庭可以用自己生产的粮食与肉类满足家庭的一年食物消费。如果再考虑到在公地上饲养牲畜以及捕鱼、狩猎、采集等经济活动,那么可以肯定的是,绝大多数白人约曼自耕农家庭的农业生产完全可以满足家庭成员的食物消费。[2] 除此之外,内战前南部内地的大部分白人约曼自耕农家庭都备有手纺车和纺纱机,许多家庭饲养绵羊和种植棉花主要是为了满足家庭消费需要。[3] 根据韦曼的研究,内战前南部的白人约曼自耕农还生产了家庭所需的大部分黄油、蜂蜜等食物,并从事少

[1] David F.Weiman, "Farmers and the Market in Antebellum America:A View from the Georgia Upcountry", *The Journal of Economic History*, Vol.47, No.3(Sep 1987), p.206

[2] David F.Weiman, "Farmers and the Market in Antebellum America:A View from the Georgia Upcountry", p.636.

[3] Steven Hahn, *The Roots of Southern Populism:Yeoman Farmers and the Transformation of the Georgia Upcountry*, p.30.

量的家庭手工业。① 另一方面，虽然内战前南部的白人约曼自耕农经济总体上属于自给自足的小农场主经济，但是它并非完全意义上与市场隔绝的传统小农经济。商品经济的要素已经渗透到白人约曼自耕农经济之中，并占据了一定的比重。这一点突出表现为，许多白人约曼自耕农家庭都生产棉花，并在地方市场上用剩余的粮食和棉花换取家庭所需的必需品。1860年迪卡尔布县的农业生产与销售数据为我们认识这一点提供了很好的例证。

表 22　1860 年佐治亚州内地的迪卡尔布县的农业生产与销售
（改良土地为标准）

农场类型 生产与销售	1—49 英亩	50—99 英亩	100—199 英亩	200—499 英亩	500 英亩 以上
生产棉花的农场比重	43.6%	70.5%	73.2%	95.2%	100%
棉花价值/所有作物价值	12.1%	18.9%	16.8%	29.9%	26.9%
人均可销售的剩余产品价值	12.1 美元	11.3 美元	19.9 美元	20.4 美元	19.4 美元
向市场出售产品的农场比重	74.4%	86.4%	94.6%	100%	100%
销售产品的比重（商品率）	25.8%	28.4%	34.1%	44.9%	40.3%

资料来源：David F.Weiman, "Farmers and the Market in Antebellum America：A View from the Georgia Upcountry", p.638.

　　除此之外，内战前南部的白人约曼自耕农也会利用出售剩余棉花和其他作物获得的现金，从本地的乡村商人手中购买一些家庭不能生产的生产与生活必需品，例如，蔗糖、咖啡、蜜糖、鞋子、帽子、针线、锄头等。由于白人约曼自耕农家庭大多能够生产足够的粮食与肉类食物而无需从乡村商店购入，因此，这些花费的数额通常并不大，只有几美元至几十美元。例如，1858 年佐治亚州内地杰克逊县的白人约曼自耕农韦尔伯恩就从乡村商人处购买了总价值 8.12 美元的商品，包括 6 磅咖啡、几磅烟草、一顶帽子、一对梳棉机、一些纸张和两双鞋子。1853 年卡罗尔县的白人约曼自耕农巴罗从乡村商人的商店购买了铁钉、蜡烛、衬衫衣料、平纹细布和其他商品，共计 22.23 美元。②

---

① David Weiman, "Petty Commodity Production in the Cotton South：Upcountry Farmers in the Georgia Cotton Economy, 1840 to 1880", p.315.David F.Weiman, "The Economic Emancipation of the Non-Slaveholding Class：Upcountry Farmers in the Georgia Cotton Economy", p.76.

② Steven Hahn, *The Roots of Southern Populism：Yeoman Farmers and the Transformation of the Georgia Upcountry*, p.32.

从上面的分析来看,我们可以得出以下几点结论:(1)内战前已有相当一部分白人约曼自耕农农场(根据笔者的标准,拥有 100 英亩以内改良土地的白人自有农场被视为约曼自耕农农场)开始生产棉花,但是棉花种植的数量相对较少,在农产品总价值中所占比重较低,主要用于满足家庭使用;(2)内战前大规模的商品经济并没有渗透到内地与山区,白人约曼自耕农经济基本上被排除在世界市场和美国国内市场之外;(3)大多数白人约曼自耕农家庭都与地方市场发生了少量的直接联系,通常以实物交换的方式参与地方市场的交易或以此换取少量现金补贴家用;(4)白人约曼自耕农家庭生产的农产品绝大部分用于满足家庭的消费需求,实际上可销售的剩余农产品数量很少,大致在 11—12 美元左右,农产品的出售比率(即商品率)较低,大致在 25%—28%之间。

第四,内战前南部内地和山区的气候、地理条件,以及交通状况与白人约曼自耕农选择粮食生产为主、自给自足的农业生产方式存在密切的关系。与种植园带相比,内地与山区大多气候较冷、土地贫瘠,尤其是上皮特蒙特山区,由于无霜季节较短,棉花生长的速度较慢,因而并不适于大规模棉花种植。[1] 此外,南部的内地与山区地处偏僻,远离市场和城镇,交通极为闭塞,特别是内战前内地与山区的铁路运输系统极其落后。内战前南部的铁路系统主要服务于种植园经济(特别是棉花经济),主要铁路干线连接的往往是种植园带和各个港口城市,而很少穿过内地与山区。例如,除了西部和太平洋铁路外,内战前佐治亚州的内地与山区没有一条铁路穿过。[2] 内战前南部内地与山区的地理条件和交通、通讯状况使得白人约曼自耕农获得市场信息和运输作物的成本相当高,因此,在很大程度上阻碍了农业商品经济,特别是棉花经济的发展。

第五,在南部农业社区内,白人约曼自耕农之间也存在邻里互助的风尚。一些白人约曼自耕农会用剩余的粮食接济缺少粮食的邻居,也常常会向邻近的磨坊主、铁匠、木匠、制鞋匠求助。此外,他们也会集体租赁农业机械。[3] 这些经济行为同样是传统社会的小农集体规避风险的一种体现。

---

[1] Anthony Ming Tang, *Economic Development in the Southern Piedmont, 1860-1950: Its Impact on Agriculture*, p.29.

[2] Steven Hahn, *The Roots of Southern Populism: Yeoman Farmers and the Transformation of the Georgia Upcountry*, p.34.

[3] David Weiman, "Petty Commodity Production in the Cotton South: Upcountry Farmers in the Georgia Cotton Economy, 1840 to 1880", p.317.

三、内战前南部保护约曼自耕农经济的习惯法与成文法律

内战前南部的习惯法与成文法律赋予自由的白人约曼自耕农许多公共权利（common rights）与保护，例如"开放牧场"（open range）制度、宅地豁免（homestead exemption）等。这些公共权利是内战前南部的白人约曼自耕农维持自给自足和多样化作物生产的乡村生活的重要辅助手段与保护机制。

内战前南部的内地与山区拥有大量的林地、草地、沼泽、河流。虽然这些土地的产权有可能属于某一个大农场主，但是根据南部的习惯法，它们却被视为公地（commons）①。如果这些公地没有被栅栏圈围，根据习惯法，任何人都可以享有在这些土地上从事放牧、砍柴、狩猎、捕鱼和采集等活动的公共权利。这些辅助性的生存资源对于白人约曼自耕农维持自给自足的生产与生活方式具有重要意义。其中，作为公地放牧的林地和草场往往又被称为"开放牧场"。开放牧场的存在使得饲养牲畜在南部的内地与山区成为一项成本投入较少的经营活动（因为春夏两季牲畜可以在林地中觅食，从而省却了大量的饲料和劳动投入，这对于农场规模较小的白人约曼自耕农尤为有利）。② 内战前南部各州还纷纷制定了"栅栏法"（fence law），进一步从法律上明确了自由农场主享有的这一权利。"栅栏法"规定，种植农作物的农场必须使用符合一定标准的栅栏圈围起来，否则即便牲畜践踏了庄稼，牲畜的主人也可以不予赔偿。在这种情况下，如果牲畜被庄稼的主人杀死，牲畜的主人可以依法要求庄稼的主人赔偿。③ 除此之外，内战前南部的"栅栏法"对内地和山区的白人约曼自耕农还有着另外一层更为重要的意义，即它在很大程度上限制了类似于种植园规模的大型农场在南部内地与山区的发展，从而间接保护了白人约曼自耕农经济的长期维系。这是因为，利用栅栏圈围土地，对土地所有者而言是一项成本较高的经济活动。他们必须为此耗费大量的时间、精力、劳力、财力去砍伐木料，并加工成一根根符合法律规定长度的栅栏杆，然后再根据

---

① 这一公地（commons）与联邦政府在各州持有的公地（public lands）显然是不同的。

② Steven Hahn, *The Roots of Southern Populism: Yeoman Farmers and the Transformation of the Georgia Upcountry*, pp.58-59.

③ Shawn Everett Kantor, *Politics and Property Rights: The Closing of the Open Range in the Post-bellum South*, Chicago: University of Chicago Press, 1998, pp.17-18. 弗吉尼亚、马里兰、南卡罗来纳、佐治亚、密西西比、阿拉巴马等州"栅栏法"的通过时间和具体法律条文，详见 J. Crawford King, Jr., "The Closing of the Southern Range: An Exploratory Study", *The Journal of Southern History*, Vol.48, No.1 (Feb 1982), pp.53-54.

"栅栏法"的详细规定制成栅栏圈围土地。① 此外,农场主使用栅栏圈围土地,还必须考虑家庭劳动力是否能够充分利用圈围后的土地。如果他选择雇用少量帮工或者购买奴隶进行耕作和负责维修栅栏,还必须考虑帮工工资或购买奴隶的支出,以及用于新筑栅栏的各项投入的成本和最终的产出净收益是否会大于没有使用栅栏圈围新的土地时的产出净收益。正是由于这些因素,南部的大多数大农场主往往并不会使用栅栏圈围农场的所有土地,而只会圈围农场中最肥沃的土地(主要是改良土地)。② 修建栅栏的高额成本在很大程度上限制了大型耕作农场的发展。由于根据南部的习惯法和成文法律,所有未被栅栏圈围的土地都可以成为公地,因此,白人约曼自耕农完全可以充分利用公地的收益补贴自给自足的家庭生产。

除了上述公共权利外,根据南部的习惯法和成文法律,内战前南部的白人约曼自耕农还享有宅地豁免的权利。宅地豁免权致力于保护白人约曼自耕农经济的独立性,降低他们利用土地与财产抵押时承担的风险。根据这项法律的规定,白人约曼自耕农即使未能偿清债务,债权人也不能剥夺他们用于维持基本生存的宅地与部分生产资料用来抵偿债务,这大大降低了约曼自耕农进行借贷与财产抵押的风险。③ 例如,1841 年佐治亚州议会通过的"宅地豁免法"——《对诚实债务人的救济法案》(*Act for Relief of Honest Debtors*)就规定,每一个白人家庭主人享有 50 英亩宅地豁免的权利。另外,每名 15 岁以下的儿童享有 5 英亩宅地豁免的权利。除此之外,1 匹马或骡子、10 头猪和价值 30 美元的日用必需品也在债务豁免之列。19 世纪 50 年代,这一法律先后做出两次修改。债务豁免的范围又增加了 1 头奶牛和 1 头小牛,两副棉花梳,100 磅绒棉;普通的贸易工具;民兵的装备与武器;普通的炊具和桌上瓷器;家庭的衣服;圣经;宗教、工作与学校的书籍;家庭画像;专业人员的藏书等。④

---

① 南部的"栅栏法"对于栅栏的制作制定了详细的标准,见 Shawn Everett Kantor, *Politics and Property Rights: The Closing of the Open Range in the Post-bellum South*, p.18.

② 例如,1860 年佐治亚州内地的阿巴拉契亚山谷和上皮特蒙特山区平均每个农场改良土地所占比重分别只有 31.8% 和 30.4%。David Weiman, "Petty Commodity Production in the Cotton South: Upcountry Farmers in the Georgia Cotton Economy, 1840 to 1880", p.198.提供的数据计算而成。

③ Steven Hahn, *The Roots of Southern Populism: Yeoman Farmers and the Transformation of the Georgia Upcountry*, pp.75-77.

④ Steven Hahn, *The Roots of Southern Populism: Yeoman Farmers and the Transformation of the Georgia Upcountry*, p.75.

第二节　借贷制度与内战后南部约曼
自耕农经济发展的困境

内战结束后,大批南部白人约曼自耕农经济的发展陷入了与黑人种植园经济几近相同的命运。首先,由于借贷制度,南部的白人约曼自耕农被迫放弃了传统的相对自给自足与多样化的粮食作物生产模式,越来越深入地转入以满足国内市场和世界市场需求为主的单一棉花生产模式。其次,由于借贷制度的剥削,大量的白人约曼自耕农深陷贫困与债务。再次,由于借贷制度造成的贫困与债务,大批的白人约曼自耕农由此失去土地,转变为租佃农和分成农。除此之外,由于实行借贷制度的种植园主与乡村商人的压力,内战后南部各州的立法机构废除了内战前南部习惯法和成文法律赋予白人约曼自耕农的各项公共权利。这些公共权利曾经是白人约曼自耕农维系相对自给自足生活方式的重要辅助手段。正是在这一背景下,内战后南部内地与山区的农业现代化启动长期深陷困境。

一、借贷制度在内战后南部内地与山区的发展

内战期间由于南方与北方军队的征敛与破坏,内地与山区白人约曼自耕农的财产损失比较严重:他们的房屋大多遭到破坏,农田荒芜,农场的栅栏与农具破旧不堪,大量的牲畜和粮食被军队掠夺。据统计,1870年佐治亚州内地农场和农具的价值较之1860年下降了45%,而牲畜的价值也减少了1/3。[①] 此外,1866—1867年的干旱对内地和山区的农业生产,特别是粮食生产也造成了极大的影响。1866—1867年,南部内地与山区的玉米种植面积较之1860年下降了50%左右。[②] 直到1870年,佐治亚州内地的人均粮食产量较之1860年仍然减少了50%。[③] 在这种情况下,内战后初期,内地与山区的白人约曼自耕农陷入了严重的经济困境之中,内战前相对自给自足的生活方式很难继续维系。

为了尽快恢复生产,重新积累财富,以及满足家庭日益紧张的消费需

---

① Roland M.Harper,"Development of Agriculture in Upper Georgia from 1850 to 1860",*Georgia Historical Quarterly*,Vol.1,No.1(Mar 1922),pp.18–23.

② Ted Ownby,"The Defeated Generation at Work:White Farmers in the Deep South,1865–1890", p.332.

③ David Weiman,"Petty Commodity Production in the Cotton South:Upcountry Farmers in the Georgia Cotton Economy,1840 to 1880",p.383.

求,这些白人约曼自耕农需要立即重新组织农业生产。然而,重新组织农业生产面临的最大困难是资金问题。这是因为购置新的农具、肥料,整修房屋和农场的栅栏,以及家庭在生产季节的衣食消费和购买其他生产与生活必需品都需要大量的现金支出。这对于内战后已经深陷贫困,财产损失严重的白人约曼自耕农而言,显然是难以承受的。在这种情况下,他们不得不把目光转向乡村商人的借贷,希望以此来解决这些紧迫的问题。正是在这一背景下,乡村借贷制度开始大规模地向内地与山区的白人约曼自耕农经济渗透,并很快获得了迅速发展。

另一方面,借贷制度大规模进入内地与山区还与内战后南部种植园主和乡村商人在种植园带争取借贷业务控制权的斗争息息相关。内战结束后,随着黑人奴隶的解放和奴隶种植园经济的解体,以及分成制和租佃制在南部种植园带的迅速发展,原先由大城市中的代理商为种植园主提供借贷,并以种植园主的土地与奴隶财产作为抵押的借贷体制显然已经不能适应内战后奴隶种植园经济解体与个体分成农与租佃农家庭的小额借贷要求。在此基础上,大批的商人深入到南部的种植园带,从事面向黑人分成农和租佃农的借贷业务。

乡村商人主要从南部的银行获得贷款,然后自己或者通过自己的经纪人从来自北方的批发商、制造商手中购买粮食、农具、化肥、衣服等各种生产与生活必需品,之后再以实物的形式将这些必需品借贷给种植园的黑人分成农和分成租佃农。这种小额实物借贷期限往往期限较短,通常只有6个月,一般从耕种的时节(3月份)持续到收获季节(9月份)。此外,由于棉花是内战后南部唯一具有绝对比较优势和唯一能够带来大规模现金收益的经济作物,美国市场和世界市场对南部的棉花需求一直稳定增长,因此,乡村商人在提供借贷前往往要求借债人种植固定数量的棉花作为借贷抵押。这种制度通常被称为作物留置权体制。

由于乡村商人以借贷方式出售商品的借贷价格极高,因此,在很多时候,黑人分成农与租佃农在支付乡村商人的借贷与利息之后,无力再支付种植园主的全部租金。再有,随着种植园主经济实力的恢复,19世纪70年代后越来越多的种植园主开始经营借贷业务。乡村商人的存在给种植园主控制借贷业务造成了严重的障碍。正是在这一背景下,种植园主与乡村商人围绕借贷问题出现了严重的利益冲突。19世纪70年代后,随着代表种植园主利益的民主党人在南部各州重新上台,种植园主凭借强大的政治力量迫使南部各州的立法机构相继通过了新的作物留置权法和其他相关法律,赋予种植园主的租金和借贷对租佃农作物收成的"第一留置权"，以及对分成农作物收成的完全所有权与留置权。这一规定使得种植园主在与乡村商人围绕借贷业务的斗争中获得了绝对优势，大批的乡村商人由于借贷业务受到沉重打击离开种植园带，前往南部的内地与山区寻找新的商业机会。①

最后，借贷制度在南部内地与山区的发展还与内战后美国的银行体制密切相关。通常而言，内地与山区的白人约曼自耕农获得借贷的来源应该有两个：银行与借贷商人。然而，由于白人约曼自耕农的借贷数额较少，时间短，南部的州立银行与私人银行大多并不愿意展开这种借贷业务。这一点与种植园带黑人农业劳动者的遭遇是相同的。此外，由于 1864 年《国民银行法》禁止国民银行从事地产抵押业务，而白人约曼自耕农又缺乏土地以外的其他财产抵押，这也迫使南部的国民银行放弃了对白人约曼自耕农的借贷业务。南部银行的主顾通常由具有一定经济实力的种植园主、大土地所有者、商人构成。1901 年一位佐治亚州的白人农场主愤怒地指出，"银行机构——农场主们从来都不能进入。他们（银行）并不关注农场主。他们（银行）只是在寻找大鱼（big fish）"。② 在这种情况下，内地与山区的白人约曼自耕农获得借贷的途径只剩下借贷商人。

正是在上述背景下，19 世纪 70 年代后，借贷制度开始大规模向内地和山区渗透，并获得了迅速发展。韦纳对阿拉巴马山区的研究发现，1870 年阿拉巴马州的山区借贷商人只有 92 名，1880 年则增加到 108 名。③ 1870—1880 佐治亚州内地的商人数量从 481 人，猛增长到 949 人（亚特兰大的商人除外），拥有商店的地方从 114 个，增长到 199 个。④ 1901 年佐治亚州农业局局长史蒂文斯在接受国会的调查时指出，"这种制度（借贷制度）在我们的地区一直是普遍的。不仅在黑人租佃农当中，而且在白人当中都是普遍的"。⑤

---

① 关于内战后南部种植园带乡村商人的崛起以及乡村商人借贷业务的经营方式、乡村商人与种植园主围绕着借贷业务的矛盾与斗争，详见本书第二章"内战后南部乡村借贷制度的形成与发展"。

② United States Industrial Commission, *Report of the Industrial Commission on Agriculture and Agricultural Labor*, p.458.

③ 阿拉巴马州的山区包括科尔伯特县（Colbert County）、费耶特县（Fayette County）、富兰克林县（Franklin County）、拉玛县（Lamar County）、劳伦斯县（Lawrence County）、马林县（Marion County）。Jonathan M.Wiener, *Social Origins of the New South : Alabama, 1860-1885*, p.118.

④ David F.Weiman, "The Economic Emancipation of the Non-Slaveholding Class : Upcountry Farmers in the Georgia Cotton Economy", p.86.

⑤ United States Industrial Commission, *Report of the Industrial Commission on Agriculture and Agricultural Labor*, p.907.

表23　1860-1885年佐治亚州内地的杰克逊县与卡罗尔县商人数量

年份 地区	1860	1870	1875	1880	1885
杰克逊县	15	10	15	27	67
卡罗尔县	21	13	36	49	70

资料来源：Steven Hahn，*The Roots of Southern Populism：Yeoman Farmers and the Transformation of the Georgia Upcountry*，p.181.

二、借贷制度与内战后南部约曼自耕农的贫困与债务

作为南部乡村商人剥削与控制内地与山区的白人约曼自耕农的重要机制，借贷制度的发展对内战后南部约曼自耕农经济造成的重要影响之一就是使得大批白人约曼自耕农长期深陷贫困与债务，甚至由此陷入"恶性的债务循环"。

内战后南部内地与山区的白人约曼自耕农的借贷制度与种植园带黑人农业劳动者的借贷制度是一致的。在南部的内地与山区，乡村商人同样利用成本价格（批发价格）、现金价格与借贷价格的差价来剥削借债的白人约曼自耕农。例如，根据佐治亚州农业部门的调查，1881—1889年佐治亚州玉米的借贷零售价格与现金零售价格差价为28%，而借贷零售价格与批发价格的差价则高达157.2%。[1] 1879—1880年佐治亚州熏猪肉的现金零售价格和借贷零售价格的差价为20%，但是借贷零售价格与批发价格的差价为54.3%。1881—1889年熏猪肉的现金零售价格与借贷零售价格差价为29%。[2] 除此之外，19世纪70年代肥料在南部内地与山区得到大规模推广与使用，这在很大程度上克服了内地与山区气候、地理条件对种植棉花的影响。在这种情况下，肥料成为白人约曼自耕农的一项重要支出。虽然内战后美国的肥料批发价格在不断下降，但是对于从乡村商人手中购买肥料的白人约曼自耕农而言，他们并没有获得肥料价格下降带来的好处。例如，1891年南部每吨肥料的借贷价格与现金价格差距在5—10美元，此外还要加上8%—10%的利息。[3] 19世纪80—90年代，肥料已经成为南部农场主

[1]　Roger L.Ransom and Richard Sutch，*One Kind of Freedom：the Economic Consequences of Emancipation*，p.129.U.S.Bureau of the Census，*Historical Statistics of the United States：Colonial Times to 1970*，p.512.

[2]　Matthew B.Hammond，"The Cotton Industry：An Essay in American Economic History：Part I.The Cotton Culture and the Cotton Trade"，p.153.

[3]　Thomas D.Clark，*Pills，Petticoats，and Plows：The Southern Country Store*，p.283.

的一项重要经济负担。哈蒙德指出，对于南部的租佃农而言，由于绝大多数肥料都是以借贷的方式购买的，因此，肥料的花费通常会达到作物总价值的12%—33%，这些肥料主要用于种植棉花。[1] 除了玉米、熏猪肉、肥料之外，种子、农具、面粉、盐、糖、衣服与鞋子等生产与生活必需品也是白人约曼自耕农家庭需要购买的日常必需品。然而与玉米、熏猪肉和肥料的支出相比，这些项目的单项支出数额通常较少。但是这些必需品的借贷零售价格与现金零售价格的差价却维持在 20%—200% 之间，平均水平达到 50% 以上。[2]例如，根据克拉克的统计，19 世纪 90 年代，南部一桶面粉的批发价格是 3.47美元，而借贷价格却高达 7 美元，二者差价接近 100%，一双 Brogan 牌子的鞋子批发价格为 0.75 美元，现金零售价格为 1.25 美元，借贷零售价格 2.25 美元，一件羊毛衫批发价格 3.25—15 美元，零售价格却高达 10—25 美元。[3]

　　高额的借贷价格使得大量的白人约曼自耕农很难在年底及时偿清借贷。而他们一旦拖欠债务，乡村商人便通过继续收取高额借贷价格，以及将债务不断转移到借债人下一年账户的办法，使得白人约曼自耕农的债务不断累积，以至于在很长时间内难以摆脱债务。例如，1882 年佐治亚州《先驱报》(*Herald*)的一位编辑描述了这种白人约曼自耕农债务不断累积的情况。他指出，一个在每个生产季节以借贷方式购买 800 美元必需品的佐治亚州白人约曼自耕农，如果他在 5 年内不能按时偿还债务，那么 5 年后他的债务（连同利息）就会累积达到 2800 美元。[4] 在这种情况下，这些拖欠债务的白人约曼自耕农为了偿还债务只能在来年继续接受借贷商人的条件——种植更多的棉花，并继续从商人手中以高额的借贷零售价格购买食物、化肥等生产与生活必需品，然后在棉花收获后，继续用棉花收成进行偿还。然而，由于内战后棉花价格不断下降，特别是 1876—1900 年棉花价格长期维持在最低成本价格 10 美分/磅以下，[5]而且乡村商人在白人约曼自耕农用棉花偿还债务时大多故意压低棉花价格，再加上高额的借贷零售价格，这些白人约曼自耕农往往会陷入更深的债务之中。这样循环往复，债务不断累积，最终，与种植园带的黑人农业劳动者一样，内地与山区的大批白人约曼自耕农

---

① Matthew B.Hammond, "The Cotton Industry：An Essay in American Economic History：Part I.The Cotton Culture and the Cotton Trade", p.180.

② Matthew B.Hammond, "The Cotton Industry：An Essay in American Economic History：Part I.The Cotton Culture and the Cotton Trade", p.152.

③ Thomas D.Clark, *Pills, Petticoats, and Plows：The Southern Country Store*, pp.274-275.

④ Thomas D.Clark, *Pills, Petticoats, and Plows：The Southern Country Store*, p.279.

⑤ Miller Handley Karnes, "Law, Labor, and Land in the Postbellum Cotton South：The Peonage Cases in Oglethorpe County, Georgia, 1865-1940", p.64.

也陷入了"棉花→债务→更多棉花→更多债务……"的恶性循环。施瓦茨的研究证明了"借贷—棉花种植—债务"三者在内战后南部白人约曼自耕农经济中的内在联系。他发现,19世纪90年代,佐治亚州"每年有超过50%的棉花种植者亏本,被迫花费他们的储蓄或降低生活标准来为来年的作物生产筹集资金。随着经营失败的年份累加,绝大多数人被迫实施作物留置权制度为他们的农场融资,这些留置权减少了他们进一步获利的机会。随着债务的加深,地主—商人控制了耕作并对农场主进行监督"。在这种情况下,约曼自耕农只有不到10%的机会获利。19世纪90年代,佐治亚州有超过60%的棉花种植者不能偿还债务。另外30%的棉花种植者则同样陷入债务或即将陷入债务。[1] 一位白人约曼自耕农写给乡村商人的信生动地显示了白人约曼自耕农陷入债务的情形:[2]

> 帕特里克先生,尊敬的先生:
>
> 　我写了几行字给您。去年我尽我所能向您支付(债务)。但是(今年)我不会选择逃避。不要认为您不会收到偿付。如果生活能够继续的话,我会支付给您(债务)。我将尽我所能向您支付(债务)。如果我活着,我就会向您支付。我的庄稼这次看起来不错。债务是我的唯一麻烦,希望您不会对于等候我(还债)而感到不满意……

与种植园带的黑人农业劳动者一样,内战后南部白人农场主陷入债务也是较为普遍的。例如,1890年佐治亚州白人约曼自耕农占多数的县中63.8%的县有超过50%的农业劳动者陷入债务,36.2%的县有49%以下的农业劳动者陷入债务。[3] 1889年阿肯色州的平民党领导人摩根指出,阿肯色州75%的农场主都无力偿还债务。1889年的《国民经济学家》估计,路易斯安那州70%的山区农场主处于负债状态。[4] 哈蒙德甚至估计,19世纪90年代中期,佐治亚州有将近90%的农场主负债。[5]

---

① Michael Schwartz, *Radical Protest and Social Structure: the Southern Farmers' Alliance and Cotton Tenancy, 1880-1890*, p.79.

② Thomas D.Clark, *Pills, Petticoats, and Plows: The Southern Country Store*, p.278.

③ Michael Schwartz, *Radical Protest and Social Structure: The Southern Farmers' Alliance and Cotton Tenancy, 1880-1890*, p.78.

④ Michael Schwartz, *Radical Protest and Social Structure: The Southern Farmers' Alliance and Cotton Tenancy, 1880-1890*, p.77.

⑤ Matthew B.Hammond, "The Cotton Industry: An Essay in American Economic History: Part I.The Cotton Culture and the Cotton Trade", p.155.

三、借贷制度与内战后南部约曼农场的租佃化

内战后南部大批的白人约曼自耕农丧失土地，甚至由此转变为租佃农或分成农是借贷制度对内战后南部白人约曼自耕农经济发展造成的另一重大影响。

随着越来越多的白人约曼自耕农落入借贷制度的"陷阱"，他们的债务逐年累积。由于19世纪70年代中期以后，棉花价格不断下降，债务的累积使得乡村商人的借贷业务也承受着一定的风险。这是因为，棉花价格长期以来不断下降，作为借贷抵押的棉花有可能不足以抵偿债务，而在债务累积到较大规模后，拖欠债务的白人约曼自耕农有可能由于无力偿还债务而变卖财产逃离本地。为了减少借贷的风险，内地与山区的借贷商人在提供借贷时通常要求白人约曼自耕农增加其他个人财产抵押。土地是棉花之外白人约曼自耕农最重要的个人财产。虽然内战后初期内地与山区的土地价格曾经剧烈下降，但是在棉花收成作为抵押的基础上增加部分或全部土地作为附属抵押还是可以在很大程度上减少商人经营借贷的风险。此外，由于1864年的《国民银行法》禁止国民银行从事土地抵押业务，[①]而其他银行由于土地价格的下降，也大多不愿意开展小规模的土地抵押业务，这也为商人垄断南部内地与山区的土地抵押业务创造了便利条件。在这一背景下，19世纪70年代后，内地与山区的土地抵押规模迅速扩大。[②] 例如，1885年，单是佐治亚州的卡罗尔县的白人约曼自耕农就抵押了超过7500英亩的土地。而1883年佐治亚州的杰克逊县在11月份的某一天，就有2300英亩土地转手。[③]

由于南部内地与山区的土地价格相对较低，农场抵押的实际价值并不高，因此，在白人约曼自耕农不能偿还借贷，从而丧失抵押品赎回权(foreclosure)的情况下，借贷商人很容易就可以获取他们的土地所有权。1885—1895年，佐治亚州内地的卡罗尔县与杰克逊县12名最富有的商人通过这种手段在短短5年内就攫取了8000英亩土地。[④] 1899年6月，南卡罗来纳

---

① Steven Hahn, *The Roots of Southern Populism: Yeoman Farmers and the Transformation of the Georgia Upcountry*, p.172.

② 当然，土地和财产抵押的数量增加在很大程度上也是由于约曼自耕农丧失传统的宅地豁免权造成的。这一点将在下文详细介绍。

③ Steven Hahn, "The 'Unmaking' of the Southern Yeomanry: The Transition of the Georgia Upcountry", p.194.

④ Steven Hahn, "The 'Unmaking' of the Southern Yeomanry: The Transition of the Georgia Upcountry", p.194.

州费尔法克斯的商人尤曼斯在接受国会议员利文斯顿调查时指出,由于商人的借贷制度,"小土地所有者正被迫放弃他们的土地所有权地契"。[1] 尤曼斯向利文斯顿详细地描述了白人约曼自耕农在借贷过程中,"抵押土地→陷入债务→增加抵押→失去土地"的过程:[2]

> 利文斯顿:在这个州(南卡罗来纳)有许多白人农场主,他们拥有自己的土地吗?
>
> 尤曼斯:是的。虽然他们依然拥有代表土地所有权的地契,但是这些土地已经被抵押。小农场主已经被挤出。这些抵押已经将他们吞噬。他们陷入了债务,不得不增加抵押,每年增加一点,最终不得不放弃土地所有权。我认为他们大多数人会被赶到镇上,这只是一个时间问题。

内地与山区的借贷商人在获得白人约曼农场的土地所有权后,大多会将土地转租给失去土地的白人约曼自耕农。这样,越来越多的借贷商人开始转变为商人—地主,而越来越多的白人约曼自耕农则失去土地转变为租佃农,甚至分成农。正是在这一背景下,19世纪70年代后,特别是1890年后的40年,南部内地与山区的白人约曼农场的租佃化进程不断加快,白人租佃农场与租佃农场主(包括分成农与租佃农)的数量迅速增长。据统计,1890年整个南部大约有38%的白人农场是租佃农场(包括分成租佃农和现金租佃农),较之1880年增长了大约1/3。[3] 1900年南部有36.4%的白人农场属于租佃农场,另外还有5.5%的农场属于部分从事租佃经营的农场(既拥有部分土地同时又作为租佃农从事生产),白人租佃农场的数量已经超过黑人租佃农场的数量,分别为678,743个与552,401个,前者高出后者22.9%。1910—1930年南部白人租佃农场的比重分别为39.5%、38.9%和46.6%,而部分从事租佃经营的农场比重分别为7.7%、6.6%和7.8%。[4]

---

[1]　United States Industrial Commission, *Report of the Industrial Commission on Agriculture and Agricultural Labor*, p.117.

[2]　United States Industrial Commission, *Report of the Industrial Commission on Agriculture and Agricultural Labor*, p.120.

[3]　Ted Ownby, "The Defeated Generation at Work: White Farmers in the Deep South, 1865-1890", pp.334-335.

[4]　U.S.Bureau of the Census, *Historical Statistics of the United States: Colonial Times to 1970*, p.465.

在白人约曼农场的租佃化过程中，大多数完全丧失土地的白人约曼自耕农都转变为租佃农（现金租佃农或固定租金农、分成租佃农），也有相当一部分白人约曼自耕农由于经济状况的持续恶化，转变为分成农，或是由租佃农下降为分成农。1899 年 6 月佐治亚州农业协会副主席巴雷特对国会议员利文斯顿描述了佐治亚州内地与山区白人租佃制和分成制的发展：①

> 在佐治亚北部的山区，主要的租佃农都是白人劳动者。……但是，佐治亚的山区也开始实行分成制，就像黑人带的切罗基县一样；他们以同样的方式支付和分配作物。

表 24 是 1900 年阿拉巴马、佐治亚、阿肯色、路易斯安那、密西西比、南卡罗来纳 6 个州各种类型的白人农场的数量统计，表 25 是 1920—1930 年南部各种类型的白人农场的数量统计。

表 24　1900 年南部 6 个州各种类型的白人农场的数量

农场类型 / 州名	土地所有者	部分土地所有者	现金租佃农	分成租佃农	分 成 农*
阿拉巴马	69,923	9,439	18,118	17,101	13,754
阿肯色	74,147	10,647	11,461	7,369	11,751
佐治亚	72,056	5,098	24,022	17,480	21,815
路易斯安那	36,255	2,068	7,721	5,052	5,758
密西西比	57,613	3,435	13,505	12,469	4,279
南卡罗来纳	37,120	3,327	14,612	4,695	9,326

* 美国的人口普查直到 1920 年才对分成农单独立项进行统计。在此之前，分成农和分成租佃农都被统一列入分成租佃农进行统计。这里选用的 1900 年南部各州白人分成农的数据是由经济史学家奥尔斯通根据 1900 年人口普查数据计算的。

资料来源：U.S.Bureau of Census, *Twelfth Census of United States*, *1900*, Vol.5, pp.4-16.; Alston, Lee J. and Kauffman, Kyle D. "Up, Down, and Off the Agricultural Ladder: New Evidence and Implications of Agricultural Mobility for Blacks in the Postbellum South", p.272.

---

① United States Industrial Commission, *Report of the Industrial Commission on Agriculture and Agricultural Labor*, p.47.

表 25　1920-1930 年南部各种类型白人农场数量统计

农场类型 年 代	土地所有者	部分土地 所有者	租 佃 农 *	分 成 农
1920	1,227,304	152,432	660,188	227,378
1930	1,050,187	183,469	708,563	383,381

* 这里的租佃农包括分成租佃农、现金租佃农或固定租金农。

资料来源：U.S.Bureau of the Census, *Historical Statistics of the United States*：*Colonial Times to 1970*,
　　　p.465.

　　除此之外,需要指出的是,内战后南部的白人约曼自耕农丧失土地,
下降为租佃农、分成农的过程并不是一蹴而就的,而是一个渐进的过程。
这是因为,大部分约曼自耕农起初只是将一部分土地作为抵押。然后,随
着债务的累积,他们会逐渐丧失这部分土地的抵押赎回权,并在来年继续
增加新的土地作为抵押。然后,由于债务,他们会继续丧失部分土地的抵
押赎回权。这样循环往复,白人约曼农场的土地面积不断减少,直至最后
丧失所有土地,下降为租佃农或分成农。这一点我们可以从内战后南部
部分从事租佃经营的白人农场(既拥有部分土地同时又作为租佃农从事
生产)的数量变化中得到证实。这种部分从事租佃经营的白人约曼农场
实际上是完全拥有土地所有权的白人约曼农场与白人租佃农场之间的过
渡形式。根据人口普查局的统计,1900 年、1910 年、1920 年、1930 年,部
分从事租佃经营的白人农场的数量分别为 183,368 个、215,121 个、
191,468 个、224,992 个。[1] 1901 年南卡罗来纳州的种植园主—商人尤曼
斯在接受国会调查时指出了白人约曼自耕农由于债务丧失土地的渐进性。
"他们陷入了债务,不得不增加抵押,每一年增加一点,最终他们不得不放
弃土地所有权"。[2] 因此,虽然 1910 年南部仍然有一半左右的白人农场主
是土地所有者,但是这并不能表明他们没有因为借贷制度和土地抵押而丧
失土地。通过对内战前后白人土地所有者农场规模和改良土地面积的比
较,我们发现,内战后白人土地所有者的农场规模和改良土地面积大大减
少,从而有力地证明了这一推断。例如,根据韦曼的统计,1860 年佐治亚州
内地的阿巴拉契亚山谷和上皮特蒙特山区两大白人约曼自耕农聚居区,农
场的平均规模分别为 281.7 英亩和 292.4 英亩,改良土地的规模分别为

---

[1]　U.S.Bureau of the Census, *Historical Statistics of the United States*：*Colonial Times to 1970*, p.465.

[2]　United States Industrial Commission, *Report of the Industrial Commission on Agriculture and Agricultural Labor*, p.120.

89.7英亩和89.0英亩。① 而根据希格斯的统计,1910年佐治亚州白人土地所有者的农场面积和改良土地面积分别下降到167英亩和51.77英亩。② 这一数据表明内战后南部多数白人约曼自耕农都经历了丧失土地的过程,只不过相当一部分人尚未达到丧失所有土地,进而下降为租佃农或分成农的程度。佐治亚州内地杰克逊县的白人约曼自耕农沃德金森(Luke Wadkins)在内战前后经营农场的变化就是一个非常突出的例子。1860年沃德金森拥有一个190英亩的农场,其中40英亩作为改良土地用于耕作。在妻子和子女的帮助下,1860年他种植了超过200蒲式耳的玉米,20蒲式耳的燕麦,32蒲式耳的小麦,100磅的烟草,40蒲式耳的甜马铃薯和1包棉花。在扣除了种子、满足了家庭的食物和牲畜的饲料需求外,沃德金森还有少量剩余作物用于储存,以及在地方市场出售来换取现金或家庭所需的生产与生活必需品。1880年沃德金森依然住在杰克逊县,由于借贷抵押造成部分土地丧失,他的农场规模变成了90英亩,耕地面积变成了60英亩,农场的价值已经不足400美元。在此期间,沃德金森大规模增加了棉花种植规模,将农场1/3的耕地用于种植棉花,这使得1880年的棉花产量比1860年增长了8倍,达到9包,而玉米产量则下降到150蒲式耳。除此之外,1880年其他作物产量还包括20蒲式耳小麦、60蒲式耳燕麦、25蒲式耳甜马铃薯。在这种情况下,沃德金森生产的粮食已经难以满足家庭与牲畜的消费需求,只好以高额的借贷价格从乡村商人手中购买粮食。除此之外,1880年沃德金森还以借贷价格从乡村商人手中购入131美元的肥料。1880年沃德金森农场生产的作物总价值不到369美元,不足以支付各项借贷支出,这使得他在年终陷入债务之中。③

最后需要指出的是,内战后宅地豁免权的丧失也为借贷商人通过借贷与债务剥夺白人约曼自耕农的土地所有权创造了条件。这一点我们将在下文进行详细分析。

四、借贷制度与内战后南部约曼自耕农的棉花生产

借贷制度在内战后南部内地与山区的发展所造成的第三个重要影响就

---

① David Weiman, "Petty Commodity Production in the Cotton South: Upcountry Farmers in the Georgia Cotton Economy, 1840 to 1880", p.197.

② Robert Higgs, "Race, Tenure, and Resource Allocation in Southern Agriculture, 1910", *The Journal of Economic History*, Vol.33, No.1(Mar 1973), p.162.

③ Steven Hahn, *The Roots of Southern Populism: Yeoman Farmers and the Transformation of the Georgia Upcountry*, p.149.

是迫使白人约曼自耕农放弃了内战前自给自足、相对多样化的粮食作物生产模式,从而转向相对单一的棉花作物生产。

内战结束后,特别是19世纪70年代后,肥料开始在内地和山区得到大规模推广与使用。肥料的使用不仅使得内地与山区的土壤变得肥沃,而且使得棉花种植时间比以前延后了一个月,而收获时间则较之以前大大提前。这使得内地与山区的棉花生长周期大大缩短,从而极大削弱了内地与山区无霜期较短对种植棉花的不利影响。1872年佐治亚州内地的卡罗尔县①《日报》(Times)的一位记者写道:“在这个季节,这个县和邻近县的农场主们正在大规模地购买鸟粪”,“上个星期几乎每一天都有75—100马车的鸟粪运到这里(小镇怀茨堡)”。② 另一方面,内地与山区的铁路建设获得了长足发展。③ 以佐治亚州的内地为例,内战前只有180英里铁路,而且只限于西部和大西洋铁路(Western and Atlantic Railroad)沿线的农业地区,以及接近亚特兰大的地区。19世纪70年代,内地的铁路长度增长了3倍,并初步形成了严密的铁路网,特别是亚特兰大与切罗基空线铁路(Atlanta and Charlotte Air Line)不仅覆盖了佐治亚东北部大部分地区,而且将这一地区与东北部城市连接起来。④ 1879—1886年佐治亚州又有6条铁路投入运营,全长252英里。这些铁路贯穿了整个佐治亚州,将内地与山区的城镇与东北部大城市更为紧密地连接在一起。⑤

在这一背景下,内地与山区的棉花与肥料运输成本大大降低。肥料的普及和铁路运输业的发展在很大程度上减少了内地与山区大规模种植棉花的障碍。正是在此前提下,内地与山区的乡村商人开始通过借贷制度控制约曼自耕农的作物选择,从而使得他们被迫放弃了自给自足、相对多样化的粮食作物生产模式,越来越深入地转向相对单一的棉花生产模式。这样,与种植园带的黑人农业劳动者一样,南部内地与山区的白人约曼自耕农也确立了棉花生产的主体地位。

---

① 根据人口普查局的统计,1870年卡罗尔县黑人人口和白人人口的数量分别为1309人和10,473人。http://fisher.lib.virginia.edu/collections/stats/histcensus/php/county.php　10/28/2008

② Steven Hahn, *The Roots of Southern Populism: Yeoman Farmers and the Transformation of the Georgia Upcountry*, p.146.

③ 关于内战后南部内地与山区铁路的发展,见 Anthony Ming Tang, *Economic development in the Southern Piedmont, 1860-1950, Its Impact on Agriculture*, pp.49-50.

④ David F.Weiman, "The Economic Emancipation of the Non-Slaveholding Class: Upcountry Farmers in the Georgia Cotton Economy", p.84.

⑤ Steven Hahn, *The Roots of Southern Populism: Yeoman Farmers and the Transformation of the Georgia Upcountry*, p.166.

内战后南部内地与山区的白人约曼自耕农的借贷制度与种植园带黑人农业劳动者的借贷制度是一致的。内地与山区的乡村商人也是通过作物留置权制度控制借债人的作物选择。由于棉花是内战后南部唯一具有绝对比较优势，也是唯一能够带来大规模现金收益的经济作物，乡村商人在向白人约曼自耕农提供借贷的时候，也会"强烈地要求棉花，更多的棉花，使之与债务相当……"①的棉花作为借贷抵押。"他（商人）并不想要干草、翘摇、谷物、马铃薯……当农场主们提出种植这些作物时，他们就不可能从商人手中获得借贷。"②

1901 年佐治亚州农业协会主席在接受国会议员调查时，形象地描绘了乡村商人利用借贷制度控制白人约曼自耕农作物选择的情形：③

> 如果一个人来到日用必需品商店，想要购买骡子、化肥和必需品，商人就会立刻对他说，"你打算种植多少棉花？"（如果）他有棉花作物作为抵押品，他们（商人）就不会考虑以骡子作为抵押，他们（商人）并不认为以土地作为抵押有任何价值。除了棉花以外，没有什么东西值钱。由此，他们（白人约曼自耕农）被迫在一开始就种植棉花，他们要很长时间才能摆脱（这种约束）。……而一旦农场主们放弃棉花种植，转向其他作物的生产，就很难得到借贷。

正是由于借贷制度，绝大多数白人约曼自耕农开始将更多的田地用于棉花生产。而白人约曼自耕农由于长期陷入债务，最终不得不放弃自给自足的粮食作物生产，从而更加深入地转入面向市场、相对单一的棉花作物生产。19 世纪 70 年代以后，随着越来越多的白人约曼自耕农陷入债务，利用棉花偿还债务在南部的内地与山区变得越来越普遍。例如，1876 年佐治亚州内地的白人约曼自耕农菲尔德就用 491 磅棉花与 1.6 美元现金偿还了拖欠乡村商人坎德勒的 47.7 美元的债务。另一位白人约曼自耕农则用 2068 磅棉花和一些木材、牛皮……向商人支付了 229.5 美元的账单。④ 1878 年佐治亚州内地杰

①　United States Industrial Commission, *Report of the Industrial Commission on Agriculture and Agricultural Labor*, p.157.

②　W.N.Jones, North Carolina, Bureau of Labor Statistics, *First Annual Report of the Bureau of Labor Statistics of the State of North Carolina, for the Year 1887*, Raleigh: Nabu Press, 1887, p.76.

③　United States Industrial Commission, *Report of the Industrial Commission on Agriculture and Agricultural Labor*, p.61.

④　Steven Hahn, *The Roots of Southern Populism: Yeoman Farmers and the Transformation of the Georgia Upcountry*, p.192.

克逊县的一份报纸深刻地指出:"大多数农场主打算主要种植棉花,因为他们大多数人已经负债,棉花是农场中唯一在秋季较为容易赚钱的作物。"①

正是在这一背景下,19 世纪 70 年代后,南部内地与山区的棉花生产开始迅速增长,最终取代粮食作物(主要是玉米),成为内地与山区最主要的作物。例如,南卡罗来纳州与佐治亚州的内地就是内战后棉花种植增长最为迅速的地区之一。1860—1880 年南卡罗来纳州种植园带棉花产量只增加了 64%,而内地棉花产量则增加了 479%。1860—1880 年佐治亚州种植园带棉花产量只增加了 15%,内地棉花产量却增长了 250%,而整个佐治亚州棉花产量的增加有将近 2/3 都来自于内地。② 1872 年佐治亚州内地卡罗尔县的《日报》将棉花生产在当地的迅速扩张称之为"一场巨大的革命",并指出"以前种植非常有限的棉花,其规模现在已经迅速增长","如果照此速度继续下去,这个县将进入本州最主要的棉花生产县之列"。③ 1873 年《太阳报》(Sun)也报道了棉花种植规模在佐治亚州内地迅速扩大的趋势。"我们在春天……直接注意到佐治亚州内地的棉花种植在迅速增长。来自这一地区的所有的统计数据和新闻报道都证实……广泛种植了棉花……"④香农、哈蒙德与万斯的统计则表明了内战后整个南部白人小农场主越来越深刻地转向棉花生产的趋势。内战前夕,整个南部从事棉花生产的白人农场主与黑人农业劳动者人数比例只有 1∶8。⑤ 然而,19 世纪 70 年代后,随着借贷制度的发展,棉花经济开始大规模渗透到南部的内地与山区。这使得种植棉花的白人农场主的数量迅速增长。1876 年南部棉田中 39% 的劳动者是白人农场主。1883 年白人棉花种植者生产了南部 44% 的棉花。1884 年生产了 48% 的棉花,1885 年的比重超过 50%。⑥ 1910 年,虽然白人农场主只种植了南部 48% 的棉田,但是却生产了南部棉花总量的 67%。⑦

① Steven Hahn, *The Roots of Southern Populism: Yeoman Farmers and the Transformation of the Georgia Upcountry*, p.142.

② David Weiman, "Petty Commodity Production in the Cotton South: Upcountry Farmers in the Georgia Cotton Economy, 1840 to 1880", pp.446, 378-379.

③ Steven Hahn, "The 'Unmaking' of the Southern Yeomanry: The Transition of the Georgia Upcountry", p.186.

④ Steven Hahn, *The Roots of Southern Populism: Yeoman Farmers and the Transformation of the Georgia Upcountry*, p.142.

⑤ Fred A. Shannon, *The Farmer's Last Frontier: Agriculture, 1860-1897*, p.98.

⑥ Matthew B. Hammond, "The Cotton Industry: An Essay in American Economic History: Part I. The Cotton Culture and the Cotton Trade", p.182.

⑦ Rupert B. Vance, "Human Factors in the South's Agricultural Readjustment Law and Contemporary Problems", p.256. Fred A. Shannon, *The Farmer's Last Frontier: Agriculture, 1860-1897*, p.99.

从南部白人农场主聚居的内地与山区所在的深南部各州来看，白人农场主大规模转向棉花生产的趋势更为明显。奥恩比（Ted Ownby）提供的数据清晰地反映了这一点。

表 26　1860-1890 年深南部不同地区的棉花生产

单位：包

年份 地区	1860	1890	增长率
超过 80% 人口是黑人的县	430,993	593,247	38%
67%—80% 人口是黑人的县	1,018,436	1,232,099	18%
60%—67% 人口是黑人的县	613,306	518,653	-16%
50%—60% 人口是黑人的县	640,009	715,892	12%
50%—60% 人口是白人的县	451,778	465,813	3%
60%—67% 人口是白人的县	211,852	340,300	61%
67%—80% 人口是白人的县	194,991	239,500	23%
超过 80% 人口是白人的县	116,455	289,607	149%

资料来源：Ted Ownby,"The Defeated Generation at Work：White Farmers in the Deep South,1865 - 1890",p.331.

从奥恩比的数据中，我们可以看出，内战后的美国南部，无论是黑人占多数的地区还是白人占多数的地区，棉花产量都出现了增长，但是很明显，白人占多数的地区棉花产量增长的速度明显高于黑人占多数的地区。由于内战前南部种植园的黑人已经开始大规模种植棉花，因此，内战后南部种植园的黑人农业劳动者更大规模种植棉花只是延续了内战前的植棉传统。内战后南部棉花生产的大规模扩张其实在更大程度上是南部的白人农场主转向棉花生产的结果。正如经济史学家赖特所指出的，"19 世纪最后三分之一的时光，棉花种植规模的扩张主要发生在白人租佃农和白人土地所有者的农场"。[①]

19 世纪 70 年代后，随着内地与山区的白人农场主大规模转向棉花生产，粮食作物生产的地位开始下降，并最终失去了主导地位。例如，从作物产量来看，1860 年佐治亚州内地的玉米产量是 5,009,639 蒲式耳，1890 年为 6,349,307 蒲式耳，只增长了 27%，而同一时期棉花产量却从 63,094 包增长到

---

① Gavin Wright, *Old South, New South: Revolutions in the Southern Economy since the Civil War*, p.107.

215,500 包,增长了 242%。[1] 1860 年南卡罗来纳州内地的上皮特蒙特山区棉花产量是 5010 包,1890 年猛增到 41,530 包,增长了 729%。[2] 此外,从种植面积来看,1875 年佐治亚州内地棉花种植面积 199,486 英亩,玉米总种植面积 316,002 英亩,1880 年佐治亚州内地的棉花种植面积 348,921 英亩,玉米种植面 399,707 英亩,而 1890 年棉花种植面积则大大超过了玉米种植面积,分别为 596,947 英亩和 475,695 英亩。1875—1890 年佐治亚州内地棉花种植面积增长 200%,而同一时期玉米种植面积则增长了 50%,棉花种植面积与玉米种植面积的比重从 63% 增长到 125%。再有,从人均作物产量来看,我们可以更清楚地看到内战后南部内地与山区棉花经济迅速扩张和粮食作物生产地位不断下降的趋势。例如,1860 年佐治亚州内地的人均棉花产量是 0.3 包,而 1890 年则增长为 0.6 包,增长了 100%,而同一时期人均玉米产量则从 26 蒲式耳下降到 19 蒲式耳,减少了 40%。[3] 1860 年佐治亚州内地的阿拉巴契亚山谷和上皮特蒙特地区人均粮食作物产量分别为 53.1 蒲式耳和 39.7 蒲式耳(扣除种子和牲畜饲料以外,人均实际拥有粮食分别为 38.1 蒲式耳与 25 蒲式耳)。1880 年则分别下降到 40.1 蒲式耳和 28.8 蒲式耳(扣除种子和牲畜饲料以外,人均实际拥有粮食分别为 27.3 蒲式耳与 18.6 蒲式耳),分别下降了 25% 和 27%。[4]

由此可见,1880 年随着棉花生产的扩张,南部的内地农场主实际上仅仅能勉强维持家庭粮食生产的自给自足(按每年人均 15 蒲式耳口粮标准)。然而,这一数据实际上是整个内地的平均水平,掩盖了大土地所有者和小土地所有者的差异。根据韦曼的研究,内战后南部内地与山区人均粮食产量的下降主要发生在小农场主和租佃农场主之中。他对 1880 年佐治亚州内地的迪卡尔布县和弗洛伊德县的考察发现,至少一半的小农场(改良土地少于 100 英亩)和 60% 的租佃农场家庭人均粮食产量低于人均最低消费标准的 15 蒲式耳。[5]

[1]　Steven Hahn,"The 'Unmaking' of the Southern Yeomanry:The Transition of the Georgia Up-country",p.187.

[2]　Lacy K.Ford,"Rednecks and Merchants:Economic Development and Social Tensions in the South Carolina Upcountry,1865-1900",p.301.

[3]　Steven Hahn,"The 'Unmaking' of the Southern Yeomanry:The Transition of the Georgia Up-country",p.187.

[4]　David F.Weiman,"The Economic Emancipation of the Non-Slaveholding Class:Upcountry Farm-ers in the Georgia Cotton Economy",pp.76,81.

[5]　David Weiman,"Petty Commodity Production in the Cotton South:Upcountry Farmers in the Georgia Cotton Economy,1840 to 1880",pp.437-438.

表 27　1860—1890 年佐治亚州内地的棉花生产与玉米生产

年 份 产量与面积	1860 年	1870 年	1880 年	1890 年
棉花产量(包)	63,094	34,789	179,892	215,500
棉花种植规模(英亩)	——	199,486*	348,921	596,947
玉米产量(蒲式耳)	5,009,639	3,336,385	6,122,499	6,349,307
玉米种植规模(英亩)	——	316,002*	399,707	475,695
人均棉花产量(包)	0.3	0.2	0.6	0.6
人均玉米产量(蒲式耳)	26	16.6	20.9	19

* 由于 1870 年棉花与玉米种植规模的数据无法获得,这里使用的是 1875 年的数据。
资料来源:Steven Hahn, *The Roots of Southern Populism: Yeoman Farmers and the Transformation of the Georgia Upcountry*, pp.143,147,167.

　　根据兰瑟姆与萨奇的研究,内战后南部人均每年需要 15 蒲式耳玉米。[1] 南部农业劳动者的家庭规模通常在 5 人左右。[2] 这样一个典型的 5 口之家一年所消费的玉米大约为 75 蒲式耳。此外,一头骡子每年通常需要消费 75 蒲式耳玉米。[3] 这样来看,1860 年的白人约曼自耕农家庭平均玉米产量 130 蒲式耳(按 5 人家庭规模计算,人均产量 26 蒲式耳)基本上能够实现家庭与牲畜消费的自给自足(不足的部分可以通过种植其他作物,以及在公地上的渔猎、采集和地方市场的实物交换来满足),而 1890 年的玉米产量 95 蒲式耳(按 5 人家庭规模计算,人均产量 19 蒲式耳),显然已经远远不能满足家庭与牲畜的消费需求。因此,每年一个白人约曼自耕农家庭仅玉米一项就要至少购入 55 蒲式耳左右才能满足家庭消费需求。由于内战后白人约曼自耕农丧失了在公地上自由渔猎、采集、放牧的公共权利,因此,他们不能通过这些经济活动补充家庭粮食消费的不足。[4] 正是在这一背景下,白人约曼自耕农自给自足的生产与生活方式最终被相对单一的棉花生产所取代。

五、借贷制度与内战后南部约曼自耕农公共权利的丧失

　　内战前南部的习惯法和成文法律赋予自由农场主许多公共权利,例如,

---

[1] Roger L.Ransom and Richard Sutch, *One Kind of Freedom: the Economic Consequences of Emancipation*, p.159.

[2] Roger L.Ransom and Richard Sutch, *One Kind of Freedom: the Economic Consequences of Emancipation*, p.219.

[3] United States Industrial Commission, *Report of the Industrial Commission on Agriculture and Agricultural Labor*, p.490.

[4] 这一点将在下文"借贷制度与内战后南部约曼自耕农公共权利的丧失"部分详细说明。

宅地豁免、开放牧场制度。这些公共权利是内战前南部白人约曼自耕农维持相对自给自足的乡村生活的重要辅助手段与保护机制。

19世纪70年代后，借贷制度开始在南部的内地与山区迅速发展，并在白人约曼自耕农经济的转型过程中发挥了重要作用，然而上述公共权利的存在却使得内地和山区的借贷商人难以通过借贷制度达到完全控制约曼自耕农，并将其彻底纳入棉花经济的目的。这是因为，一方面，白人约曼自耕农在公地上享有的放牧、砍柴、狩猎、捕鱼的权利是自给自足的家庭经济的重要补充手段，这在很大程度上减少了他们对借贷的依赖。另一方面，宅地豁免权的存在使得白人约曼自耕农即使在欠下债务的情况下，也不能被剥夺维持基本生存的宅地与其他个人财产，这有力地保护了白人约曼自耕农维持独立与自给自足生活的经济基础。

此外，内战结束后，随着南部的黑人获得人身自由，并被1868年的"第14条宪法修正案"（*The Fourteenth Amendment*）授予公民权，黑人自由民同样可以获得习惯法赋予白人农场主的上述公共权利。在这种情况下，一些黑人自由民常常利用周末到种植园内的林地和沼泽去打猎、捕鱼、砍伐树木。由于种植园面积庞大，这些林地和沼泽通常很难被栅栏圈围。黑人自由民利用渔猎和采集获得的食物补贴家用，甚至一些黑人自由民由此不愿参加种植园的劳动。这使得黑人自由民对种植园主借贷的依赖被削弱，种植园主的经济利益受到了较为严重威胁。正因为如此，种植园主强烈要求明确自己的财产所有权，废除传统的公共权利。在这一问题上，种植园主、内地与山区的借贷商人的利益与要求是一致的。①

正是在这一背景下，19世纪70年代后，随着民主党人重新上台，南部各州的立法机构在种植园主和乡村商人的共同压力下，先后通过了一系列新的法律。② 这些法律明确了种植园主和地主—商人对土地与其他财产的私人产权，废除了内战前习惯法和成文法律赋予白人约曼自耕农的公共权利。具体说来，这些法律主要包括：新的"宅地豁免法"、"狩猎法"（game law）、"家畜法"（stock law）等。这些新的法律对南部白人约曼自耕农经济的发展产生了深远影响。

新的"宅地豁免法"体现了借贷商人的利益。一方面，它减少了处于债

①　Charles L.Flynn Jr., *White land, Black Labor : Property, Ideology, and the Political Economy of Late Nineteenth-Century*, pp.115–121.

②　1865—1866年"总统重建"时期南部各州立法机构也曾经通过了限制黑人狩猎、捕鱼、砍伐树木、采集食物的法律。然而，由于"国会重建"时期，共和党人控制下的南部各州政府与立法机构致力于保护黑人自由民的利益，因此，这些法律并没有得到充分执行。

务豁免范围的不动产价值，另一方面，它规定如果农场主主动放弃宅地豁免权，其土地与财产抵押将不再受到宅地豁免权的保护。例如，1877 年佐治亚州议会通过的"宅地豁免法"就将债务豁免的不动产价值从原先的 2000美元减少为 1600 美元，与此同时还规定，除了价值 300 美元的衣服以外，债务人可以放弃所有财产的豁免权。① 内地与山区的借贷商人充分利用这一规定，将放弃宅地和其他财产的豁免权作为向急需借贷或已经拖欠债务的白人约曼自耕农提供借贷的主要条件。② 例如，一位佐治亚州内地的约曼自耕农就此抱怨道，"现在即使农场主们买 20 美元的日用必需品，商人们都会要求他们放弃宅地豁免权"。③ 由于棉花价格的下降和高额的借贷价格已经使得部分白人约曼自耕农深陷债务，为了偿还债务，进行新一轮的棉花生产，这些白人约曼自耕农不得不接受借贷商人的条件，放弃宅地豁免权，以获得新的借贷。然而，放弃宅地豁免权，意味着这些经济上相对独立的白人小农场主丧失了维持经济独立与自给自足生活的保护机制。这是因为一旦不能按时偿还债务，他们就会丧失作为抵押的土地与动产。这种情况在土地价值较低，棉花价格日趋下降和借贷价格较高的情况下是很容易发生的。宅地豁免权的丧失在很大程度上加速了内地与山区白人约曼农场租佃化的进程。

除此之外，19 世纪 80—90 年代，南部各州立法机构纷纷通过了"狩猎法"与"家畜法"。"狩猎法"一方面废除了内战前在公地上自由狩猎与捕鱼的权利，另一方面则规定狩猎者或捕鱼者在尚未圈围的土地上打猎和捕鱼必须经得土地所有者的允许。"家畜法"则废除了内战前的"栅栏法"。它规定牲畜饲养者必须用栅栏圈围自己的牲畜，而种植作物的农场主则不必再使用栅栏圈围自己的农场。如果牲畜践踏了庄稼，庄稼主人可以依法要求牲畜主人赔偿。④

"狩猎法"与"家畜法"的实施剥夺了白人约曼自耕农在开放牧场与公地上享有的自由放牧和渔猎的公共权利，明确了种植园主和商人—地主对私有土地的绝对产权，从而使内地与山区的白人约曼自耕农丧失了维持自

---

① Joseph P.Reidy, *From Slavery to Agrarian Capitalism in the Cotton Plantation South Central Georgia, 1800-1880*, p.234.

② Steven Hahn, *The Roots of Southern Populism: Yeoman Farmers and the Transformation of the Georgia Upcountry*, p.195.

③ Steven Hahn, "The 'Unmaking' of the Southern Yeomanry: The Transition of the Georgia Upcountry", p.193.

④ Steven Hahn, *The Roots of Southern Populism: Yeoman Farmers and the Transformation of the Georgia Upcountry*, pp.245-251.

给自足生活的最后一项辅助手段。

"狩猎法"和"家畜法"在内地与山区遭到白人小农场主的强烈反对。19 世纪 80 年代初,南部内地与山区各县举行的"关于是否接受家畜法的投票表决"中,许多地方凭借白人小农场主手中的选票否决了"家畜法"。例如,1881—1883 年佐治亚州内地的绝大多数县就先后以压倒多数的票数否决了"家畜法"。① 面对失败,内地与山区的商人—地主们采取了一系列策略。他们先是凭借强大的政治力量,迫使立法机构通过了在县属的各个民兵区(militia district)进行"是否接受家畜法投票复决"的决议,从而将"家畜法"的选择权下放到县属的各个民兵区。然后,通过申请改变地区边界的方式,将反对"家畜法"地区的部分领土纳入已经接受家畜法的地区,或者将两个反对"家畜法"地区的部分领土合并,以增强支持"家畜法"地区的力量。② 此外,剥夺白人小农场主的选举资格也是商人—地主与政客们常用的伎俩。1877 年佐治亚州实行累积人头税(cumulative poll tax)制度。这项制度不仅严重阻碍了黑人自由民参加选举,而且对白人小农场主参加选举也造成了严重阻碍。这项制度规定,任何人如果不能按期缴纳每年的年税,将失去参加选举的权利,直到支付完所有应缴纳的年税,才会重新获得参加选举的权利。内战后随着白人小农场主经济状况的恶化,以及债务的增长,缴纳历年累积的欠税逐渐成为一项沉重的经济负担。在这一背景下,越来越多的白人农场主选民由于不能缴纳累积人头税而被取消了选举资格。③ 例如,由于累积人头税制度的影响,1885—1891 年佐治亚州内地的白人县——格威内特县(Gwinnett County)和卡罗尔县参加选举的选民数量就分别下降了 60% 和 65% 左右。④ 在这种情况下,由于反对"家畜法"的力量越来越小,越来越多的县和地区开始通过"家畜法"。19 世纪 90 年代末 20 世纪初南部内地与山区的绝大多数地区都通过了"家畜法"。

正是在这种情况下,内战后南部的白人约曼自耕农最终丧失了内战前享有的一系列用于维持和保护自给自足的农业生产的各项公共权利。借贷制度与棉花经济向约曼自耕农经济渗透的障碍最终得以消除。

---

① Steven Hahn, *The Roots of Southern Populism: Yeoman Farmers and the Transformation of the Georgia Upcountry*, pp.255-258.

② Steven Hahn, *The Roots of Southern Populism: Yeoman Farmers and the Transformation of the Georgia Upcountry*, p.266.

③ Charles L.Flynn Jr., *White land, Black Labor: Property, Ideology, and the Political Economy of Late Nineteenth-Century*, p.147.

④ Steven Hahn, *The Roots of Southern Populism: Yeoman Farmers and the Transformation of the Georgia Upcountry*, p.266.

结论　乡村借贷——内战后美国南部农业现代化启动的制度"瓶颈"

内战前美国南部农业包括奴隶种植园经济和白人约曼自耕农经济两种形态。奴隶种植园使用黑人奴隶,主要生产棉花,用以供应世界市场和美国东北部棉纺织业。白人约曼自耕农大多生活在南部的内地和山区。他们大多拥有自己的农场,主要从事自给自足的粮食作物生产,除此之外,也种植少量棉花,并在地方市场进行有限的实物交换以满足家庭的消费需求。

内战结束后,虽然美国南部的黑人获得人身自由,奴隶种植园经济由此解体,但是南部的农业发展却长期处于落后与停滞的状态。与同一时期东北部、中西部与西部农业现代化的迅速推进不同,南部的农业现代化启动长期深陷困境。这种情况一直延续到 20 世纪 30 年代罗斯福政府对南部农业实施大规模干预与改造才发生根本的变化。

作为美国现代化进程中的特殊现象,内战后南部农业现代化启动的困境主要表现在三个方面:

第一,内战后美国南部多数农业劳动者长期深陷贫困与债务。由于农业人口在劳动人口中占据主导地位,内战后美国南部农业发展的落后使得南部的人均收入与整个美国的人均收入相比始终存在相当大的差距。例如,1860 年南部人均收入相当于美国人均收入的比重为 72%,内战结束后,这一比重迅速下降。从 1880—1930 年的 50 年中,这一比重一直维持在 51%—55% 的水平。[①] 从农业劳动者的人均收入来看,内战后南部农业劳动者的贫困更为明显。根据兰瑟姆与萨奇的统计,在阿拉巴马、佐治亚、南卡罗来纳、密西西比、路易斯安那 5 个州,1869—1873 年农业人口实际人均农产品年收入只有 39 美元,1889—1893 年增长至 52 美元,1902—1906 年增长至 57 美元。[②] 1929 年南部农业人均年收入只有 186 美元,其中棉花种植园的租佃农与分成农年均收入分别只有 73 美元和 38—87 美元。[③]

就南部种植园的黑人农业劳动者而言,贫困程度显然要较之内地与山

---

① William J.Cooper, Jr, and Thomas E.Terrill, *The American South : A History*, *Volume II*, p.436.

② Roger L.Ransom and Richard Sutch, *One Kind of Freedom : the Economic Consequences of Emancipation*, p.194.

③ United States Emergency Council, *Report on Economic Conditions of the South*, pp.20-21.

区的白人约曼自耕农更为严重。内战结束初期,南部种植园的黑人农业劳动者在获得人身解放时大多"一无所有",而在此后的70年里,南部大多数黑人农业劳动者始终未能摆脱贫困。极度的贫困最终使得南部大多数黑人农业劳动者无力自备农业生产所需的各项生产与生活必需品。就内战后南部的白人约曼自耕农而言,他们的经济状况显然要好于黑人分成农与租佃农。这在很大程度上是因为内战前南部的白人约曼自耕农普遍拥有小块的土地,并从事相对自给自足和多样化的粮食作物生产。然而,内战结束后,南部白人约曼自耕农的经济状况开始不断恶化,陷入贫困与债务的人数不断增长。这一点可以从内战前南部绝大多数白人农业劳动者都是拥有小块土地的约曼自耕农,而内战后越来越多的白人约曼自耕农丧失土地进而转变为租佃农与分成农的相关数据看出。

第二,内战后南部大多数黑人农业劳动者和大批白人农业劳动者长年被锁定在面积狭小的租佃农场,难以实现向收入水平更高的东北部、中西部与西部迁移。就南部黑人种植园经济而言,除了少数人通过财富积累获得土地,进而成为拥有土地的小农场主外,内战后大多数黑人农业劳动者作为分成农或租佃农长期被锁定在种植园面积狭小的租佃农场。例如,1910年、1920年、1930年南部黑人租佃农和分成农占全部黑人农业劳动者的比重分别为75.3%、76.2%、79.2%。① 1910年南部黑人农场平均面积只有47.9英亩,其中平均耕地面积只有31.2英亩,其中黑人租佃农场平均面积为39.6英亩,平均耕地面积为30英亩。② 与此同时,在内战后的南部,越来越多的白人约曼自耕农经历了丧失土地,进而长期被锁定在面积狭小的租佃农场的命运。1900年南部白人租佃农场的数量已经远远超过黑人租佃农场。到1930年,南部有将近46.6%的白人农场属于租佃农场。③ 与黑人农场相比,南部白人约曼农场的面积显然要更大,但实际用于耕作的耕地面积与黑人农场的耕地面积相比则差别并不大。据统计,1910年南部白人农场平均面积为141.3英亩,其中耕地面积55.7英亩,白人租佃农场平均面积83.8英亩,其中耕地面积46.5英亩。④

第三,内战结束后,在南部农业生产体系中,以棉花生产为主体的畸形单一种植结构长期延续,棉花生产规模与产量不断增加,甚至出现了在棉花价格不断下降,且长期处于较低水平情况下的"反常供给"现象。从黑人

---

① U.S.Bureau of the Census, *Historical Statistics of the United States : Colonial Times to 1970*, p.465.

② U.S.Bureau of Census, *Thirteenth Census of United States*, 1910, Vol.5, p.196.

③ U.S.Bureau of the Census, *Historical Statistics of the United States : Colonial Times to 1970*, p.465.

④ U.S.Bureau of Census, *Thirteenth Census of United States*, 1910, Vol.5, p.196.

种植园经济方面而言,内战后南部种植园的绝大多数黑人农业劳动者延续了内战前的植棉传统,并长期维系着以棉花生产为主体的畸形单一种植结构。这一点突出表现在内战结束后南部黑人租佃农场中种植棉花和其他作物的比重,以及棉花种植规模的增长速度两个方面。例如,布兰能对 1920年南部 161 个棉花种植园的分成农与租佃农的抽样调查就发现,黑人分成农、分成租佃农、现金租佃农、固定租金农棉花种植面积与玉米种植面积的比重分别高达 2.7∶1、2.2∶1、2.6∶1、3.3∶1。① 1900—1910 年南部黑人农业劳动者的数量增长了 20.2%,②而黑人农业劳动者的玉米(南部最主要的粮食作物)种植面积却只增长了 4.9%,小麦、稻米的种植面积则分别减少了53.1%和40.9%,与此同时,棉花种植面积却增长了 33.6%。③ 从南部内地与山区的白人约曼自耕农经济方面而言,内战结束后,南部的白人约曼自耕农放弃了内战前相对自给自足和多样化的粮食作物生产方式,同样越来越深入地转向以棉花生产为主体的单一种植结构。这一点突出地表现为内战后南部白人植棉者的人数,以及白人植棉者的棉花种植规模与产量不断扩大,并最终超过了黑人植棉者的人数与棉花种植规模和产量。例如,内战前夕,整个南部从事棉花生产的白人农场主人数仅为黑人棉花生产者人数的1/8。④ 19 世纪 70 年代后,随着借贷制度的发展,棉花经济开始向白人约曼自耕农聚居的南部内地与山区大规模渗透。这使得种植棉花的白人农场主的数量迅速增长。1876 年南部 39%的棉花种植者是白人农场主。1883 年白人棉花种植者生产了南部 44%的棉花,1884 年生产了 48%的棉花,1885年的比重超过 50%。⑤ 1910 年,白人农场主种植了南部 48%的棉田,生产了南部棉花总量的 67%。⑥

　　从个体植棉者的视角来看,虽然种植易于销售的棉花能够有助于尽快获得现金,从而改变家庭的经济状况,但是内战后南部黑人与白人农业劳动者长期维系以棉花生产为主体的畸形单一种植结构,甚至在此基础上继续不断增加棉花生产规模,显然是极为不利的。这一点主要表现在三个方面:

---

① C.O.Brannen, *Relation of Land Tenure to Plantation Organization*, *with Development since 1920*, p.56.

② U.S.Bureau of Census, *Thirteenth Census of United States*, 1910, Vol.5, p.197.

③ Robert Higgs, *Competition and Coercion*: *Blacks in the American Economy 1865-1914*, p.70.

④ Fred A.Shannon, *The Farmer's Last Frontier*: *Agriculture*, 1860-1897, p.98.

⑤ Matthew B.Hammond, "The Cotton Industry: An Essay in American Economic History: Part I.The Cotton Culture and the Cotton Trade", p.182.

⑥ Rupert B.Vance, "Human Factors in the South's Agricultural Readjustment Law and Contemporary Problems", p.256.Fred A.Shannon, *The Farmer's Last Frontier*: *Agriculture*, 1860-1897, p.99.

首先,随着棉花价格不断下降,农业劳动者种植棉花获得的收益不断下降。这一点在 1876—1900 年,南部棉花价格不断下降,甚至长期维持在较低水平时表现得尤为明显。其次,由于棉花生产者在棉花生产过程中需要购入粮食、肥料、农具、种子、牲畜、饲料以及承担轧棉与打包的各项费用,而 10 美分/磅的棉花价格通常又是农业劳动者种植棉花获利的最低价格,[①]因此,当 1876—1900 年绝大部分年份棉花价格大大低于 10 美分/磅的水平时,棉花生产者继续大规模种植棉花实际上是"亏本"的。再次,虽然内战后美国粮食价格维持在较低水平,南部可以用较为便宜的批发价格通过南部大城市的批发商从中西部购买粮食,但是这并不能保证南部的个体农业劳动者也能以相对便宜的零售价格购买这些产品。实际上内战后南部各项生产与生活必需品的零售价格远远高于批发价格。在这种情况下,南部的棉花生产者放弃粮食生产的自给自足,以高额的零售价格购买家庭消费所需的大部分粮食和肉类,显然需要一大笔支出。这在棉花价格不断下降,棉花收益不断减少的情况下,对个体棉花生产者的危害要更大。

上述三个方面的困境在很大程度上造成了农业机械化和现代农业生产技术很难在内战后的南部农业中得到应用与推广,以及大部分农业人口长期被锁定在缺乏效率的农业生产,难以实现剩余农业人口向收入水平更高的东北部、中西部和西部城市工业部门转移,南部农业现代化的启动由此长期深陷困境。从个体农业生产者的角度而言,首先,大多数南部农业劳动者长期深陷贫困与债务。这使得他们缺乏足够的经济实力购置土地、引入新的农业机械和农业生产技术,以及推行农业集中化经营。在这种情况下,南部农业劳动者大多只能长期维持传统落后的耕作技术。其次,大多数农业劳动者长期被锁定在面积狭小的租佃农场。这在很大程度上造成南部的农地分布过于分散,从而为农业机械化的开展造成了严重的障碍。此外,这种情况也造成大多数农业劳动者迟迟难以摆脱缺乏效率的农业生产,实现向收入水平更高的东北部、中西部和西部迁移,农业人口的非农化迟迟难以实现。再次,南部农业劳动者长期维系以棉花生产为主体的畸形单一种植结构,并继续扩大棉花生产规模。这种畸形的单一种植结构一方面造成南部农作物生产的多样化进程很难有所推进,另一方面使得南部农业抵御经济风险的能力大大降低,特别是在世界市场棉花价格不断下降且长期处于较低水平的情况下,南部农业发展受到的破坏更为严重。

---

① Miller Handley Karnes, "Law, Labor, and Land in the Postbellum Cotton South: The Peonage Cases in Oglethorpe County, Georgia, 1865–1940", p.64.

　　乡村借贷制度与内战后美国南部农业现代化启动长期深陷困境之间存在着密切的联系。内战结束后,南部种植园最终形成了以黑人分成制与租佃制为主的农地制度。随着黑人分成农与租佃农的数量不断增长,他们对借贷的需求越来越大。在这一背景下,南部种植园带出现了一个专门对种植园的黑人农业劳动者开展小额短期借贷业务的乡村商人群体。乡村商人利用借贷业务榨取了种植园黑人劳动者的大部分剩余产品,并通过作物留置权体制控制了他们的作物选择。然而,乡村商人对种植园黑人借贷业务的控制严重威胁与挑战了种植园主的利益与权威。19 世纪 70 年代,随着南部各州支持种植园主利益的民主党人重新上台,南部各州的立法机构先后制定了新的作物留置权法,确立了种植园主的租金与借贷对黑人分成农与租佃农作物收成的"第一留置权"地位,从而使得种植园主垄断或控制了种植园内黑人农业劳动者的借贷业务。与此同时,乡村商人的利益受到沉重打击,越来越多的乡村商人开始离开种植园带,前往白人约曼自耕农聚居的内地与山区寻找新的商业机会。在这种情况下,内地与山区的借贷制度获得迅速发展。到 19 世纪 80 年代初,南部最终形成了借贷制度地域分布的新格局——种植园主垄断和控制种植园带黑人的借贷业务,而内地与山区白人小农场主的借贷业务则主要由乡村商人控制和垄断。

　　从黑人种植园经济方面而言,借贷制度与农业现代化启动陷入困境之间的内在联系主要体现在以下三个方面:

　　首先,南部的种植园主通过借贷制度的高额借贷价格榨取了黑人农业劳动者大部分剩余产品,从而使得他们长期深陷贫困和债务,甚至由此落入"劳役偿债"的陷阱。在这种情况下,南部的黑人农业劳动者被迫长期依附于种植园主,实际上失去了自由迁徙的权利。

　　其次,通过借贷制度,南部的种植园主阻遏了黑人农业劳动者向上流动的通道,从而使得他们长期被锁定在面积狭小的租佃农场,一方面难以实现财富的积累,进而获得土地,成为小土地所有者,另一方面也使得家庭剩余劳动力长期被束缚于缺乏效率的农业,难以实现向收入水平更高的东北部、中西部与西部城市工业部门转移。

　　再次,通过借贷制度,特别是作物留置权体制,南部的种植园主控制了黑人农业劳动者的作物选择,而借贷制度造成的长期债务,又使得黑人农业劳动者只能按照种植园主的要求通过种植更多棉花来偿还债务和获取新的借贷。南部种植园的黑人农业劳动者最终陷入了"恶性的债务循环"。

　　除此之外,借贷制度还使得南部种植园的黑人分成农与租佃农之间的差异变得越发模糊。虽然 19 世纪 70 年代末以后,由于棉花价格的低落与波动,南部种植园主开始采用租佃制取代内战后初期实行的分成制,但是由于借贷制度的存在,黑人自由民并没有因此获得南部习惯法赋予租佃农的各项权利,也没有由此积累起个人财产,进而转变为独立的小土地所有者。对于大多数黑人农业劳动者而言,由于借贷制度的存在,南部的黑人租佃农实际上丧失了南部习惯法赋予的作物收成所有权与留置权,以及在种植作物的选择、生产决策和产品销售等方面享有的权利,从而变得与分成农并无本质的区别。

从内战后南部白人约曼自耕农经济方面而言,借贷制度与农业现代化启动深陷困境之间的内在联系主要体现在以下三个方面:

首先,通过借贷业务中现金价格与借贷价格的高额差价,乡村商人榨取了获取借贷的白人约曼自耕农的大部分剩余产品,从而使得他们与种植园的黑人农业劳动者一样长期陷入贫困与债务。

其次,由于深陷债务,大批白人约曼自耕农逐渐丧失了用于借贷抵押的土地。这使得他们最终转变为租佃农或分成农。内地与山区的乡村商人则由于不断从借债的白人小农手中获得土地,因而开始转变为一个新的商人—地主群体。

再次,通过借贷制度,特别是作物留置权体制,内地与山区的乡村商人控制了白人约曼自耕农的作物选择,而借贷制度造成的债务又使得这些陷入债务的约曼自耕农被迫按照乡村商人的要求种植更多的棉花偿还债务和获取新的借贷。最终,大批的白人约曼自耕农被迫放弃了传统的相对自给自足与多样化的粮食作物生产模式,越来越深入地转向面向市场、以棉花生产为主体的畸形单一种植结构。

通过上面的分析,我们可以认识到,内战后美国南部种植园主与乡村商人将乡村借贷制度作为控制农业劳动者的作物生产与榨取剩余产品的重要手段。种植园主与乡村商人利用借贷制度中的高额借贷价格以及作物留置权体制迫使南部的农业劳动者长期陷入贫困与债务,长期作为分成农或租佃农被锁定在面积狭小、缺乏效率的租佃农场,以及长期维系以棉花为主体的畸形单一种植结构,由此最终陷入了"棉花→债务→更多棉花→更多债务……"的恶性循环。与此同时,种植园主和乡村商人在此过程中则凭借借贷制度的剥削与控制使得他们即使面对棉花价格不断下降,并且长期维持在较低水平的情况依然能够廉价地获取农业生产所需的劳动力,并通过不断扩大棉花种植规模和收取高额的商品借贷价格从中榨取高额利润。这使得他们同样缺乏动力在农业生产中投入资金推行农业机械化、引入现代农业生产技术和实施农业生产的专业化。从这个意义上来说,乡村借贷制度实际上是内战后美国南部农业现代化启动长期深陷困境,迟迟难以启动的制度"瓶颈"。

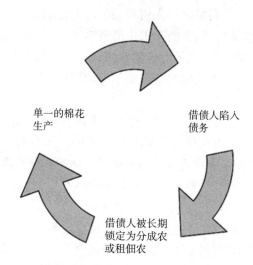

图 12　内战后南部"棉花→债务→更多棉花→更多债务……"的恶性循环

　　本书的上述研究表明,在农业现代化的启动过程中,农民的借贷问题是一个不可忽视的重要问题。特别是在欠发达社会,农业现代化的启动并不仅仅意味着解决农民的土地所有权问题和推广农业机械化或现代农业生产技术。在由政府主导的农业现代化进程中,农民的借贷问题甚至是一个可以决定土地改革和农业机械化与其他现代农业生产技术推广最终成败的至关重要的因素。这是因为,土地改革后,刚刚获得独立的农民大多失去了传统的借贷来源,如果政府及相关机构不能在这方面承担起相应的责任,那么追求利润的地主、民间高利贷商人一旦介入并垄断了农村借贷市场,势必会造成脆弱的农民再次陷入贫困与债务的恶性循环,进而最终失去所获得的土地所有权。在这种情况下,农业机械化以及其他现代农业生产技术的推广实际上同样面临失败的命运。因此,在欠发达社会,由政府主导的农业现代化进程中,除了土地所有权的平等分配和农业机械化以及其他现代农业生产技术的推广外,政府还需要承担起为农民提供信贷、销售等配套改革的责任。从这个意义上说,农民的借贷问题实际上是决定农业现代化能否顺利启动与推进的关键因素之一。

　　就美国南部的农业现代化而言,内战结束后联邦政府并没有意识到借贷问题对于南部农业现代化启动的重要意义。这使得乡村借贷制度成为种植园主与乡村商人控制与剥削南部农业劳动者的重要机制,进而发展为长期深刻制约南部农业现代化启动的制度“瓶颈”。直到 20 世纪 30 年代,随着罗斯福政府对南部农业实施大规模的干预与改造,借贷问题对南部农业现代化启动的深刻制约作用才被充分认识。随着罗斯福政府着手制定一系列信贷政策解决农业劳动者的借贷问题,南部的乡村借贷开始制度趋于瓦解,由此长期制约南部农业现代化启动的制度“瓶颈”最终得以打破,①南部农业发展最终走上了现代化之路。

---

① 关于内战后南部乡村借贷制度的消亡,详见孟海泉:《内战后美国南部植棉业中的借贷制度》,《世界历史》1999 年第 1 期。

参 考 文 献

英 文 部 分

一、联邦政府和南部各州政府的出版物

1. 纸本文献

Boeger, E. A. and E. A. Goldenweiser, *A Study of the Tenant Systems of Farming in the Yazoo - Mississippi Delta*, USDA Bulletin No. 337, Washington, D. C.: Government Printing Office, 1916.

Brannen, C. O, *Relation of Land Tenure to Plantation Organization, with Development since 1920*, Washington, D. C.: Government Printing Office, 1924.

Henderson, J. T., Commissioner, *Annual Report of Commissioner of Agriculture of the State of Georgia*, Atlanta, GA: Jas. P. Harrison & . Co, 1882.

Langsford, E. L. and B. H. Thibodeaus, *Plantation Organization and Operation in Yazoo-Mississippi Delta Area*, United States Department of Agriculture, Bureau of Agricultural Economics, in Cooperation with the Mississippi Agricultural Experiment Station, 1939.

U. S. Bureau of the Census, *Plantation Farming in the United States*, Washington, D. C.: Government Printing Office, 1916.

U. S. Bureau of the Census, *Report on Cotton Production in the United States*, 2 Vols, Washington, D. C.: Government Printing Office, 1884.

U. S. Department of Agriculture, Agricultural Marketing Service, *Corn Acreage, Yield, and Production of All Corn for Grain, Corn for Silage, and Acreage for Forage, by States, 1866 - 1943*, Washington, D. C.: Government Printing Office, 1954.

U. S. Department of Agriculture, Agricultural Marketing Service, *Cotton and Cottonseed: Acreage, Yield, Production, Disposition, Price, Value, by States, 1866-1952*, USDA Bulletin No. 164, Washington, D. C.: Government Printing Office, 1955.

United States Industrial Commission, *Report of the Industrial Commission on Agriculture and Agricultural Labor*, Washington, D. C.: Government Printing Office, 1901.

Woofer, Thomas J., *Landlord and Tennant on the Cotton Plantation*, Washington, D. C.: Works Progress Administration, Division of Social Research, 1936.

2. 互联网资源

Statutes at Large, 1789-1875.

http://memory.loc.gov/ammem/amlaw/lwsllink.html

U.S.Bureau of the Census, *Thirteenth Census of of United States*, *1910*, Washington D.C.:
Government Printing Office, 1914.

http://www.census.gov/prod/www/abs/decennial/1910.htm

U.S.Bureau of the Census, *Twelfth Census of United States*, *1900*, Washington D.C.:Government Printing Office, 1902.

http://www.census.gov/prod/www/abs/decennial/1900.htm

U.S.Bureau of the Census, *Eleventh Census of United States*, *1890*, Washington D.C.:Government Printing Office, 1895.

http://www.census.gov/prod/www/abs/decennial/1890.htm

U.S.Bureau of the Census, *Tenth Census of United States*, *1880*, Washington D.C.:Government Printing Office, 1884.

http://www.census.gov/prod/www/abs/decennial/1880.htm

U.S.Bureau of the Census, *Ninth Census of United States*, *1870*, Washington D.C.:Government Printing Office, 1872.

http://www.census.gov/prod/www/abs/decennial/1870.htm

U.S.Bureau of the Census, *Eighth Census of of United States*, *1860*, Washington D.C.:
Government Printing Office, 1864.

http://www.census.gov/prod/www/abs/decennial/1860.htm

U.S.Bureau of the Census, *Historical Statistics of the United States*:*Colonial Times to 1970*, Washington D.C.:Government Printing Office, 1975.

http://www2.census.gov/prod2/statcomp/documents/CT1970p1-01.pdf

University of Virginia Library, *Historical Census Browser*(可查询 1790-1960 年美国各州及县的各项数据,并根据检索结果自动生成 Excel 表格)

http://fisher.lib.virginia.edu/collections/stats/histcensus/

Furletti, Mark, "The Debate Over the National Bank Act and the Preemption of State Efforts to Regulate Credit Cards".

http://www. philadelphiafed. org/payment – cards – center/publications/discussion – papers/2004/NationalBankAct_032004.pdf

Riddle, Weslay A., "The Origins of Black Sharecropping", *Mississippi Quarterly*, Vol.49, No.1(Winter 1995), pp.53-71.

http://find.galegroup.com/itx/start.do? prodId=EAIM

二、内战后南部的期刊

Debow's Review(1866-1869 年） 密歇根大学的 *Making of America* 数据库(简称 *MOA*)

http://quod.lib.umich.edu/m/moajrnl/browse.journals/debo.html

三、专著

Aiken, Charles S., *Cotton Plantation South Since the Civil War*, Baltimore:Johns Hopkins

University Press,1998.

　　Alston,Lee J.and Joseph P.Ferrie,*Southern Paternalism and the American Welfare State*: *Economics*,*Politics*,*and Institutions in the South*,*1865-1965*,New York:Cambridge University Press,1999.

　　Atherton,Lewis Eldon,*The Southern Country Store*,*1800-1860*,Baton Rouge:Louisiana State University Press 1949.

　　Banks,Enoch Marvin,*The Economics of Land Tenure in Georgia*,New York:AMS Press,1968.

　　Brooks,Robert Preston,*The Agrarian Revolution in Georgia*,*1865-1912*,Westport:Negro Universities Press,1970.

　　Burton,Orville V.(eds.),*Class*,*Conflict*,*and Consensus*:*Antebellum Southern Community Studies*,Westport:Greenwood Publishing,1982

　　Carlton,David L.,*Confronting Southern Poverty in the Great Depression*:*the Report on E-conomic Conditions of the South with Related Documents*,Boston:Bedford Books of St.Martin's Press,1996.

　　Cimbala,Paul A.and Randall M.Miller,*The Freedmen's Bureau and Reconstruction*:*Re-considerations*,New York:Fordham University Press.

　　Clark,Thomas D.,*Pills*,*Petticoats*,*and Plows*:*The Southern Country Store*,Norman:Uni-versity of Oklahoma Press,1964.

　　Coclanis,Peter A.,*The Shadow of a Dream*:*Economic Life and Death in the South Caro-lina Low Country*,*1670-1920*,New York:Oxford University Press,1989.

　　Commager,Henry Steele (eds.),*Documents of American History*,New York:Appleton-Century-Crofts,1968.

　　Cooper,William J.,*The American South*:*A History*,New York:McGraw-Hill,1991.

　　Daniel,Peter,*Breaking the Land*:*the Transformation of Cotton*,*Tobacco*,*and Rice Culture since 1880*,Urbana:University of Illinois Press,1985.

　　Daniel,Peter,*The Shadow of Slavery*:*Peonage in the South*,*1901-1969*,Urbana:University of Illinois Press,1990.

　　Davis,Ronald L. F.,*Good and Faithful Labor*:*From Slavery to Sharecropping in the Natchez District*,*1860-1890*,Greenwood Press,1982.

　　DeCanio,Stephen J.,*Agriculture in the Post-bellum South*:*The Economics of Production and Supply*,Cambridge:Massachusetts Institute of Technology Press,1975.

　　Du Bois, W. E. B., *Black Reconstruction in America*, *1860-1880*, New York:Athenaeum,1969.

　　Ferleger,Louis A.(eds.),*Agriculture and National Development*:*Views on the Nineteenth Century*,Ames:Iowa State University Press,1990.

　　Fite, Gilbert Courtland, *Cotton fields No More*: *Southern Agriculture*, *1865-1980*,

Lexington:Kentucky University Press,1984.

Flynn,Charles L.Jr,*White Land*,*Black Labor*:*Caste and Class in Late Nineteenth-Century Georgia*,Baton Rouge:Louisiana State University Press,1983.

Foner,Eric,*Free Soil*,*Free Labor*,*Free Men*:*The Ideology of the Republican Party before the Civil War*,New York:Oxford University Press,1970.

Foner,Eric,*Nothing but Freedom*:*Emancipation and Its Legacy*,Baton Rouge:Louisiana State University Press,1983.

Foner,Eric,*Reconstruction*:*America's Unfinished Revolution*,*1863-1877*,New York:Harper's and Row,1988.

Gray,Lewis Cecil.,*History of Agriculture in the Southern United States to 1860*,Gloucester,Mass.:Peter Smith,1958.

Hahn,Steven,*The Roots of Southern Populism*:*Yeoman Farmers and the Transformation of the Georgia Upcountry*,New York:Oxford University Press,1983.

Hahn,Steven and Jonathan Prude(eds.),*The Countryside in the Age of Capitalist*:*Essays in the Social History of Rural America*,Chapel Hill:University of North Carolina Press,1985.

Hart,Albert Bushnell,*The Southern South*,New York:Negro Universities Press,1910.

Higgs,Robert,*Competition and Coercion*:*Blacks in the American economy*,*1865-1914*,Cambridge:Cambridge University Press,1977.

Kantor,Shawn Everett,*Politics and Property Rights*:*The Closing of the Open Range in the Post-bellum South*,Chicago:University of Chicago Press,1998.

Kettell,Thomas Prentice,*Southern Wealth and Northern Profits*:*As Exhibited in Statistical Facts and Official Figures*,*Showing the Necessity of Union to the Future Prosperity and Welfare of the Republic*,Tuscaloosa:University of Alabama Press,1965.

Kirby,Jack Temple,*Rural Worlds Lost*:*The American South 1920-1960*,Baton Rouge:Louisiana State University Press,1987.

Kulikoff,Allan,*The Agrarian Origins of American Capitalism*,Charlottesville:University Press of Virginia,1992.

Lanza,Michael L.,*Agrarianism and Reconstruction Politics*:*the Southern Homestead Act*,Baton Rouge:Louisiana State University,1990.

Mandle,Jay R.,*The Roots of Black Poverty*:*The Southern Plantation Economy after the Civil War*,Durham,N.C.:Duke University Press,1978.

McKenzie,Robert Tracy,*One South or Many? Plantation Belt and Upcountry in Civil War-Era Tennessee*,New York:Cambridge University Press,1994.

Nielsen,Aksel Evald,*Production Credit for Southern Cotton Growers*,New York:King's Crown Press,1946.

Orser,Charles E.,Jr.,*The Material Basis of the Post-bellum Tenant Plantation*:*Historical Archaeology in the South Carolina Piedmont*,Athens:University of Georgia Press,1988.

Otken, Charles H., *The Ills of the South*, *or*, *Related Causes Hostile to the General Prosperity of the Southern People*, New York: G.P.Putnam' s Sons, 1894

Otto, John Solomon, *Southern Agriculture During the Civil War Era*, *1860 – 1880*, Westport: Greenwood Press, 1994.

Ransom, Roger L, and Richard Sutch, *One Kind of Freedom*: *the Economic Consequences of Emancipation*, New York: Cambridge University Press, 2001.

Reidy, Joseph P., *From Slavery to Agrarian Capitalism in the Cotton Plantation South*: *Central Georgia*, *1800–1880*, Chapel Hill: University of North Carolina Press, 1992.

Roark, James L., *Masters without Slaves*: *Southern Planters in the Civil War and Reconstruction*, New York: W.W.Norton & Company, 1977.

Royce, Edward C., *The Origins of Southern Sharecropping*, Philadelphia: Temple University Press, 1993.

Seavoy, Ronald E., *The American Peasantry*: *Southern Agricultural Labor and Its Legacy*, *1850–1995*: *A Study in Political Economy*, Westport, Conn, London: Greenwood Press, 1998.

Somers, Robert, *The Southern States Since the War*, *1870 – 71*, London and New York: Macmillan and co., 1871.

Stampp, Kenneth M., *The Era of Reconstruction*, *1865 – 1877*, New York: Vintage Books, 1965.

Schwartz, Michael, *Radical Protest and Social Structure*: *The Southern Farmers' Alliance and Cotton Tenancy*, *1880–1890*, Chicago: University of Chicago Press, 1988.

Shannon, Fred A., *The Farmer's Last Frontier*: *Agriculture*, *1860–1897*, New York: M. E. Sharpe, 1989.

Shugg, Roger W., *Origins of Class Struggle in Louisiana*: *A Social History of White Farmers and Laborers during Slavery and after*, *1840–1875*, Baton Rouge: Louisiana State University, 1939.

Sinclair, William A., *The Aftermath of Slavery*, New York: Arno Press, 1969.

Tang, Anthony Ming, *Economic Development in the Southern Piedmont*, *1860 – 1950*: *Its Impact on Agriculture*, Chapel Hill: University of North Carolina Press, 1958.

Watkins, James L., *King Cotton*: *A Historical And Statistical Review 1790 to 1908*, New York: Negro Universities Press, 1969.

Wayne, Michael, *The Reshaping of Plantation Society*: *The Natchez District*, *1860–80*, Urbana: University of Illinois Press, 1990.

Wharton, Vernon Lane, *The Negro in Mississippi*: *1865 – 1890*, New York: Harper & Row, 1965.

Wiener, Jonathan M., *Social Origins of the New South*: *Alabama*, *1860 – 1885*, Baton Rouge: Louisiana State University, 1978.

Woodman, Harold D., *New South? New Law*: *The Legal Foundations of Credit and Labor*

Relations in the Postbellum Agricultural South, Baton Rouge: Louisiana State University Press, 1995.

Woodward, C. Vann, *Origins of the New South : 1877-1913*, Baton Ronge: Louisiana State University Press, 1971.

Wright, Gavin, *The Political Economy of the Cotton South : Households, Markets, and Wealth in the Nineteenth Century*, New York: W. W. Norton & Company, 1978.

Wright, Gavin, *Old South, New South : Revolutions in the Southern Economy Since the Civil War*, New York: Basic Books, 1986.

四、期刊文章

Alston, Lee J. and Kyle D. Kauffman, "Up, Down, and Off the Agricultural Ladder: New Evidence and Implications of Agricultural Mobility for Blacks in the Postbellum South", *Agricultural History*, Vol.72, No.2(Spring 1998).

Alston, Lee J. and Robert Higgs, "Contractual Mix in Southern Agriculture since the Civil War: Facts, Hypotheses, and Tests." *The Journal of Economic History*, Vol. 42, No. 2 (Jun 1982).

Applewhite, Marjorie M., "Sharecropper and Tenant in the Courts of the North Carolina", *North Carolina Historical Review*, Vol.xxxi, No.2(Apr 1954).

Barrow, David C, Jr., "A Georgia Plantation", *Scribner's Monthly*, Vol. 21, No. 5 (Apr 1881).

Bardhan, Pranab K., "Interlocking Factor Markets and Agrarian Development: A Review of Issues", *Oxford Economic Papers*, Vol.32, No.1(March 1980).

Book, A.B., "A Note on the Legal Status of Share-Tenants and Share-Croppers in the South", *Law and Contemporary Problems*, Vol.4, No.4(Oct 1937).

Brown, William W. and Morgan O. Reynolds, "Debt Peonage Re-examined", *The Journal of Economic History*, Vol.33, No.4(Dec 1973).

Bull, Jacqueline P., "The General Merchant in the Economic History of the New South", *The Journal of Southern History*, Vol.18, No.1(Feb 1952).

Clark, Thomas D., "In the Southern Retail Trade after 1865", *The Journal of Economic History*, Vol.3, Supplement: The Tasks of Economic History(Dec 1943).

Clark, Thomas D., "The Furnishing and Supply System in Southern Agriculture since 1865", *The Journal of Southern History*, Vol.12, No.1(Feb 1946).

Cohen, William, "Negro Involuntary Servitude in the South, 1865-1940: A Preliminary Analysis", *The Journal of Southern History*, Vol.42, No.1(Feb 1976).

Cox, La Wanda F., "The Promise of Land for the Freedman", *Mississippi Valley Review*, Vol.45, No.3(Dec 1958).

Curtin, Mary Ellen, "'Negro Thieves' or Enterprising Farmers? Markets, the Law, and African Community Regulation in Alabama, 1866-1877", *Agricultural History*, Vol.74, No.1

(Winter 2000).

DeCanio, Stephen J., "Cotton 'Overproduction' in Late Nineteenth – Century Southern Agriculture", *The Journal of Economic History*, Vol.33, No.3 (Sep 1973).

Fleming, Walter L., "Forty Acres and a Mule", *North American Review*, Vol.182, No.5 (May 1906).

Ford, Lacy K., "Rednecks and Merchants: Economic Development and Social Tensions in the South Carolina Upcountry, 1865 – 1900", *The Journal of American History*, Vol.71, No.2 (Sep 1984).

Ford, Lacy K., "Yeoman Farmers in the South Carolina Upcountry: Changing Production Patterns in the Late Antebellum Period", *Agricultural History*, Vol.60, No.4 (Fall 1986).

Gallman, Robert E., "Self-Sufficiency in the Cotton Economy of the Antebellum South", *Agricultural History*, Vol.44, No.1 (Jan 1970).

Gates, Paul Wallace, "Federal Land Policies in the Southern Public Land States", *Agricultural History*, Vol.53, No.1 (Spring 1940).

Gates, Paul Wallace, "Federal Land Policy in the South 1866 – 1888", The *Journal of Southern History*, Vol.6, No.3 (Summer 1940).

Hammond, Matthew B., "The Southern Farmer and the Cotton Question", *Political Science Quarterly*, Vol.12, No.3 (Sep 1897).

Hammond, Matthew B., "The Cotton Industry: An Essay in American Economic History: Part I. The Cotton Culture and the Cotton Trade", *Publications of the American Economic Association*, New Series, No.1 (Dec 1897).

Hanson, John R., "World Demand for Cotton during the Nineteenth Century: Wright's Estimates Re-examined", *The Journal of Economic History*, Vol.39, No.4 (Dec 1979).

Haskins, Ralph W., "Planter and Cotton Factor in the Old South: Some Areas of Friction", *Agricultural History*, Vol.29, No.1 (Jan 1955).

Higgs, Robert, "Race, Tenure, and Resource Allocation in Southern Agriculture, 1910", *The Journal of Economic History*, Vol.33, No.1 (Mar 1973).

Higgs, Robert, "The Boll Weevil, the Cotton Economy, and Black Migration 1910 – 1930", *Agricultural History*, Vol.50, No.2 (Apr 1976).

Higgs, Robert, "Accumulation of Property by Southern Blacks before World War I", *The American Economic Review*, Vol.72, No.4 (Sep 1982).

Hoffnagle, Warren, "The Southern Homestead Act: Its Origins and Operation", *Historian*, Vol.32, No.4 (Aug 1970).

Holmes, George K., "The Peons of the South", *Annals of the American Academy of Political and Social Science*, Vol.4, (Sep 1893).

Irwin, James R. and Anthony P. O'Brien, "Where Have All the Sharecroppers Gone? Black Occupations in Postbellum Mississippi", *Agricultural History*, Vol. 72, No. 2 (Spring

1998).

King, J. Crawford Jr., "The Closing of the Southern Range: An Exploratory Study", *The Journal of Southern History*, Vol.48, No.1 (Feb 1982).

Mandle, Jay R., "The Plantation as a Sub – Region of the Post – Bellum South", *The Journal of Economic History*, Vol.34, No.3 (Sep 1974).

Mandle, Jay R., "Continuity and Change: The Use of Black Labor After the Civil War", *Journal of Black Studies*, Vol.21, No.4 (Jun 1991).

Marble, Manning, "The Politics of Black Land Tenure", *Agricultural History*, Vol.53, No. 1 (Jan 1979).

Margo, Robert A., "Accumulation of Property by Southern Blacks before World War I: Comment and Further Evidence", *The American Economic Review*, Vol.74, No.4 (Sep 1984).

Oubre, Claude F., " 'Forty Acres and a Mule': Louisiana and the Southern Homestead Act", *The Journal of the Louisiana Historical Association*, Vol.17, No.2 (Spring 1976).

Ownby, Ted, "The Defeated Generation at Work: White Farmers in the Deep South, 1865–1890", *Southern Studies*, Vol.23, No.4 (Winter 1984).

Parker, William N., "The South in the National Economy, 1865 – 1970", *Southern Economic Journal*, Vol.46, No.4 (Apr 1980).

Pope, C.F., "Southern Homesteads for Negro", *Agricultural History*, Vol.44, No.2 (April 1970).

Ransom, Roger L, "Reconstructing Reconstruction: Options and Limitations to Federal Policies on Land Distribution in 1866–67", *Civil War History*, Vol.51, No.4 (Dec 2005).

Ransom, Roger L., and Richard Sutch, "Debt Peonage in the Cotton South After the Civil War", *The Journal of Economic History*, Vol.32, No.3 (Sep 1972).

Ransom, Roger L., and Richard Sutch, "The 'Lock–in' Mechanism and Overproduction of Cotton in the Postbellum South", *Agricultural History*, Vol.49, No.2 (Apr 1975).

Ransom, Roger L., and Richard Sutch, "Capitalists without Capital: The Burden of Slavery and the Impact of Emancipation", *Agricultural History*, Vol.62, No.3 (Summer 1988).

Reid, Joseph D. Jr., "Sharecropping As an Understandable Market Response: The Post–Bellum South", *The Journal of Economic History*, Vol.33, No.1 (Mar 1973).

Riddle, Weslay A., "The Origins of Black Sharecropping", *Mississippi Quarterly*, Vol.49, No.1 (Winter 1995), pp. 53 – 71. http://find. galegroup. com/itx/start. do? prodId = EAIM 02/01/2009

Ruef, Martin, "The Demise of an Organizational Form: Emancipation and Plantation Agriculture in the American South, 1860–1880", *The American Journal of Sociology*, Vol.109, No. 6 (May 2004).

Saloutos, Theodore, "Southern Agriculture and the Problems of Readjustment: 1865 – 1877", *Agricultural History*, Vol.30, No.2 (Apr 1956).

Shlomowitz,Ralph,"The Origins of Southern Sharecropping",*Agricultural History*,Vol. 53,No.3(Jul 1979).

Shlomowitz, Ralph, "'Bound' or 'Free'? Black Labor in Cotton and Sugarcane Farming,1865-1880",*The Journal of Southern History*,Vol.50,No.4(Nov 1984).

Shugg,Roger Wallace,"Survival of the Plantation System in Louisiana",*The Journal of Southern History*,Vol.3,No.3(Aug 1937).

Sisk,Glenn N.,"Rural Merchandising in the Alabama Black Belt,1875-1917",*Journal of Farm Economics*,Vol.37,No.4(Nov 1955).

Stone,Alfred Holt,"The Negro in the Yazoo-Mississippi Delta",*Publications of the A-merican Economic Association*,3rd Series,Vol.3,No.1(Feb 1902).

Stone,Alfred Holt,"Cotton Factorage System of the Southern States",*The American Historical Review*,Vol.20,No.3(Apr 1915).

Taylor,Rosser H.,"Post-bellum Southern Rental Contracts",*Agricultural History*,Vol. 17,No.2(Apr 1943).

Temin,Peter,"Patterns of Cotton Agriculture in Post-Bellum Georgia",*The Journal of Economic History*,Vol.43,No.3(Sep 1983).

Vance,Rupert B.,"Human Factors in the South's Agricultural Readjustment",*Law and Contemporary Problems*,Vol.1,No.3(Jun 1934).

Weiman,David F.,"The Economic Emancipation of the Non-Slaveholding Class:Up-country Farmers in the Georgia Cotton Economy",*The Journal of Economic History*,Vol.45, No.1(Mar 1985).

Weiman,David F.,"Farmers and the Markets in Antebellum American:A View from the Georgia Upcountry",*The Journal of Economic History*,Vol.47,No.3(Sep 1987).

Wiener,Jonathan M.,"Planter-Merchant Conflict in Reconstruction Alabama",*Past and Present*,No.68(Aug 1975).

Wiener,Jonathan M., "Class Structure and Economic Development in the American South,1865-1955",*The American Historical Review*,Vol.84,No.4(Oct 1979).

Woodman,Harold D.,"The Decline of Cotton Factorage after the Civil War",*The American Historical Review*,Vol.71,No.4(Jul 1966).

Woodman,Harold D.,"Post-Civil War Southern Agriculture and the Law",*Agricultural History*,Vol.53,No.1(Jan 1979).

Woodman,Harold D., "Class Structure and Economic Development in the American South,1865-1955:Comments",*The American Historical Review*,Vol.84,No.4(Oct 1979).

Woodman,Harold D., "Class, Race,Politics,and the Modernization of the Postbellum South",*The Journal of Southern History*,Vol.63,No.1(Feb 1997).

Wright,Gavin,"'Economic Democracy' and the Concentration of Agricultural Wealth in the Cotton South,1850-1860",*Agricultural History*,Vol.44,No.1(Jan 1970).

Wright, Gavin, " Cotton Competition and the Post – Bellum Recovery of the American South", *The Journal of Economic History*, Vol.34, No.3(Sep 1974).

Wright, Gavin and Howard Kunrether, " Cotton, Corn, and Risk in the Nineteenth Century", *The Journal of Economic History*, Vol.35, No.3(Sep 1975).

Zeichner, Oscar, "The Transition from Slave to Free Agricultural Labor in the Southern States", *Agricultural History*, Vol.13, No.1(Jan 1939).

Zeichner, Oscar, "The Legal Status of the Agricultural Laborer in the South", *Political Science Quarterly*, Vol.55, No.3(Sep 1940).

五、未出版的博士学位论文

Cox, La Wanda F., *Agricultural Labor in the United States, 1865–1900: with Special References to the South*, Ph.D.dissertation, University of California, Berkeley, 1941.

Decanio, Stephen J., *Agricultural Production, Supply and Institutions in the PostCivil War South Production*, Ph.D.dissertation, Massachusetts Institute of Technology, 1972.

Engerrand, Steven William, *Now Scratch or Die: The Genesis of Capitalistic Agricultural Labor in Georgia, 1865–1880*, Ph.D.dissertation, University of Georgia, 1981.

Fitzrandolph, Pete Winfleld, *The Rural Furnishing Merchant in the Post – bellum United States: A Study in Spatial Economics*, Ph.D.dissertation, Tufts University, 1979.

Gill, Insong, *Furnishing Merchants and the Rural Credit Market of the American South: Alabama, 1870–1920*, Ph.D.dissertation, Yale University, 1990.

Holt, Sharon Ann, *A Time to Plant: The Economic Lives of Freed People in Granville County, North Carolina, 1865–1900*, Ph.D.dissertation, University of Pennsylvania, 1991.

Karnes, Miller Handley, *Law, Labor, and Land in the Postbellum Cotton South: The Peonage Cases in Oglethorpe County, Georgia, 1865–1940*, Ph.D.dissertation, University of Illinois at Urbana–Champaign, 2000.

McBride, Kim Arbogast, *Tenancy and the Domestic Domain: Fertility and Household Organization Among Post – bellum Mississippi Tenant Farmers*, Ph.D.dissertation, Michigan State University, 1990.

Rochester, Morgan C., *Landlord – Tenant Relationship in the Sharecropper System in South Carolina*, Ph.D.dissertation, University of Wisconsin–Madison, 1946.

Schively, Carissa, *Risk Perception, Uncertainty, and Facility Sitting: Lessons from Merchant Power in California*, Ph.D.dissertation, Florida State University, 2004.

Shlomowitz, Ralph, *The Transition from Slave to Freedman: Labor Arrangements in Southern Agriculture, 1865–1870*, Ph.D.dissertation, University of Chicago, 1979.

Virts, Nancy Lynn, *Plantations, Land Tenure and Efficiency in the Post–bellum South: The Effects of Emancipation on Southern Agriculture*, Ph.D.dissertation, University of California, Los Angeles, 1985.

Whatley, Warren C., *Institutional Change and Mechanization in the Cotton South: the*

Tractorization of Cotton Farming，Ph.D.dissertation，Stanford University，1983.

Weiman，David Freeman，*Petty Commodity Production in the Cotton South：Upcountry Farmers in the Georgia Cotton Economy，1840 to 1880*，Ph. D. dissertation，Stanford University，1984.

West，Stephen Alan，*From Yeoman to Redneck in Upstate South Carolina，1850-1915*，Ph. D.dissertation，Columbia University，1998.

中 文 部 分

一、中文专著

丁见民等：《世界现代化历程：北美卷》，江苏人民出版社 2010 年版。

丁则民主编：《美国内战与镀金时代（1861—19 世纪末）》，人民出版社 1990 年版。

高春常：《文化的断裂—美国黑人问题与南方重建》，中国社会科学出版社 2000 年版。

何顺果：《美国"棉花王国"史》，中国社会科学出版社 1995 年版。

黄祖辉等：《农业现代化：理论、进程与途径》，中国农业出版社 2003 年版。

梁茂信主编：《探究美国——纪念丁则民先生论文集》，东北师范大学出版社 2002 年版。

罗荣渠：《现代化新论：世界与中国的现代化进程》（增订本），商务印书馆 2006 年版。

王崇兴：《制度变迁与美国南部的崛起》，浙江人民出版社 2002 年版。

张友伦：《美国农业革命（独立战争—十九世纪末）》，天津人民出版社 1983 年版。

中国科学院中国现代化研究中心编：《农业现代化的趋势和路径》，科学出版社 2013 年版。

二、中文译著

［美］阿塔克，杰里米，彼得·帕塞尔：《新美国经济史—从殖民地时期到 1940 年》（上下册），罗涛等译，中国社会科学出版社 2000 年版。

［英］艾利思，弗兰克：《农民经济学》，胡景北译，上海人民出版社 2006 年版。

［美］艾伦，詹姆士：《美国黑人问题与南部农业经济》，张友松译，中华书局 1954 年版。

［美］本塞尔，理查德·富兰克林：《美国工业化的政治经济学 1877—1900》，吴亮等译，长春出版社 2008 年版。

［美］恩格尔曼，S.L.，R.E.高尔曼：《剑桥美国经济史》（第 1—3 卷），高德步、王珏总译校，中国人民大学出版社 2008 年版。

［美］冈德森，杰拉尔德：《美国经济史新编》，杨宇光等译，商务印书馆 1994 年版。

［美］菲特，吉尔伯特·C.，吉姆·E.里斯：《美国经济史》，司徒淳，方秉铸译，辽宁人民出版社 1981 年版。

［印度］加塔克，肯·英格森特：《农业与经济发展》，吴伟东等译，华夏出版社 1987

年版。

　　[德]考茨基:《土地问题》,梁琳译,三联书店 1955 年版。

　　[美]摩尔,巴林顿:《民主与专制的社会起源》,拓夫、张东东译,华夏出版社 1987
年版。

　　[美]麦克弗森,詹姆斯·M.:《火的考验:美国南北战争及重建南部》,陈文娟等译,
商务印书馆 1993 年版。

　　[俄]恰亚诺夫:《农民经济组织》,萧正洪译,中央编译出版社 1996 年版。

　　[美]乔纳森·休斯,路易斯·P.凯恩:《美国经济史》(第 7 版),邸晓燕、邢露译,北
京大学出版社 2011 年版。

　　[美]斯科特,詹姆斯·C.:《农民的道义经济学》,程立显等译,译林出版社 2004
年版。

　　[美]舒尔茨,西奥多·W.:《改造传统农业》,梁小民译,商务印书馆 2003 年版。

　　[日]速水佑次郎,[美]弗农·拉坦:《农业发展的国际分析》,郭熙保等译,中国社
会科学出版社 2000 年版。

　　张五常:《佃农理论》,易宪容译,商务印书馆 2002 年版。

三、中文期刊文章

　　陈奕平:《二战后美国黑人人口演变及其影响》,《世界民族》2010 年第 5 期。

　　冯承柏:《关于内战后美国南部农业发展道路问题》,《南开史学》1983 年第 1 期。

　　胡锦山:《20 世纪美国南部农业经济与黑人大迁徙》,《厦门大学学报》1996 年第
4 期。

　　胡锦山:《1940 — 1970 年美国黑人大迁徙概论》,《美国研究》1995 年第 4 期。

　　霍震、杨慧萍:《美国内战至二十世纪初期的种植园制度》,《世界历史》1982 年第
4 期。

　　孟海泉:《内战后美国南部植棉业中的借贷制度》,《世界历史》1999 年第 1 期。

　　孟海泉:《内战以后美国南部的"农业阶梯"问题》,《世界历史》2003 年第 1 期。

　　孟海泉:《内战以后美国南部租佃制的形成》,《世界历史》2009 年第 1 期。

　　潘润涵、何顺果:《近代农业资本主义发展的美国式道路》,《世界历史》1981 年第
1 期。

　　王崇兴:《制度变迁与战后美国南部的崛起》,《武汉大学学报》(社会科学版)2002
年第 5 期。

　　王思明:《美国农业机械化进程及其面临的问题》,《农业考古》1994 年第 1 期。

　　王旭:《19 世纪美国南部城市化特点及其影响》,《东北师大学报》(哲学社会科学
版)1989 年第 4 期。

　　谢国荣:《1910 年至 1960 年间美国黑人人口再分布及其影响》,《历史教学问题》
2007 年第 4 期。

　　徐华娟:《约曼与英国资本主义的启动》,《史学集刊》2007 年第 3 期。

　　张建清、熊灵:《美国南部地区边缘化和崛起的路径》,《国外社会科学》2008 年第

5 期。

　　张友伦:《美国农业资本主义发展道路初探》,《世界历史》1982 年第 2 期。

　　四、中文博士论文

　　孟海泉:《内战以后美国南部种植园体制的嬗变》,北京大学 2000 年历史系博士学位论文。

后　记

　　本书是我的博士学位论文修改稿,它的出版"迟到"了将近七年。当修改完本书的最后一章,将全部书稿发送给出版社时,我的心情久久不能平复。这本书承载着我多年的学术梦想,背后的辛酸苦辣也许只有自己才能体会。

　　2005年9月,怀揣着多年的梦想,26岁的我放弃了天津社科院提供的工作机会,毅然来到北京大学历史系,追随董正华教授攻读博士学位。董老师学识渊博、学风严谨,主要研究领域是世界历史上的农业现代化问题。在他的影响下,我很快也对农业现代化问题产生了浓厚兴趣,并选择了内战后美国南部农业发展道路问题作为博士论文的研究课题。在攻读博士的四年中,董老师严谨的学风、高尚的人格,以及对学术的执着追求深深感染着我,他的谆谆教导使我终生受益。本书的雏形——我的博士论文从构思、写作到修改处处凝聚着老师的心血与汗水。回首往事,师恩点点忆心头,这种情谊是难以用"感谢"两个字表达的。本书是献给董正华教授的一份微薄礼物。

　　本书在最初的博士论文写作阶段和答辩阶段还得到了北京大学历史系李剑鸣教授、王希教授、王立新教授、王红生教授、包茂宏教授、吴小安教授、牛可副教授、董经胜教授,以及北京师范大学黄安年教授、中央编译局的何增科研究员的悉心指导。他们在论文开题和答辩阶段提出的宝贵意见使我受益匪浅。2007年10月—2008年10月,我有幸到美国加州大学尔湾分校历史系做了一年的访问学者。美国的学习经历对我顺利完成博士论文起到了至关重要的作用。加州大学尔湾分校历史系的陈勇教授在学习与生活方面给了我无微不至的关怀,使我在异国他乡感受到亲人的温暖。可以说没有陈勇老师的鼎力帮助,我不可能到美国学习并搜集论文资料,并顺利完成博士论文的写作。本书同样是献给他们的一份礼物。

　　2009年博士毕业之后,由于种种原因,我放弃了到几所外地高校从事教学与研究工作的机会,而是留在北京从事了三年多的编辑工作。然而,这段漫长的工作经历并不舒心,最终使我意识到学术研究才是自己最为热爱,也是最能实现自己理想的职业。从2011年起,我便下定决心一定要重新回到学术研究的道路上。这里我要真挚地感谢中国冷战史研究的传奇人物沈志华教授,正是沈老师在我为理想重新奋斗屡遭重挫之时,给我提供了前往华东师范大学从事博士后工作的机会,从而使我得以重新回到学术研究的轨道。沈老师的扶持与再造之恩我将永记于心。正是由于这样的机缘,冷战史研究现在成为了我的一个新的学术兴趣点。

在最近的几年,我经历了人生的低谷与各种辛酸苦辣,特别是 2011 年以来,各种困难接踵而至。2011 年 7 月,在我工作极不顺心,重回学术研究之路屡遭挫折之际,我的母亲又被确诊为晚期癌症,先后经历了一次大手术和十几次化疗。这使我在 2012 年 9 月考虑是否"南下"赴上海做博士后时倍感纠结。感谢母亲对我的决定的理解和支持。母亲为我操劳了一辈子,直到生命的最后时刻,仍然在为我将来的就业、孩子看护等问题操心。在母亲最需要人照顾的时候,我却不顾父母之养,远走他乡实在感到内疚与自责。在这里我还要特别感谢我的父亲、两个姐姐。正是他们承担起照顾母亲的重任,减轻了我的后顾之忧。没有他们的支持,我不可能顺利完成博士后期间的工作,也不可能坚持到今天。

2013 年 2 月,进入华东师范大学历史系做博士后以后,我的思想压力非常大。由于距离博士毕业已经过了三年半,年龄相对偏大,且近年来各大高校求职竞争异乎"惨烈",加之进入新的研究领域极不适应,母亲的病情不断加重,以及担心科研成果的发表影响未来的就业,种种因素使我的精神一直处于高度紧张之中。在这种紧张的压力之下,虽然我每天把绝大多数时间用来工作,但始终感觉工作进展缓慢,成效不明显。我要特别感谢国家社科基金后期资助项目的设立。在错过了国家社科基金青年项目的申报之后,为了证明自己,缓解压力,2013 年 8 月,在对博士论文进行了两个月的仔细修改后,我申报了这一项目。2013 年 10 月,母亲病危。我索性放弃了手头所有的工作,赶回天津。在母亲生命的最后 3 个月,常伴在她身边,陪她走完了人生的最后一段旅程。正是在此期间,我得到了后期资助项目立项的通知。这个消息大大缓解了我的紧张情绪,同时也给病重中的母亲带来了些许慰藉。我还清晰地记得当我把这个消息告诉她时,她的喜悦之情溢于言表,虽然她并不知道这个项目到底是什么,只是觉得这个项目可以为我将来的就业提供很大的帮助。

2014 年 1 月 12 日,母亲去世。我在天津家中陪父亲过了农历新年,于 2 月 4 日大年初五赶回了上海。也许是母亲冥冥之中的帮助,虽然几个月积累下来的各种事情几乎焦头烂额,但是我发现接下来的各项工作进展却异乎寻常的顺利。首先,博士后出站报告的写作逐渐突破了"瓶颈"，进展顺利，并有一篇文章被《美国研究》录用。其次，我投稿的其他几篇文章也终于柳暗花明，在理清思路重新修改之后，纷纷被顺利录用。最后，3月份开学以后，我便开始考虑未来的就业事宜。出乎意料的是，在投出简历后，很快便得到了几所高校的回复。在这里，我要感谢南京师范大学社会发展学院的祝宏俊教授与温州大学人文学院张洁教授对我的认可与帮助，以及他们为我向所在学校争取相关人才待遇所付出的努力。虽然由于家庭原因，最终我未能前往南京和温州工作，但是他们对我的帮助我将铭记于心。除此之外，我还要特别感谢东北师范大学历史系韩东育教授。2009年博士毕业前夕，正是由于韩老师的鼎力帮助为我争取到了东北师范大学历史系的教职。我清晰记得面试当天长春刚刚下过大雪，天气异常寒冷。面对身着单衣，冻得哆哆嗦嗦的我，韩老师当即脱下自己的棉衣给我，令我非常感动。然而，由于自己的年少无知，仅仅为了留在北京，最终我还是"背信"放弃了东北师大的教职，由此也间接造成了自己以后多年荒废学业。这件事可以说令我终生后悔。2015年11月，韩东育教授到上海大学历史系讲学，在我前去迎接他时，他一眼认出了我。对于我迟到六年多的道歉，他并没有丝毫责备，反而祝贺我重新回到学术研究的轨道。韩老师宽容大度、扶持后学的胸怀令我永生铭记于心。

博士后工作进展的顺利和就业选择的"幸福烦恼"终于使我有时间与精力再次对书稿进行仔细修改。感谢国家社科基金后期资助项目评审专家提出的宝贵意见，这些建议使我对内战后美国南部农业现代化启动困境问题的认识与分析更加深刻，也使得我的研究视野得以拓宽。正是由于项目评审专家的包容，才使得这一尚存在诸多不足的博士论文得以立项。另外我要感谢我的硕士导师庞卓恒教授。我对"三农问题"的兴趣最初是由庞老师启发的，在硕士期间他就指导我们进行了农村实地考察，并深入学习了《发展经济学》。这为我以后的研究奠定了深厚的基础。同时也正是庞卓恒教授引领我走进了科学研究的大门。多年来他在我们初次见面时教导我的那句话——"科学的入口处，就是地狱的入口处"一直萦绕在我耳边，时刻鞭策着我奋发前进。

在本书的修改过程中，复旦大学历史系李剑鸣教授、中国社科院世界历史所的吴英研究员、张旭鹏研究员、中国社科院美国所的赵梅研究员、河南大学的周祥森教授、农业部《古今农业》杂志的徐旺生研究员对我帮助良多。正是他们的鼓励与扶持使我最终得以顺利重新踏入学术研究的轨道。本书的责任编辑柴晨清博士为书稿的出版付出了大量心血。他的史学素养与认真负责的职业精神给我留下了深刻的印象。本书的大部分内容曾经在《世界历史》、《史学理论研究》、《史学月刊》、《北大史学》、《古今农业》、《中国社科报》发表，感谢这些刊物的编辑老师与审稿专家提出的修改意见。正是这些经过修改发表的文章构成了本书的主要内容，也为我得以获得国家社科项目资助奠定了基础。

在我最困难的日子，还有很多同窗好友对我回归学术研究予以了鼓励和支持，使我没齿难忘。2011年4月，中山大学历史系肖瑜副教授曾经在我赴广州面试之时提供热情的帮助，并随后推荐我跟随沈志华教授做博士后。南京大学政府管理学院韩伟华副教授、河北师范大学王立新教授多年来一直鼓励我、关心我，他们的建议对我最终做出重返学术研究之路的决定至关重要。山东师范大学的孙琇博士在我重返学术界后积极为我提供各种学界信息。南京航空航天大学理学院的朱岩副教授与我相识于美国访学之际，我们年龄相近，性格相仿，他不仅关心我的学业与求职动向，而且为我热情介绍了现在的妻子。

2014年12月底，我离开华东师范大学前往上海大学文学院历史系工作。感谢上海大学世界史学科带头人郭长刚教授与文学院常务副院长张勇安教授在我即将离开上海的时刻从众多优秀的求职者选择了我这个没有什么优势的"土博"。能够在上海大学历史系继续从事专业研究与教学是我万万没有想到的，欣喜之余，不得不感叹命运对自己的垂青。进入新的工作岗位以来，郭长刚教授与张勇安教授在学业与生活等诸多方面对我关照良多，为我的成长付出了大量的心血，本书的顺利出版同样离不开他们的鼓励与扶持。我想今后唯以勤勉的工作、在学术研究领域取得更多的成绩才能报答两位教授对我的"知遇之恩"。

最后，我要感谢我的妻子蔡敏敏博士。我们相识于我的事业、生活与心情最困苦之际。对于我这个生活在一线城市的"三无"人员（无房、无车、无事业），她始终毫无怨言。多年来由于经济"捉襟见肘"和忙于事业，我们始终没有安排外出旅游，结婚之时我也没有为她购买钻戒，这使我时常倍感愧疚。她对生活的乐观、豁达是过于谨慎的我所欠缺的，而她总能包容我的任何缺点。从我们相识的第一天，她就开始鼓励我重新为自己的理想而奋斗。正是由于她的鼓励与支持，我才最终下定决心"南下"上海。2012年11月，在我辞职之后，她在北京独自承担起赚钱养家的重任。在我进入华东师范大学做博士后以后，为了缓解家庭的经济压力，她再次做出牺牲，独自前往杭州一所高校工作直至现在。虽然我们身处两地、聚少离多，但是她对于我的选择和工作给予了最大的支持与理解。她的无私奉献与牺牲免除了我的后顾之忧,使我能够心无旁骛、潜心学术,重新为自己的理想而奋斗。谨以此寥寥数语向多年来支持与包容我的妻子表达无限的敬意……

吴　浩

2016 年 4 月 3 日于上海大学教师公寓

责任编辑:柴晨清

图书在版编目(CIP)数据

乡村借贷:内战后美国南部农业现代化启动的制度"瓶颈"/吴浩 著.
—北京:人民出版社,2016.10
(国家社科基金后期资助项目)
ISBN 978-7-01-016541-7

Ⅰ.①乡…　Ⅱ.①吴…　Ⅲ.①农村-借贷-关系-农业现代化-研究-
美国-近代　Ⅳ.①F837.129

中国版本图书馆 CIP 数据核字(2016)第 177768 号

乡村借贷:内战后美国南部农业现代化启动的制度"瓶颈"
XIANGCUN JIEDAI NEIZHANHOU MEIGUO NANBU NONGYE XIANDAIHUA
QIDONG DE ZHIDU PINGJING

吴浩　著

人民出版社 出版发行
(100706　北京市东城区隆福寺街 99 号)

北京中科印刷有限公司印刷　新华书店经销

2016 年 10 月第 1 版　2016 年 10 月北京第 1 次印刷
开本:710 毫米×1000 毫米 1/16　印张:15.25
字数:262 千字

ISBN 978-7-01-016541-7　定价:49.00 元

邮购地址 100706　北京市东城区隆福寺街 99 号
人民东方图书销售中心　电话 (010)65250042　65289539